人工智能产业领域发展态势研究

刘宗敏 敖文刚 张会焱 于 歆 苏晓杰 许 慧 著

電子工業出版社
Publishing House of Electronics Industry
北京 · BEIJING

内 容 简 介

本书从产业政策、市场规模、投融资情况、发明专利申请、SCI 论文发表、顶级会议论文发表、知名机构等方面，对世界主要国家（地区）在人工智能基础层、技术层、应用层的发展态势开展研究。评估得出人工智能产业各个板块不同领域的主要创新实体（国家或地区）、企业、研究机构的基础研究水平、前沿技术创新能力以及产业化应用情况等，提出我国具体开展国际科技创新合作的重点国家（地区）与机构等。另一方面，从中国视角出发，对在人工智能产业领域开展国际科技创新合作进行 SWOT 分析，为人工智能领域的科研工作者全面认识人工智能领域发展态势提供依据，为人工智能领域产业政策制定者提供数据支撑。

图书在版编目（CIP）数据

人工智能产业领域发展态势研究 / 刘宗敏等著. —北京：电子工业出版社，2021.10

ISBN 978-7-121-42135-8

Ⅰ. ①人… Ⅱ. ①刘… Ⅲ. ①人工智能－产业发展－研究－中国 Ⅳ. ①F492

中国版本图书馆 CIP 数据核字（2021）第 198931 号

责任编辑：窦　昊

印　　刷：北京虎彩文化传播有限公司

装　　订：北京虎彩文化传播有限公司

出版发行：电子工业出版社

北京市海淀区万寿路 173 信箱　　邮编：100036

开　　本：787×980　1/16　　印张：15　　字数：238 千字

版　　次：2021 年 10 月第 1 版

印　　次：2021 年 10 月第 1 次印刷

定　　价：99.00 元

凡所购买电子工业出版社图书有缺损问题，请向购买书店调换。若书店售缺，请与本社发行部联系，联系及邮购电话：（010）88254888，88258888。

质量投诉请发邮件至 zlts@phei.com.cn，盗版侵权举报请发邮件至 dbqq@phei.com.cn。

本书咨询联系方式：douhao@phei.com.cn。

前　言

人工智能是新一轮科技革命和产业变革的重要驱动力量，被看作第四次工业革命的引擎，正对全球经济社会发展产生深远影响。当前，我国经济发展正由要素驱动转变为创新驱动，面临传统产业转型升级历史机遇和挑战。人工智能核心技术与传统行业深度融合将推动传统行业智能化和智能技术产业化发展：行业应用场景拥有第一手数据资源和丰富的场景需求，人工智能技术可以助力传统行业的智能化转型升级；人工智能技术在广泛场景的应用过程中得以持续演进和发展。

全球主要创新大国都认识到人工智能的重要战略意义，将发展人工智能作为提升国家竞争力的主要抓手，努力在新一轮国际科技竞争中掌握主导权，依据自身特点和发展目标制定了相应的发展规划。美国依托硅谷的强大创新优势，由企业主导建立了完整的人工智能产业链和生态圈，确保其人工智能在全球的领先地位；我国依托庞大的国内应用场景，在语音识别、计算机视觉、自然语言处理等重要人工智能技术领域取得重要突破；英国利用其在计算技术领域的积累，致力于建设世界级人工智能创新中心；日本以建设超智能社会 5.0 为引领，旨在强化其在汽车、机器人等领域的全球领先优势。

人工智能产业链分为基础层、技术层和应用层：

- 基础层主要提供算法、芯片、传感器和数据集等底层支撑。
- 技术层主要解决语音识别、计算机视觉、自然语言处理等具体通用人工智能技术。
- 应用层主要将通用人工智能技术应用在金融、安防、交通、教育、家居、商业、医疗等行业，提供具体的应用场景需求的解决方案或产品。

目前，我国在基础层的发展相对薄弱，与西方发达国家的技术差距较大；计算机视觉、语音识别、自然语言处理等人工智能通用技术处于世界领先水平；在安防、金融等领域应用得较多，产业成熟度较高。

本书对人工智能产业基础层、技术层、应用层三个板块的国际科技发展态势展开详细分析，进一步对人工智能产业领域的主要创新实体（国家或地区）、企业、研究机构的基础研究水平、前沿技术创新能力和产业化应用情况、与我国进行合作的资源以及渠道等方面进行综合评估，首先就三个板块的不同领域进行多维度统计和分析，基本思路为“板块分类—领域划分—维度分析”，具体而言如下。

- 板块分类：将人工智能产业按照基础层、技术层和应用层三个板块分别进行国际发展态势评估。
- 领域划分：将各个板块按照领域划分开展分析，其中，基础层按照智能芯片和机器学习两个领域，技术层按照计算机视觉、语音识别和自然语言处理三个领域，应用层按照自动驾驶和智能机器人两个领域，分别开展发展态势与国际合作态势评估研究。
- 维度分析：将各领域的相关国际科技合作情况进行维度统计和分析，相关维度主要包括 SCI 论文发表情况、顶级会议统计、发明专利申请等。

另一方面，从中国视角出发，针对在人工智能行业开展国际科技合作的优势、劣势、机会和威胁 4 个方面展开讨论。

本书第 3 章、第 4 章、第 5 章由刘宗敏博士牵头撰写，约 12.9 万字；第 1 章、第 2 章由敖文刚副教授牵头撰写，约 10.5 万字。感谢苏晓杰教授、许慧副教授对本书内容的建议、指导和把关，感谢张会焱、于歆、马铁东、王楷、方觅等多位老师的支持和帮助，同时感谢李杨、胡峰、王春连等研究生参与资料收集、文献检索与整理工作。

本书的出版得到了重庆市自然科学基金面上项目（项目编号：cstc2020jcyj-msxmX0067）、重庆市教育委员会科学技术研究项目（项目编号：KJQN202000821）、重庆工商大学博士启动基金项目（项目编号：1956029）、重庆工商大学科研平台开放课题（项目编号：KFJJ2019061）、重庆工商大学高层次人才科研启动项目（项目编号：1953013）、重庆工商大学重点科研平台科研团队项目“智能决策与优化管理”（项目编号：ZDPTTD201918）的资助，同时得到重庆工商大学智能制造服务国际科技合作基地的支持。

目　　录

第 1 章　人工智能产业发展综述

作为新一轮科技革命和产业变革的战略核心，人工智能产业可大致分为两个基本组成部分：核心产业部门和融合产业部门。核心部门主要包括基础支撑层、通用技术层研发和生产企业，是人工智能产业发展的基础技术和核心技术的供应方；融合产业部门则由运用人工智能技术赋能传统产业的应用层企业构成。随着近几年 AI 芯片算力的大幅提升、算法模型的不断进化，人工智能核心技术广泛应用于金融、安防、零售、医疗、教育、交通等行业具体场景，而不断完善的数据和产业智能化需求又强力驱动算力、算法、核心 AI 技术的进步和落地应用。

近年来，AI 产业各项核心技术持续取得进展。

在 AI 芯片方面，英伟达推出旗舰计算 GPU 新品 A100，其 AI 训练峰值、AI 推理峰值均较上一代 Volta 架构 GPU Tesla V100 提升为原来的 20 倍；IBM 研发出兼顾高精度学习和低精度推理的深度学习芯片，可执行卷积神经网络、多层传感器和长短期记忆等三种深度学习模式。

在深度学习方面，谷歌开源了可用于语音识别或图像识别等任务的深度学习框架 TensorFlow；脸书研发了用于自然语言处理的深度学习框架 Pytorch；DeepMind 开发的 FermiNet 可近似计算薛定谔方程，为深度学习在量子化学领域应用奠定了基础；百度发布基于飞桨的生物计算平台 PaddleHelix。

在自然语言处理和智能语音方面，DeepMind 联合多家大学与脸书共同提出新的测试标准 SuperGLUE，可更好地测试 NLP 模型；微软 DeBERTa 模型和谷歌 T5+Meena 模型在最新的 SuperGLUE 测试上首次取得超越人类水平的成绩；英伟达开源了 MeMo 及 Quartz.Net 框架，使端到端自动语音识别系统模型训练更高效；OpenAI 陆续发布了 GPT、GPT-2 和 GPT-3 等自然语言处理的模型，其中 GPT-3 参数规模达 1700 亿个，可以写小说、编剧本，甚至生成计算机代码等，被称为"万能语言模型"；百度的 DuerOS 3.0 全面升级了情感语音播报、声纹识别等自然语言交互技术；微软研发的机器翻译系统首次在通用新闻翻译中达到人类专业水平。

在计算机视觉方面，臻迪融合声呐及视觉传感器，使水下机器人实现自主导航及智能识别；日本电信巨头 NTT East 和初创公司 Earth Eyes 共同研发了一款"AI Guardman"新型人工智能安全摄像头，能够帮助日本的店主识别潜在的商店扒手；三星发布能将面部图像转为视频序列的系统，使图片可直接生成对抗网络来创建深层的伪造视频。

1.1 主要国家（地区）人工智能产业政策规划

近年来，AI 芯片数据处理能力提高、深度学习算法性能提升和广泛应用场景积累的海量数据共同推动全球人工智能产业快速发展。美国、中国、欧盟、英国、德国、日本、法国等皆从战略上布局人工智能，引导其创新发展，使之从自发、分散性的自由探索为主的科研模式，逐步发展成国家战略推动和牵引、以产业化及应用为主题的创新模式。北美、东亚、西欧地区人工智能技术和产业发展最为活跃，在基础理论、通用技术、人才储备、产业应用等方面具有先发优势。人工智能主要创新国家（地区）根据自身资源禀赋、创新能力和发展目标，纷纷推出各自人工智能产业发展战略规划，具体情况详见表 1.1.1。

表 1.1.1　主要创新国家（地区）人工智能产业发展战略规划

美国	2011 年	《国家机器人计划》
	2013 年	《机器人技术路线图：从互联网到机器人（2013 版）》
	2015 年	新版《美国国家创新战略》《国防 2045》
	2016 年	《国家人工智能研发战略规划》《为未来人工智能做好准备》《人工智能、自动化与经济报告》
	2017 年	《人工智能政策原则》《国家机器人计划 2.0》《国家智能与国家安全》《人工智能未来法案》《自动驾驶法案》

（续表）

美国	2018 年	《国家网络战略》《美国先进制造领导力战略》《人工智能就业法案》《准备迎接未来交通：自动驾驶汽车 3.0》
	2019 年	《国家人工智能研发战略规划（2019）》《维持美国人工智能领导力的行政命令》《人工智能国家安全委员会法案》《开放政府数据法》《国家安全战略》
	2020 年	《为未来人工智能做好准备》《人工智能、自动化及经济》《美国人工智能倡议》《人工智能研究与开发合作宣言》《关键和新兴技术国家战略》
中国	2015 年	《中国制造 2025》《国务院关于积极推进“互联网+”行动的指导意见》
	2016 年	《国民经济与社会发展第十三个五年规划纲要》《“互联网+”人工智能三年行动实施方案》《“十三五”国家战略性新兴产业发展规划》
	2017 年	《新一代人工智能发展规划》《促进新一代人工智能产业发展三年行动计划（2018—2020 年）》
	2018 年	《高等学校人工智能创新行动计划》《新一代人工智能产业创新重点任务揭榜工作方案》
	2019 年	《关于促进人工智能和实体经济深度融合的指导意见》《新一代人工智能治理原则——发展负责任的人工智能》《国家新一代人工智能创新发展试验区建设工作指导》《人工智能行业自律公约（征求意见稿）》
	2020 年	《关于“双一流”建设高校促进学科融合加快人工智能领域研究生培养的若干意见》
欧盟	2013 年	《人脑项目》《欧盟机器人研发计划（SPARC）2014—2020》
	2015 年	《机器人技术多年路线图》
	2016 年	《欧盟机器人民事法律规则》
	2017 年	《地平线 2020》
	2018 年	《人工智能合作宣言》《关于欧洲人工智能开发与使用的协同计划》《欧盟人工智能战略》《欧盟 2030 自动驾驶战略》《欧盟人工智能》
	2019 年	《人工智能伦理准则》
	2020 年	《人工智能白皮书——通往卓越与信任的欧洲之路》《数字服务法案》《数字市场法案》
英国	2014 年	《RAS2020 机器人和自主系统》
	2016 年	《人工智能：未来决策制定的机遇与影响》《机器人和人工智能》
	2017 年	《现代工业战略》《在英国发展人工智能产业》《产业战略：建设适应未来的英国》《产业战略——建设适应未来的英国》
	2018 年	《人工智能领域行动》《英国发展 AI 的计划、意愿和能力》《产业战略：人工智能领域行动》《对上议院人工智能委员会报告的回应》
	2020 年	《人工智能研究与开发合作宣言》《英国研发路线图》《国家数据战略》

（续表）

德国	2010 年	《思想、创新、增长——德国高技术战略 2020》
	2011 年	《将“工业 4.0”作为战略重心》
	2013 年	《保障德国制造业的未来——德国工业 4.0 战略实施建议》
	2015 年	《自动化和互联驾驶战略》
	2016 年	《数字战略 2025》
	2017 年	《自动驾驶伦理准则》
	2018 年	《高科技战略 2025》《联邦政府人工智能战略要点》《联邦政府人工智能战略》
	2019 年	《联邦政府人工智能战略》《国家工业战略 2030》
	2020 年	《人工智能战略》
日本	2013 年	《日本再兴战略》
	2015 年	《新机器人新战略》
	2016 年	《科学技术创新综合战略 2016》《日本再兴战略 2016》《第 5 期科学技术基本计划（2016—2020）》《下一代人工智能促进战略》
	2017 年	《下一代人工智能促进战略》《新产业构造蓝图》《科学、技术和创新综合战略 2017》《人工智能技术战略》
	2018 年	《综合创新战略》《未来投资战略 2018》《日本制造业白皮书（2018）》《综合创新战略（2018—2019）》《人工智能技术战略》
	2019 年	《人工智能战略 2019》
	2020 年	《统合创新战略 2020》

本节重点介绍美国、中国、欧盟、日本等具有代表性的人工智能规划、产业政策和机制举措。

1.1.1 美国旨在维持全球人工智能产业领导者地位

美国在全球人工智能产业领域率先布局，依托其优势的研究机构和企业建立了完整的人工智能产业链和生态圈，在人工智能芯片、深度学习开源框架平台、操作系统等基础软硬件领域全球领先，为维持其全球人工智能产业领导者地位，美国进行了如下几个方面的布局和行动。

（1）美国发布《国家人工智能研发战略规划（2019）》报告，从 8 个方面布局人工智能产业发展，并启动了美国人工智能行动计划，以促进人工智能研发的持续投资。

（2）人工智能成为美国预算和规划的优先事项。通过发布《2019 年国会预算申请》《2018—2023 年战略计划》《美国先进制造领导力战略》等文件，将人工智能确定为预算案重点研发投入领域、五个科技前沿技术之一、优先发展的支持事项。

（3）积极开展人工智能方面的立法工作，涉及人工智能的前瞻性研究、人工智能对国家安全的影响、开放政府数据等，确保美国人从人工智能技术、产业的快速发展中充分受益。

（4）高度关注人工智能对国家安全的影响。美国政府将人工智能看作巩固其军事优势的重要环节，优先发展包括人工智能与事关安全的关键新兴技术、国防领域加大在人工智能方面的投入。

（5）重视人工智能对伦理道德、就业市场的影响。《国家人工智能研发战略规划（2019）》要求建立符合伦理的人工智能体系，制定可接受的道德参考框架，实现符合道德、法律和社会目标的人工智能系统的整体设计；《人工智能就业法案》提出美国应营造终身学习和技能培训环境，以应对人工智能对就业带来的挑战。

1.1.2　中国高度重视推动人工智能产业健康发展

得益于中国较好的互联网及信息技术产业底蕴以及国家、社会的高度重视和对新技术较高的接受度，人工智能产业发展迅猛，广泛渗透于经济社会各领域，成为引领全球发展的重要动力源。

（1）国家高度重视引导人工智能产业发展。2017 年，国务院发布《新一代人工智能发展规划》，人工智能正式上升为国家战略规划；党的十九大报告进一步强调人工智能和实体经济深度融合；2019 年，人工智能连续第三年被写入政府年度工作报告；中共十九届五中全会发布的“十四五规划”“2035 远景规划”均着重提出要重点推动包括人工智能底层技术及芯片在内的关键核心技术的发展。

（2）相关部门、地方政府积极推动落实人工智能产业发展规划。2016 年，国家发改委、科技部、工信部、中央网信办联合发布了《“互联网＋”人工智能三年行动实施方案》，首次就人工智能发展提出具体的落实方案；2017 年 12 月，工信部发布《促进新一代人工智能产业发展三年行动计划（2018—

2020 年)》，促进人工智能产业发展，提升制造业智能化水平，推动人工智能和实体经济深度融合；2018 年、2020 年，教育部分别发布《高等学校人工智能创新行动计划》《关于“双一流”建设高校促进学科融合加快人工智能领域研究生培养的若干意见》，促进人工智能领域科技创新、人才培养和国际合作交流等能力，为推动人工智能发展提供智力支持；全国多个等省市皆已制定和实施符合自身资源、创新能力的人工智能产业发展规划，其中天津、上海、杭州、重庆等 9 个城市正在积极建设新一代人工智能创新发展试验区。

（3）高度重视人工智能伦理和治理问题。国家成立新一代人工智能治理专业委员会，发布《新一代人工智能治理原则——发展负责任的人工智能》，提出人工智能治理框架和行动指南，强调和谐友好、公平公正、包容共享等 8 条原则；人工智能产业发展联盟发布了《人工智能行业自律公约（征求意见稿)》，从行业组织角度推动人工智能伦理自律。

1.1.3 欧盟注重伦理价值引领，协同合作推进

通过协同推进覆盖整个欧盟的人工智能政策、研究和投资计划，以确保其全球竞争力，并加强伦理立法实践、推动人工智能治理逐步落地。

（1）建立覆盖整个欧盟的人工智能协调推进机制。2018 年，欧盟 28 个成员国共同签署《人工智能合作宣言》，承诺在人工智能领域形成合力；2018 年，欧盟发布《关于欧洲人工智能开发与使用的协同计划》，提出采取联合行动，以促进欧盟成员国及挪威、瑞士的合作。

（2）加强人工智能基础研究和应用投资。2014—2020 年，通过《地平线 2020》的研究和创新项目投入约 26 亿欧元开展人工智能相关研究，并计划在 2021—2027 年的欧盟财政预算提案中提出继续投资人工智能；同时采取公私合作模式，积极吸纳私人投资，推动欧洲人工智能技术及产业发展。

（3）注重人工智能伦理立法实践。欧盟委员会在《欧盟人工智能》中提出，研究和制定人工智能新的伦理准则；欧盟成立人工智能高级别专家组，指导相关政策制定，并发布了《人工智能伦理准则》，列出了可信赖的人工智能系统应满足的 7 个关键要求；2020 年，欧盟发布《人工智能白皮书——通往卓越与信任的欧洲之路》，着重构建了可信赖与安全的人工智能监管框架。

（4）重点推动自动驾驶领域全球领先。2018 年 5 月，欧盟委员会发布《欧盟 2030 自动驾驶战略》，提出 2030 年步入完全自动驾驶社会；欧盟还将车联网和自动驾驶研究作为下一个研究和创新框架方案中的重点任务，加强投入以确保自动驾驶全球领先地位。

1.1.4　英国打造世界人工智能创新中心

英国人工智能产业战略规划的核心是：积极推动产业创新发展、塑造其在人工智能伦理道德、监管治理领域的全球领导者地位，让英国成为世界人工智能创新中心。

（1）人工智能成为产业战略核心。2017 年，英国颁布《产业战略——建设适应未来的英国》，确立将英国建设为全球人工智能与数据创新中心、支持各行业利用人工智能和数据分析技术等优先领域；2018 年，英国在发布的《人工智能领域行动》中提出，将在研发、技能和监管方面加大投资，支持各行业通过人工智能和数据分析技术提高生产力，加强英国的网络安全能力。

（2）积极开展研发资助并扶持初创企业。英国在《人工智能领域行动》等多个人工智能方面文件中，提出未来 10 年将政府提高研发经费投入为 GDP 的 2.4%；从“产业战略挑战基金”中拨款 9300 万英镑用于机器人与 AI 技术研发；英国政府积极推出针对初创企业的激励政策，涌现出大量创新型人工智能公司。

（3）强调人工智能伦理和推进人工智能教育。2016 年，英国发布《机器人和人工智能》，指出英国应规范机器人技术与人工智能系统的发展；2018 年，英国发布《数据宪章》《英国发展 AI 的计划、意愿和能力》，分别指出应确保数据以安全和符合伦理的方式使用、关于人工智能准则的五条总体原则和政府应该考虑的策略性问题；在多个涉及人工智能发展的文件皆提出政府应加大技能和培训方面的投资，加强公民终身再培训；2018 年，英国政府与艾伦图灵研究所合作培养人工智能领域顶尖人才。

1.1.5　德国借势工业 4.0 打造“人工智能德国造”品牌

（1）人工智能贯穿国家科技战略体系。德国政府 2013 年提出的“工业

4.0”战略就已经涵盖人工智能内容；2018 年，德国联邦政府颁布的《高科技战略 2025》提出要推进人工智能应用、建立人工智能竞争力中心、建立德-法人工智能中心等；2019 年发布的《国家工业战略 2030》多次强调人工智能的重要性；2020 年 12 月，德国政府批准了新版人工智能战略，对人工智能投资从 30 亿欧元增至 50 亿欧元。

（2）着力打造“人工智能德国造”品牌。凭借雄厚的智能制造累积的优势，德国在 2018 年发布的《联邦政府人工智能战略要点》《联邦政府人工智能战略》提出让“人工智能德国造”成为全球认可的品牌。《联邦政府人工智能战略》提出扶持初创企业、建设欧洲人工智能创新集群、研发更贴近中小企业的新技术、增加和扩展人工智能研究中心等。

（3）较早在全球发布自动驾驶相关法律与准则。2015 年德国颁布《自动化和互联驾驶战略》；2017 年德国议会通过一项由运输部提议的修订案，规定在特定时间和条件下，高度或全自动化驾驶系统可接管驾驶人对汽车的控制；2017 年，德国发布全球首部《自动驾驶伦理准则》，规定了自动驾驶汽车的行为方式。

1.1.6 日本以人工智能构建超能社会

（1）政府加强顶层设计与战略引导。2016 年，日本发布《第 5 期科学技术基本计划（2016—2020）》，首次提出以物联网、机器人、人工智能、大数据等技术从衣食住行各个方面提升生活便捷性的超能社会 5.0；随后发布了《下一代人工智能促进战略》《日本制造业白皮书》《科学技术创新综合战略》《人工智能战略 2019》《统合创新战略 2020》等一系列战略规划，引导日本人工智能聚焦“制造业”“健康医疗、护理”“交通运输”等领域的应用。

（2）发挥机器人领域优势促进产业应用。依托日本在机械制造、传感器、机器人方面的雄厚实力，2015 年发布的《机器人新战略》确定了五大领域的行动目标和重点措施，其中包括在制造领域大企业装配过程中的机器人使用率达到 25%、中小企业达到 10%，日本护理机器人市场规模达到 500 亿日元；2019 年，日本发布的《人工智能战略 2019》以奠定未来发展基础、构建社会应用、产业化基础和制定并应用人工智能伦理规范为目标，仍强调了机器人的应用。

（3）分工推进人工智能研究和应用。日本总务省、文部科学省、经济产业省分工协作推进人工智能基础研究、技术研发和产业应用等方面工作：总务省主要负责信息通信、声音识别、创新型网络建设等内容；文部科学省主要负责基础研究、新一代基础技术开发及人才培养等；经济产业省主要负责人工智能的实用化和社会应用等。

全球主要国家（地区）发展人工智能的战略目标任务各有侧重，总体可归纳为三类：一是人工智能整体水平、技术、人才等方面皆具有优势的国家（地区），其战略目标是维持全球人工智能产业领导者地位，确保全面领先；二是具有较好基础的国家（地区），其战略目标是通过伦理道德、法规监管、独特优势领域引领人工智能发展；三是基础相对薄弱的国家（地区），其战略目标是促进经济增长、增强政府施政能力和效率，从人工智能巨大发展潜能中获取最大收益。

1.2　全球人工智能产业发展概况

人工智能从 20 世纪 50 年代开始萌芽，至今已经历 2 次发展高潮和低谷，目前正处于第 3 次发展高潮。2006 年，Geoffrey Hinton 在《科学》杂志发表论文“Learning Multiple Layers of Representation”，开启了深度神经网络新时代，是推动本次人工智能发展高潮最关键的研究成果之一。2009 年，李飞飞团队发表了 ImageNet 数据集的论文，很快促成一场视觉识别的年度竞赛，展现了大数据对人工智能的重要作用。2009 年，Rajat Raina 和吴恩达采用 GPU 芯片代替 CPU 芯片，实现了通过大规模并行计算处理海量数据，可与神经网络计算工作相匹配。至此，作为核心要素的算法、用于支持算法进化迭代的大数据和支撑高效运算的 AI 芯片等人工智能产业三大要素皆获得突破性进展，人工智能迎来第 3 次发展高潮。目前来看，算法在短时间内可能很难有重大突破，算力和数据成为当前人工智能企业竞争的重点，根据目前算力水平和人工智能数据集情况而言，计算机视觉、自然语言处理和语音识别是已成功实现商业化的主要人工智能技术。

随着人工智能技术越来越广泛和深入地赋能传统产业，全球人工智能产业应用场景不断优化，39 个国家和地区出台的人工智能产业扶持政策、资本市场对人工智能行业的投资热情、不断取得的技术突破，共同成为人工智能产业增长的核心驱动力，全球人工智能产业进入战略布局加快、产业应用加速发展落地阶段。具备数据、技术和资本优势的科技巨头依据自身战略布局 AI 产业相关领域：谷歌和百度布局人工智能全产业链；脸书、苹果、亚马逊、阿里巴巴、腾讯等，将人工智能与自身业务深度结合；传统科技巨头 IBM、英特尔、微软、甲骨文等，面向企业级用户搭建智能平台。同时，AI 芯片、计算机视觉、自然语言处理、智能语音等人工智能通用技术领域和金融、医疗、安防、交通、商业、制造业等应用领域不断涌现出一批初创的创新型人工智能企业，既推动了传统行业的智能化转型，也促进了人工智能技术的迭代进化。数据显示，全球人工智能市场收入规模从 2015 年的 1260 亿美元增长到 2019 年的 6560 亿美元，预计 2024 年将突破 30000 亿美元。据统计，2020 年上半年我国人工智能核心产业规模已达 770 亿元，全年有望突破 1500 亿元；《新一代人工智能发展规划》提出，2025 年和 2030 年实现人工智能核心产业规模分别应超过 4000 亿元和 1 万亿元；同时，据中国信息通信研究院测算，2020 年中国人工智能产业规模为 3031 亿（本书成稿时尚无正式数据）。

随着 5G 商用时代来临，工业互联网、物联网和人工智能等新型基础设施建设得到加强，新冠肺炎疫情则进一步加速了包括 5G、人工智能等在内的新型基础设施的建设进程。从某种意义说，5G 是万物互联的基础，AI 则是实现万物智能的工具，两者共同推动进入万物互联智能时代，AI 赋予 5G 智能，而 5G 则赋予 AI 更加广阔的连接。

1.2.1 人工智能产业发展优势城市

北美、东亚、欧洲是人工智能技术研发、产业发展最活跃的地区，汇聚了最主要的人工智能研究机构和创新型企业，形成一批人工智能创新型城市（地区）。依据顶级人工智能学者、论文影响力、产业活跃度等指标，从基础创新和应用创新两个角度筛选出全球前 20 名人工智能创新型城市（地区），具体情况如表 1.2.1 所示。

表 1.2.1　人工智能创新型城市（地区）前 20 名

序号	城市（地区）	高等院校	领先企业及研究机构
1	旧金山湾区（应用研究创新指数 99）（基础研究创新指数 100）	斯坦福大学 加州大学伯克利分校	谷歌、脸书、OpenAI、雅虎、PARC、Adobe、SRI International、英伟达
2	西雅图（应用研究创新指数 100）（基础研究创新指数 89）	华盛顿大学、西雅图太平洋大学、西雅图大学	微软、亚马逊、Allen Institute for AI、Honeywell、Allen Institute for Brain Science、Boeing Phantom Works、WildTangent
3	纽约（应用研究创新指数 99）（基础研究创新指数 70）	哥伦比亚大学、纽约大学、Stony Brook University、Cornell Tech、University at Buffalo、City University of New York、City College of New York、New York Institute of Technology、New York University Stern School of Business	IBM
4	波士顿（应用研究创新指数 72）（基础研究创新指数 93）	麻省理工学院、哈佛大学、美国东北大学、波士顿大学、Tufts University、University of Massachu setts Boston	DEC、BBN Technologies、RSA Security、Brigham and Women's Hospital
5	新泽西州（应用研究创新指数 93）（基础研究创新指数 61）	普林斯顿大学、Rutgers University、The College of New Jersey	贝尔实验室、AT&T Labs、NEC、Lucent、Institute for Advanced Study、Sarnoff Corporation、Educational Testing Service
6	匹兹堡（应用研究创新指数 78）（基础研究创新指数 73）	卡内基梅隆大学、匹兹堡大学、Duquesne University、Heinz College	Transarc、CERT Coordination Center、General Dynamics Mission Systems、Argo AI、PDF Solutions Duolingo
7	北京市（应用研究创新指数 70）（基础研究创新指数 80）	清华大学、北京大学、北京航空航天大学、北京邮电大学、北京理工大学、中国人民大学、中国科学院大学	中国科学院、微软亚洲研究院、百度

（续表）

序号	城市（地区）	高等院校	领先企业及研究机构
8	洛杉矶（应用研究创新指数77）（基础研究创新指数71）	南加州大学、加州大学洛杉矶分校、加州理工学院、Institute for Creative Technologies	华特迪士尼公司、HRL Laboratories、RAND Corporation、杜比实验室、Snap Inc、Industrial Light & Magic
9	得州三角地带（应用研究创新指数73）（基础研究创新指数77）	得克萨斯大学奥斯汀分校、Rice University、University of Texas at Dallas、休斯敦大学、Southern Methodist University、Texas A&M University	Schlumberger、Texas Instruments、Compaq、Bacara Resort
10	多伦多（应用研究创新指数85）（基础研究创新指数63）	多伦多大学、约克大学、Ryerson University、Hacettepe University、Seneca College	Ontario Institute for Studies in Education、Canadian Institute for Advanced Research、Oculus VR、Element AI、Toronto Rehabilitation Institute
11	香港特别行政区（应用研究创新指数62）（基础研究创新指数60）	香港科技大学、香港中文大学、香港大学、香港城市大学、香港理工大学、香港浸会大学、香港演艺学院、马来西亚理科大学、香港教育大学	Zuse Institute Berlin
12	巴黎（应用研究创新指数78）（基础研究创新指数65）	巴黎第六大学、Paris-Saclay University	French Institute for Research in Computer Science and Automation、École normale supérieure（Paris）、法国国家科学研究中心、École Polytechnique、Polytech Group（France）、Alcatel-Lucent、Télécom Paris、École des ponts ParisTech
13	伊萨卡（应用研究创新指数83）（基础研究创新指数60）	康奈尔大学、Ithaca College	GrammaTech、Cornell Lab of Ornithology

（续表）

序号	城市（地区）	高等院校	领先企业及研究机构
14	东京都（应用研究创新指数 70）（基础研究创新指数 65）	东京大学、东京工业大学、早稻田大学	National Institute of Informatics、日立、东芝、富士通公司、索尼、富士施乐、雅虎日本
15	伦敦（应用研究创新指数 74）（基础研究创新指数 61）	伦敦大学学院、帝国理工学院、伦敦大学玛丽王后学院、伦敦大学国王学院、皇家艺术学院、伦敦大学伯克贝克学院、伦敦城市大学、Department of Computing, Imperial College London	DeepMind、Acornsoft
16	尚佩恩（应用研究创新指数 75）（基础研究创新指数 60）	伊利诺伊大学厄巴纳-香槟分校	（美国）国家超级计算应用中心、Wolfram Research、Beckman Institute for Advanced Science and Technology、Coordinated Science Laboratory
17	新加坡（应用研究创新指数 60）（基础研究创新指数 73）	新加坡国立大学、南洋理工大学、新加坡科技与设计大学、Yale-NUS College、新加坡管理大学、DigiPen Institute of Technology	Mitsui、FSC Star、Agency for Science, Technology and Research、Centre for Quantum Technologies
18	华盛顿特区（应用研究创新指数 72）（基础研究创新指数 61）	Georgetown University、George Washington University、马里兰大学、List of George Washington University faculty、Catholic University of America、Howard University	IEEE Computer Society、Code.org、Board International、American Institutes for Research
19	亚特兰大（应用研究创新指数 69）（基础研究创新指数 63）	佐治亚理工学院、Emory University、佐治亚州立大学	Zero Knowledge Systems、Arbor Networks、Sprint Applied Research & Advanced Technology Labs、George W. Woodruff School of Mechanical Engineering、Children's Healthcare of Atlanta、SPARKLE Computer

（续表）

序号	城市（地区）	高等院校	领先企业及研究机构
20	安娜堡 （应用研究创新指数 69） （基础研究创新指数 63）	密歇根大学、Penny W. Stamps School of Art & Design、Department of Industrial and Operations Engineering、University of Michigan School of Information、东密歇根大学	AVE、Merit Network、丰田汽车北美公司、Department of Space、IISc Guidance, Control and Decision Systems Laboratory

从榜单可见，美国以 13 城上榜、囊括第 1 至 6 名的绝对优势，奠定其人工智能领域全球领导者地位；中国以北京（第 7 名）、香港（第 11 名）两城上榜紧随其后，但实力有明显差距；加拿大、法国、日本、英国、新加坡各有 1 城上榜，在人工智能领域也具有独特竞争力。另外，在人工智能创新型城市前 100 强排名中，北美 46 城上榜、欧洲 29 城上榜、东亚 14 城上榜，其他地区 11 城上榜，这也从一个侧面印证，北美、欧洲和东亚是人工智能基础理论研究、技术突破、产业发展等方面最活跃的地区。

1.2.2 人工智能优势企业

在本次人工智能技术发展浪潮中，传统科技巨头、新兴互联网巨头、不断涌现的创新型企业或研究机构、传统行业巨头（金融、汽车、商业、机器人）纷纷入局人工智能基础研究、技术研发和产业应用，人工智能产业蓬勃发展，企业数量不断增长。截至 2020 年 11 月，根据相关数据，全球人工智能企业约 6000 家，其中，美国 2257 家、中国 1454 家、英国 430 家、加拿大 307 家。中美两国人工智能产业发展最为活跃。美国作为人工智能发源地，从 AI 芯片、深度学习算法框架、操作系统、数据集等底层支撑技术，到计算机视觉、自然语言处理、语音识别等通用技术及 AI 在医疗、金融、商业、交通、机器人等应用领域，皆处于世界领先水平；中国发展人工智能技术较晚，但在政府的高度重视、大力推动和庞大且领先的互联网生态助力的背景下，近年取得快速发展，已与实体经济深度融合，在计算机视觉、自然语言处理、语音识别等通用技术以及 AI 在安防、金融、教育、交通、政府治理等应用领域处于先进水平。繁荣的人工智能产业催生中美两国涌现了最多的优势人工智能企业：全面布局人工智能产业各领域的综合类人工智能企业，如谷歌和百度等；首先赋能自身传统业务并进而拓展人工智能业务的互联网巨头，如亚马逊、阿里巴巴、腾讯、脸书等；以 AI 芯片为主营业务的企业，如英伟达、英特尔、寒武纪、地平线、赛斯灵等；基于通用 AI 技术应用传统行业的 AI 企业，如中国 AI“四小龙”、云知声、科大讯飞、Mobileye、Kustomer、Zoox、Voysis、Camerai、Vilynx 等。

（1）谷歌

谷歌及其母公司 Alphabet 全面投资布局人工智能基础研究、技术创新、生态构建、产业应用各领域。基础研究方面，谷歌拥有 Geoffrey Hinton、Demise Hassabis、RayKurzweil 等深度学习领域顶尖科学家，促使其 TensorFlow 在深度学习框架领域排名第一、量子计算全球领先，在 NeurIPS、CVPR、ACL 等人工智能顶级会议上发表大量高水平学术论文；技术创新方面，研发了算力达 90Tops 的 TPU 3.0 AI 芯片，推出了自动机器学习模型 Auto ML，Noisy Student 算法在 SOTA—ImageNet 赛事上刷新世界纪录，T5+Meena 在自然语言理解测试中取得超越人类水平的平均成绩，SwitchBoard 将端到端系统的错词率降至 5.6%；生态构建方面，建有提供 AutoML、ML Engine、ML API 等多重服务的开放平台，开源了 TensorFlow、Deepdream、SyntaxNet 等广受欢迎的项目，并购 15 家 AI 企业；产业应用方面，全球布局的 AI 专利近万件，依托谷歌云为金融、能源、医疗等众多行业提供解决方案，智能音箱全球出货量仅次于亚马逊，无人出租车已正式商业运营，无人干预行驶里程超过其他厂商总和。

如表 1.2.2 所示，通过对基础层，通用技术层及自动驾驶、智慧金融、语音助手等应用场景人工智能产业各领域全面投资与布局，谷歌已具备全方位领先的技术储备；其投资主要涉及英国、乌克兰、加拿大、以色列、印度、中国、日本等，并在中国台湾、新西兰、印度、芬兰、欧洲等地投资建设数据中心和硬件研发基地。

谷歌 AI 综合实力居世界榜首。具体而言，拥有世界顶尖科学家团队，重视基础科学研究，储备了明显技术优势，且创新能力出众，其技术布局全球领先；众多优秀开源项目与活跃的投资促进了自身 AI 生态的繁荣；通过

“AI+硬件+软件”的模式实现较高的 AI 商业化水平。

表 1.2.2　谷歌及其母公司 Alphabet 在 AI 领域投资情况

序号	公司名称/国家	参与轮次	投资时间	投资金额	内容
1	CleverSense 美国	并购	2011 年 12 月	未披露	Clever Sense 开发的应用“Alfred”，结合人工智能和机器学习算法，向用户提供个性化推荐信息
2	Viewdle 乌克兰	并购	2012 年 10 月	3000～ 4500 万 美元	Viewdle 是一家成立于 2006 年的乌克兰公司，被收购前主要做的是增强现实和面部识别的研发工作
3	DNNresearch 加拿大	并购	2013 年 3 月	未披露	DNNresearch 是由多伦多大学计算机科学系大学教授 Geoffrey Hinton 与他的两个研究生于 2012 年成立的神经网络方面的创业公司，此次收购实际上属于人才性收购
4	Wavii 美国	并购	2013 年 4 月	3000 万 美元	Wavii 是一家成立于 2009 年 3 月的自然语言处理技术公司
5	Flutter 美国	并购	2013 年 10 月	未披露	Flutter 成立于 2010 年，利用计算机视觉技术结合手势监测识别技术，使得用户可以用简单的手势来操控电脑和移动设备
6	DeepMind 英国	并购	2014 年 1 月	6 亿 美元	DeepMind 是前沿的人工智能企业，其将机器学习和系统神经科学的最先进技术结合起来，建立强大的通用学习算法
7	Jetpac 美国	并购	2014 年 8 月	32 亿 美元	Jetpac 是一家图片分析创业公司
8	Emu 美国	并购	2014 年 8 月	约 5 亿 美元	Emu 的作用与苹果 Siri 或 Google Now 有些类似，可以在用户输入消息后为其提供与上下文关联的信息
9	Dark Blue Labs 英国	并购	2014 年 10 月		Dark Blue Labs 是一家深度学习公司，主要从事数据架构以及算法开发工作，被收购后并入 DeepMind
10	Vision Factory 英国	并购	2014 年 10 月	未披露	Vision Factory 是一家专精深度学习的英国公司，被收购后并入 DeepMind
11	Granata Decision Systems 美国	并购	2015 年 1 月	未披露	Granata Decision Systems 是一个数据分析平台，帮助企业做分析和决策

（续表）

序号	公司名称/国家	参与轮次	投资时间	投资金额	内容
12	Timeful 美国	并购	2015 年 5 月	未披露	Timeful 开发的应用能够利用机器学习与数据分析手段，并辅以行为经济学理论，来规划用户的数字日程表
13	Moodstocks 美国	并购	2016 年 7 月	未披露	Moodstocks 公司成立于 2008 年，以图像识别技术为主，并推出了智能手机的图像识别应用程序 Moodstocks Notes
14	API.ai 美国	并购	2016 年 9 月	未披露	API.ai 是一家开发语音识别和自然语言理解工具的创业公司
15	Halli Labs 印度	并购	2017 年 7 月	未披露	Halli Labs 于今年 5 月 22 日在印度创立，专注于建立深度学习和机器学习系统
16	AIMatter 白俄罗斯	并购	2017 年 8 月	未披露	AIMatter 开发了基于神经网络的 AI 平台及 SDK，可帮助在移动设备上快速处理图像，它还有一个基于其技术的图像编辑应用 Fabby
17	Banter 美国	并购	2018 年 3 月	未披露	会话商务平台，帮助企业通过脸书 Messenger、Twitter 和 Snapchat 等流行消息平台与客户建立联系
18	Kitty Hawk 美国	战略融资	2018 年 3 月	未披露	Kitty Hawk 是一家智能飞行汽车研发平台，开发的“飞行汽车”类似于“大号版”的四旋翼无人机
19	满帮集团 中国	E 轮	2018 年 4 月	19 亿 美元	本轮融资由国新基金和软银愿景基金联合领投，谷歌资本（CapitalG）等跟投，新一轮融资将帮助满帮提升用户体验和拓展新业务和新市场。进一步探索新能源、无人驾驶、国际化等领域，持续进行物流的基础设施建设
20	Velostrata 以色列	并购	2018 年 5 月	未披露	Velostrata 是以色列一家云迁移创业公司，可以帮助企业用户将大型数据库、DevOps、大批量处理等基于虚拟机的本地数据负载迁移到云端，同时提供无缝化的应用程序管理方案
21	京东 中国	战略融资	2018 年 6 月	5.5 亿 美元	联合京东开展一系列战略项目，其中一项是在包括东南亚、美国和欧洲在内的全球多个地区合作开发零售解决方案

（续表）

序号	公司名称/国家	参与轮次	投资时间	投资金额	内容
22	Aiva Health 美国	战略融资	2018年9月	未披露	Aiva Health是一家成立于2016年的初创公司，致力于将智能语音技术应用于医疗健康领域，为医患沟通、老年人照护提供支持
23	ABEJA 日本	C+轮	2018年12月	千万级美元	ABEJA是一家人工智能和机器学习公司，核心产品是“平台即服务”，使用机器学习帮助150多家公司从他们的数据堆中开展商业分析，深入洞察
24	SuperPod 美国	并购	2019年1月	近6000万美元	SuperPod是一家移动问答应用开发商，它可以帮助谷歌增强其虚拟语音助手回答用户问题的能力
25	Collibra 美国	战略融资	2019年1月	1亿美元	由谷歌母公司Alphabet的成长性股票投资基金CapitalG领衔投资。Collibra是一家协助大型组织（银行、制造公司及医疗保健提供商）进行数据管控并提供解决方案的公司
26	Looker 美国	并购	2019年6月	26亿美元	Looker是一个数据分析可视化服务平台，数据分析师从数据库提取数据，定制创建企业内部都能理解的可视化仪表盘，让商业决策更有效率
27	Socratic 美国	并购	2019年8月	未披露	Socratic是一家家庭作业助手应用程序开发商，使用AI技术，用户可以通过拍照或发语音来问问题，并得到即时回答
28	ADT 美国	股权转让	2020年8月	4.5亿美元	谷歌收购安全公司ADT的6.6%的股份，作为合作的一部分，开发智能家居安全产品
29	Amwell 美国	战略融资	2020年8月	1亿美元	Amwell是一个远程医疗平台，患者与医生可以在平台上通过实时视频进行问诊治疗
30	Fitbit 美国	并购	2021年1月	21亿美元	Fitbit的产品和创新能力，与谷歌的AI技术相结合，将使得下一代可穿戴设备更优质和实惠。2019年11月并购，2021年1月完成各项垄断调查，成功完成并购

（2）百度

百度全面布局人工智能基础研究、技术创新、生态构建、产业应用各领域。基础研究方面，百度拥有王海峰、David Forsyth、Mark Liberman等顶尖科学家，其飞桨在深度学习框架国内市场排名第一，发布国内首个云原生量子计算平台量易伏，在CVPR、ACL、ECCV、NeurIPS等人工智能顶级会议上发表 260 多篇高水平学术论文。技术创新方面，百度昆仑 AI 芯片的算力达 260Tops，在语音识别、计算机视觉、自然语言处理领域的权威国际竞赛上取得 30 多次冠军。生态构建方面，建有阿波罗（Apollo）开放平台、小度技能、AI 开放平台，开放了近 300 项 AI 技术能力，凝聚了 265 万开发者，智能语音、人脸识别和自然语言处理 AI 技能调用量国内第一，并在 10 个 AI 相关领域进行了投资。产业应用方面，全球布局的 AI 专利 9364 件（截至 2020 年），在国内布局 10 多个数据中心，占据国内公有云 5.2%的市场份额（2019Q1），智能音箱以全球出货量占比 13.1%（2019Q3）位列第 3，在北京试运营无人出租车，与吉利控股合作生产智能电动车。智能驾驶、智能语音助手、智能云是百度 AI 商业化最先被印证的三个赛道，期望小度助手、智能云和 Apollo 在未来 2 到 3 年内皆能实现 100 亿元营收。

如表 1.2.3 所示，投资基础层、通用技术层及自动驾驶、智能物流、语音助手、智慧医疗、量子计算等应用场景的人工智能各领域，百度已具备全方位相对领先的技术储备，投资主要涉及美国、英国和中国初创人工智能公司。

表 1.2.3　百度在 AI 领域投资情况

序号	公司名称/国家	投资时间	投资金额	内容
1	Imagination 英国	2021 年	未披露	在 Imagination 和百度飞桨（Paddle）的合作中，其 IMGDNN API 已集成到 Paddle Lite 中，丰富了全球开发者发展人工智能（AI）的生态系统。Paddle Lite 是百度深度学习框架的轻量化推理引擎，IMGDNN API 使开发人员能够针对基于 PowerVR 架构的图形处理单元（GPU）和神经网络加速器（NNA）实现应用程序的最大性能。此举增加了 Imagination 硬件平台支持的框架数量，使开发人员能够更轻松地在异构系统（如包含 CPU、GPU 和 NNA 的系统）中运行 AI 应用程序
2	WANdisco 美国	2020 年	未披露	WANdisco 是一家公开上市公司，其总部位于谢菲尔德和加利福尼亚，拥有专门从事分布式计算的双重总部，现已成为 AWS 网络的“高级技术合作伙伴”，其 LiveData Migrator 服务也已达到 AWS Migration Competency 的地位

（续表）

序号	公司名称/国家	投资时间	投资金额	内容
3	云舶科技 中国	2020年	千万元人民币级	云舶科技宣布获得 BV 百度风投千万级天使轮融资。本轮融资主要用于小 K 动捕虚拟直播产品的研发。该公司于 2017 年 3 月成立，是一家软件 AI 技术服务商，目前专注于汽车后市场领域
4	键嘉机器人 中国	2020年	亿元人民币及以上	键嘉机器人是一家智能骨科手术机器人研发商，为市场提供精准关节置换方案，覆盖术前、术中、术后全流程
5	湃道智能 中国	2020年	数千万元人民币	湃道智能是一家图像和视频数据分析服务提供商，专注于图像和视频数据分析领域，正将计算机视觉和深度学习等人工智能技术广泛应用于工业视觉领域，以集合计算机算法、精准的图像识别技术，布局工业、安防、工程等多个领域
6	大连东软 中国	2019年	14.43 亿元人民币	东软控股的运营主体为大连东软控股有限公司，公司经营范围包括：计算机软件开发、信息技术咨询服务、企业经营管理服务及经济咨询服务等
7	极米科技 中国	2018年	未披露	此轮投资将主要用于极米无屏电视和激光电视的研发，极米将加强产品与人工智能技术的结合，不断提升用户与设备之间的交互体验，并扩展在内容方面的优势，进一步扩大极米无屏电视的市场份额
8	Automation Hero 美国	2019年	未披露	专注机器人流程自动化的人工智能初创公司
9	Covariant.ai 美国	2019年	未披露	机器人初创公司
10	康夫子健康 中国	2019年	未披露	医疗人工智能数据服务提供商
11	博睿康 中国	2019年	未披露	脑机接口研发企业
12	诺惠医疗 中国	2019年	未披露	医疗支付和保险解决方案提供商诺惠医疗
13	禾赛科技 中国	2018年	未披露	自动驾驶雷达公司
14	More Health 美国	2018年	未披露	美国 AI 医疗企业

（续表）

序号	公司名称/国家	投资时间	投资金额	内容
15	蔚来汽车 中国	2017 年	1 亿美元	蔚来是一家全球化的智能电动汽车公司，2014 年 11 月成立。蔚来致力于通过提供高性能的智能电动汽车与极致用户体验，为用户创造愉悦的生活方式
16	KITT.AI 美国	2017 年	未披露	KITT.AI 是一家语音唤醒和自然语音交互技术服务商，是世界上唯一获得亚马逊 Alexa 和微软联合创始人 Paul Allen 投资的公司，并入选了 CB Insights 人工智能创业一百强，百度宣布全资收购 KITT.AI，把 KITT.AI 的语音能力和自然语言处理能力融入到百度平台中

（3）亚马逊

亚马逊凭借多年高居全球首位的研发投入，使其在 AI 芯片、智能语音、云计算等核心 AI 技术领域具有很强的竞争优势，其 AI 技术研发首先着眼于提升自身业务效率，再进一步打造强大的 AI 技术竞争力。

亚马逊以云计算为核心，专注于建设应用服务更加全面和智能化的人工智能云 AWS，并以 Alexa 语音助手为 AI 服务入口布局智能家居、智慧零售。AWS 特别设计 Inferentia 芯片以最大限度避免亚马逊网站在流量峰值期间出现各种宕机风险，并通过提供 200 多项服务吸引了分布于 190 多个国家的数百万活跃企业客户。Alexa 语音助手是亚马逊智能家居和智慧零售的核心载体，内置 Alexa 语音助手的 Echo 智能音箱多年占据全球市场份额的第一名；Alexa 已接入近 3 万款来自约 5000 个不同品牌的第三方智能设备。另外，亚马逊通过仓库机器人、智能包裹分拣机器人提升了中心仓库的存储和分发效率，Amazon Go 实现了无人值守商店。

如表 1.2.4 所示，亚马逊的投资主要围绕提升自身服务能力的云计算、仓库机器人、智能语音助手等产品布局，在这几个方面取得了全球领先的技术储备，且亚马逊在云服务和智能音箱市场中处于世界领导地位，投资主要涉及美国、英国、波兰等国初创的人工智能公司。

表 1.2.4　亚马逊 AI 领域投资情况

序号	公司名称/国家	投资时间	投资金额	内容
1	Yap 美国	2011 年	未披露	语音识别，用于将语音邮件转换为文字
2	Evi 英国	2012 年	未披露	响应各种语音命令
3	Kiva System 美国	2012 年	7.75 亿美元	该服务使用的机器人能举起 3000 磅的货物，像蜜蜂一样成群地在仓库里来回穿梭忙碌，可大幅提高仓储效率
4	Ivona 波兰	2013 年	未披露	专注于文本转语音
5	harvest.ai 美国	2016 年	1900 万美元	使用机器学习和人工智能来分析公司关键 IP 上的用户行为，以便在重要的客户数据可以刷新之前识别和停止有针对性的攻击
6	PillPack 美国	2018 年	10 亿美元	进军医疗保健领域
7	Ring 美国	2019 年	12 亿美元	家庭安全产品是智能视频门铃、智能室外照明和室外粘贴式摄像头，逐渐扩展自己在安防智能硬件领域的布局
8	Syntiant 美国	2018 年	未披露	利用人工智能半导体为边缘计算创造了一种全新的超低功耗、高性能的深度神经网络处理器
9	Canvas Technology 美国	2019 年	未披露	仓库机器人创业公司，利用 3D 成像和内部软件解决方案，能够像自动驾驶汽车一样进行仓储的管理
10	INLT 美国	2019 年	未披露	国际运输的成本管理和清关软件的开发
11	Eero 美国	2019 年	未披露	目标是让用户可以方便地安装 WiFi 网络，并确保网络可以覆盖屋里的更多房间
12	Blink 美国	2019 年	未披露	产品包括家庭安全摄像头、智能门铃等智能家居产品，能够与亚马逊的智能音响配套
13	WANdisco 英国	2020 年	未披露	WANdisco 是一家公开上市公司，其总部位于谢菲尔德和加利福尼亚，拥有专门从事分布式计算的双重总部，现已成为 AWS 网络的“高级技术合作伙伴”，其 LiveData Migrator 服务也已达到 AWS Migration Competency 的地位

（续表）

序号	公司名称/国家	投资时间	投资金额	内容
14	Databricks 美国	2021 年	未披露	Databricks 是一家致力于帮助企业快速处理大量数据，并为大数据分析做好预先处理的软件公司。Databricks 之所以受到科技巨头的青睐，是因为它可以帮助企业海量存储不同类型的数据，同时也可以帮助企业整理、清除数据，以便可以在可视化软件中进行数据分析处理。此外，Databricks 也在积极部署人工智能模型业务
15	Rackspace 美国	2020 年	未披露	Rackspace 向用户提供服务器空间租赁服务，并帮助用户在云端存储和访问数据，将数据迁移至 Amazon Web Services、Azure 等多个云端平台
16	Zoox 美国	2020 年	12 亿美元	Zoox 是少数几家致力于研发可靠的自动驾驶汽车技术的独立公司之一，Robotaxi 的明星公司
17	Trifo 美国	2020 年	未披露	世界上第一款不用激光雷达、只用视觉传感器就完成定位、地图、识别、规划的 AI 家庭扫地机器人 Trifo Lucy
18	Preemadonna 美国	2021 年	未披露	Preemadonna 是一家美国美甲机器人研发商，致力于制造美甲机器人和智能美甲产品系列

（4）Mobileye

Mobileye 是以色列一家生产协助驾驶员在驾驶过程中保障乘客安全和减少交通事故的视觉系统的公司。专注于汽车感知系统研发和应用，其单目视觉高级驾驶辅助系统（ADAS）研发居世界领先水平。

Mobileye 选择了基于视觉的 ADAS 方向，前期主要采用传统计算机视觉技术，从 2013 年开始大量采用人工智能相关技术。Mobileye 在以色列设有研发中心，并在美国、塞浦路斯、中国、德国和日本设有分支机构，其超过 80%专利在美国申请，约 10%专利在欧洲申请，7%专利在中国申请，美、欧、中成为 Mobileye 前三大目标市场。Mobileye 的核心产品是 EyeQ 系列芯片：EyeQ1 的算力约为 0.0044Tops，功耗为 2.5W；EyeQ2 的算力约为 0.026Tops，功耗为 2.5W；EyeQ3 的算力约为 0.256Tops，功耗为 2.5W；EyeQ4 的算力约为 2.5Tops，功耗为 3W；EyeQ5 预计在 2021 年推出，其算力为 EyeQ4 的 10 倍，功耗为 5W。凭借在全球 ADAS 市场超过 70%的份额，Mobileye 于 2017 年 3 月以 153 亿美元被英特尔所收购。

（5）寒武纪

寒武纪创立于 2016 年 3 月，是中国科学院孵化的高科技企业，专注于云服务器、边缘计算设备、终端设备的 AI 芯片研发、设计，已成长为国内 AI 芯片领域的独角兽企业。公司于 2020 年 1 月在科创板上市。

2016 年以来，公司先后推出了用于终端场景的寒武纪 1A、寒武纪 1H、寒武纪 1M 系列芯片，以及基于思元 100 和思元 270 芯片的云端智能加速卡系列产品，还有基于思元 220 芯片的边缘智能加速卡。其中，1M 是寒武纪第三代机器学习专用芯片，其运算效能比达 5Tops/W，可支持 CNN、RNN、SOM 等深度学习模型；用于云端推理的寒武纪 MLU100 芯片，其算力达 128 Tops；边缘加速芯片思元 220，其算力为 32Tops、功耗为 10W。另外，寒武纪人工智能开发平台（Cambricon Neuware）是寒武纪专门针对其云、边、端的智能处理器产品打造的软件开发平台，Cambricon Neuware 采用端云一体的架构，可同时支持寒武纪云、边、端的全系列产品。2021 年 1 月，寒武纪公开发布云端 AI 训练芯片思元 290，及其加速卡 MLU290-M5 和加速器玄思 1000，相较于思元 270，其峰值算力、缓存带宽、片间通信带宽分别提高为原来的 4 倍、12 倍和 19 倍，与全球领先的英伟达 A100 和华为海思 Ascend 910 性能相当。

在众多创新型企业的推动下，本次人工智能产业迎来一轮发展大潮，其中既有 IBM、西门子、博世、松下、三星、通用等传统科技巨头，也有谷歌、微软、百度、亚马逊、脸书、阿里巴巴、腾讯等互联网巨头，更多的是 DeepMind、OpenAI、商汤科技、旷视科技、依图科技、云从科技、寒武纪、赛灵思、地平线、科大讯飞、深鉴科技、云知声等创新型公司。其中，谷歌、脸书、苹果、亚马逊、微软、百度、阿里巴巴、腾讯等科技巨头凭借资本力量收购 AI 领域初创新锐企业，以期将创企的技术纳入现有产品或服务体系，并招揽大量顶尖 AI 人才；而寒武纪、商汤科技、旷视科技、依图科技、云从科技、云知声等初创企业则借助融资不断加大研发投入、加快落地应用和扩大业务边界，成长为 AI 领域一股不可小觑的力量。

1.2.3　人工智能产业领域专利

从全球范围来看，人工智能领域自 2010 年起迎来了一段技术快速成长的时期，这一趋势保持至今未变。如图 1.2.1 所示，2006—2009 年期间，全球主要国家（地区）专利申请量为 1.1 万～1.2 万件；2010—2018 年，全球专利申请量从约 1.2 万件增长到 10 万多件；2019 年全球专利申请量小幅增长，由于缓公开的原因，2020 年专利申请量有所减少。本书统计分析中国、美国、日本、欧洲专利局的发明专利申请情况，研究全球主要国家（地区）专利布局态势和竞争格局。本书统计的专利数据，若无特别说明，均指发明专利。

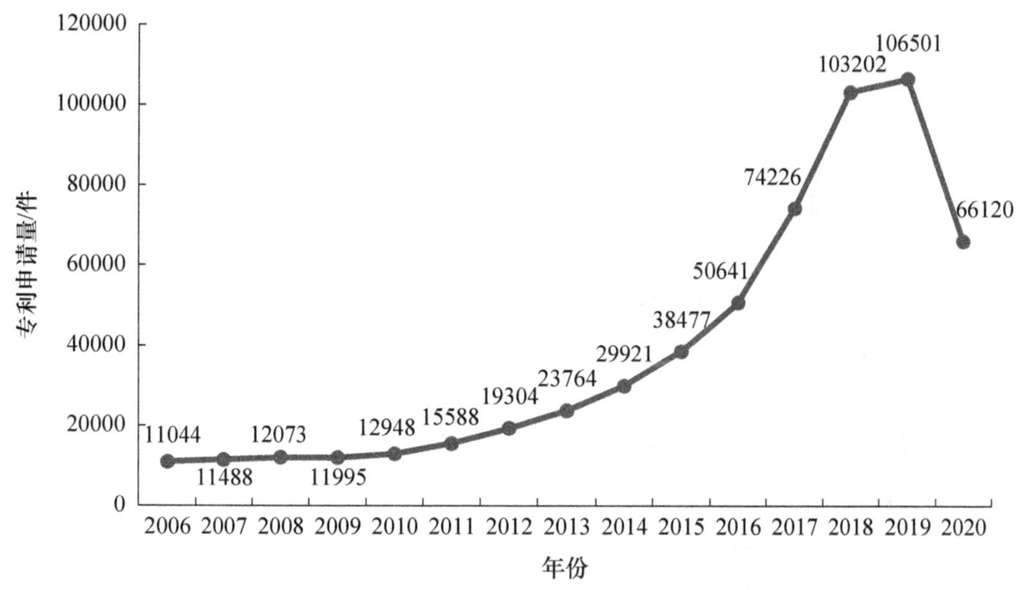

图 1.2.1　2006—2020 年人工智能领域专利申请情况

美国、中国、韩国、日本、欧洲等人工智能基础创新和技术创新活跃，且相关技术已广泛融入各行业，是目前全球人工智能技术专利主要的技术来源国家（地区）和技术目标国家（地区），具体情况如表 1.2.5 所示。

中、美是人工智能技术创新和产业应用最活跃、市场规模最大的国家，作为技术创新主体的两国，优势企业在专利申请方面处于领先地位，具体情况如图 1.2.2 所示。

表 1.2.5　人工智能领域主要国家（地区）申请量流向分布

技术来源国家（地区）	技术目标国家（地区）				
	中国	美国	韩国	日本	欧专局
中国	268544	7179	1125	946	3035
美国	22544	178145	6261	5453	11145
韩国	6359	15205	44047	452	5428
日本	9636	17883	1496	24704	4593
欧洲专利局	8272	21260	1677	958	8433

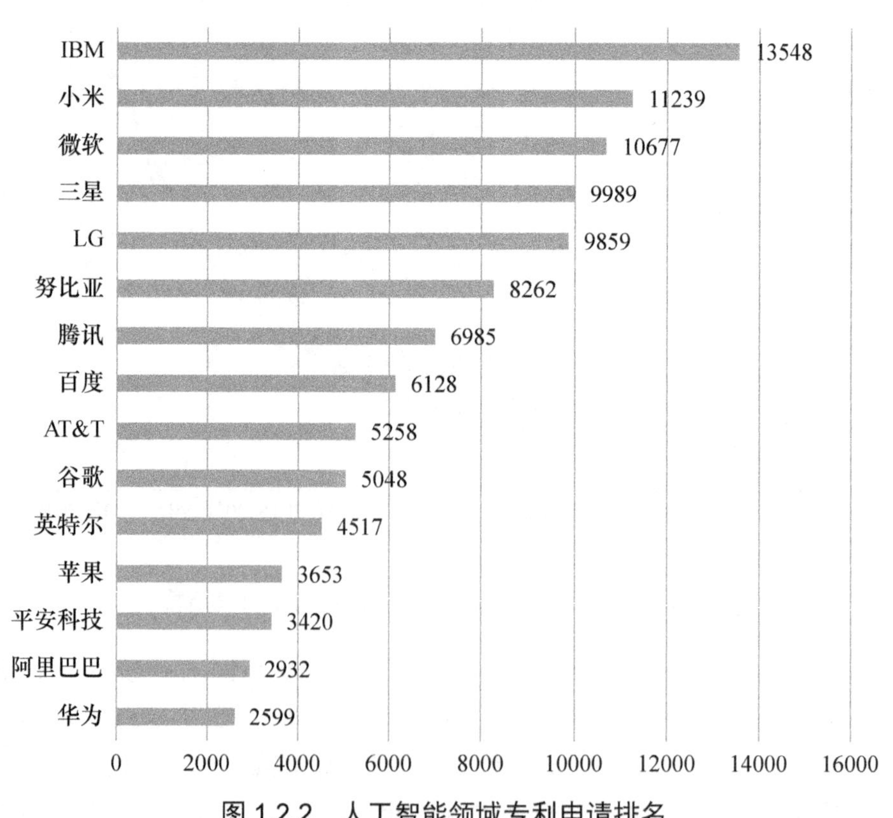

图 1.2.2　人工智能领域专利申请排名

1.2.4　人工智能领域论文

近年来，随着人工智能技术不断取得突破，人工智能核心产业和带动产业获得了快速发展，人工智能技术应用场景不断扩展，这些促进了人工智能科学研究不断深入，人工智能领域的国际科技论文发表量逐年增长，近 5 年 SCI 论文发表情况如图 1.2.3 所示。

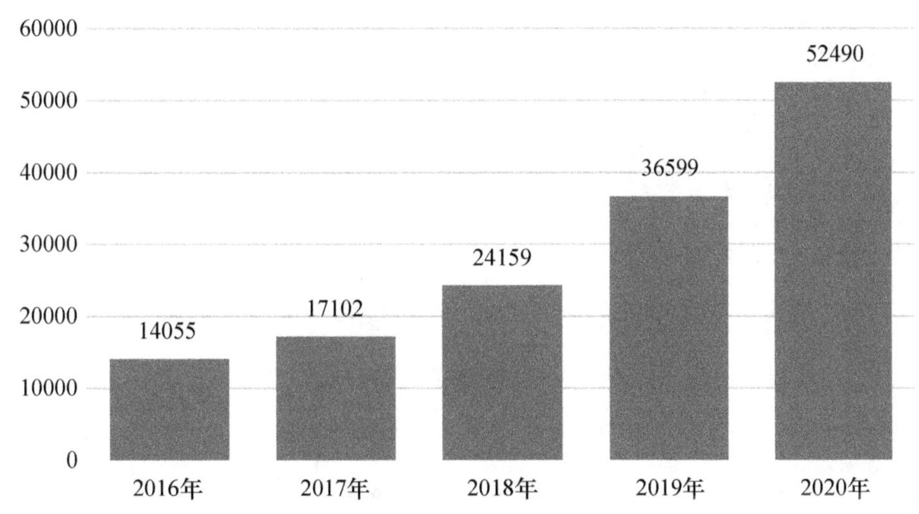

图 1.2.3　2016—2020 年人工智能领域 SCI 论文发表情况

经过多年的持续积累，我国在人工智能领域的研究成果取得重要进展，国际科技论文发表量居世界第一，众多国内研究机构的 SCI 论文发表量排名靠前（见图 1.2.4）。

在计算机视觉、机器学习、神经网络、自然语言处理等领域，每年会举办一些顶级国际学术会议，如人工智能促进协会会议（AAAI）、计算语言学协会会议（ACL）、计算机视觉及模式识别会议（CVPR）、神经信息处理系统会议（NeurIPS）、国际计算机视觉会议（ICCV）、国际机器学习会议（ICML）等，讨论和交流相关热点、前沿问题，推动人工智能技术发展，近 5 年人工智能领域顶级会议论文录用情况如表 1.2.6 所示。

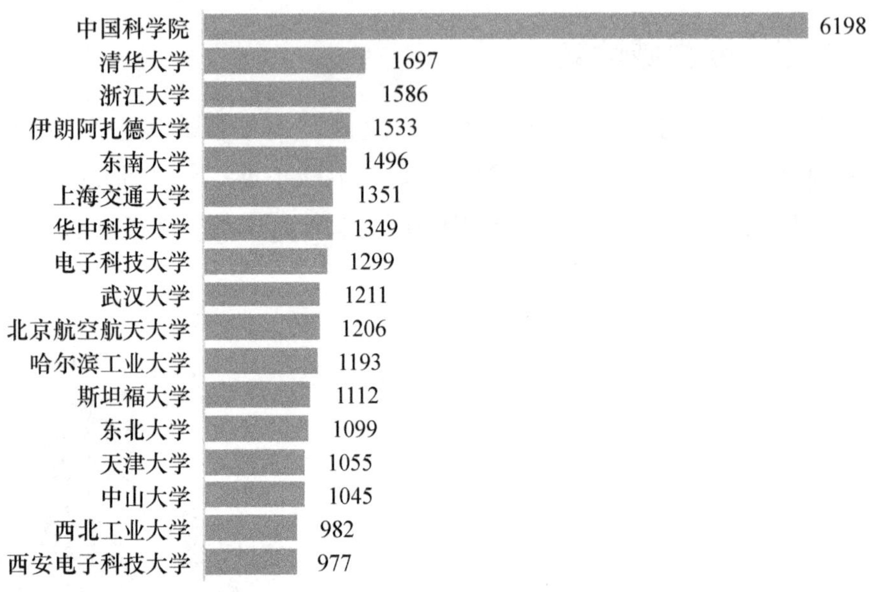

图 1.2.4　2016—2020 年人工智能领域机构论文发表排名

表 1.2.6　近 5 年人工智能领域顶级会议论文录用情况

会议名称	2016 年文章数	2017 年文章数	2018 年文章数	2019 年文章数	2020 年文章数
AAAI	提交：2143 录用：548	提交：2571 录用：639	提交：3808 录用：938	提交：7745 录用：1150	提交：8800 录用：1591
ACL	提交：1288 录用：328	提交：1297 录用：302	提交：1544 录用：384	提交：2905 录用：660	提交：3429 录用：779
CVPR	提交：2145 录用：643	提交：2680 录用：783	提交：3359 录用：979	提交：5265 录用：1300	提交：6656 录用：1470
NeurIPS	提交：2403 录用：569	提交：3240 录用：678	提交：4856 录用：1011	提交：6743 录用：1428	提交：9454 录用：1900
ICCV		提交：2143 录用：621		提交：4328 录用：1077	
ICML	提交：1342 录用：322	提交：1676 录用：434	提交：2473 录用：621	提交：3424 录用：774	提交：4990 录用：1088

从 NeurIPS 2020 会议情况来看，华人学者吴恩达团队 7 篇论文被接受，李飞飞团队 1 篇论文被接受，陶大程和张潼各 7 篇论文被接受，华人新秀、加州大学洛杉矶分校汪昭然和美国西北大学杨林各 9 篇论文被接受，得克萨斯大学奥斯汀分校汪张扬和普林斯顿大学的杨卓然各 8 篇论文被接受。中国研究机构共 259 篇论文被接受，仅次于美国；会议选出的 31 位排名靠前的优秀学者中有 12 人为华人，占比 38%。另外，由杨强教授为大会主席的 AAAI 2021 大会于 2 月 2－9 日全程线上举办，共 9034 篇论文投稿，最终录用 1692 篇论文，3 篇最佳论文中的两篇的第一作者为华人学者，分别是北京航空航天大学的 Haoyi Zhou 和来自达特茅斯学院的 Ruibo Liu；DeepBlue AI 团队获得 NLP 领域冠军，京东共有 16 篇论文被录用。

人工智能领域顶级会议吸引了科研院所、高校和 AI 创新企业的顶级专家学者参与，推动了各人工智能产业热点难点问题和未来发展趋势等前沿问题在人工智能领域顶级会议平台得到充分深入沟通与交流，推动了人工智能科学技术和产业的融合发展。近 5 年，企业参与主要人工智能领域顶级会议前 20 名高被引论文的情况详见表 1.2.7。

表 1.2.7　近 5 年企业参与人工智能领域顶级会议前 20 名高被引论文情况

顶级会议	企业参与篇数	参与企业
AAAI	15	谷歌、DeepMind、腾讯、脸书、火光摇曳、微软、Adobe、英特尔、亚马逊
ICCV	15	脸书、旷视科技、Adobe、Salesforce、OpenAI、微软、华为、谷歌、商汤科技、亚马逊、深圳裹动智驾
ACL	9	脸书、字节跳动、谷歌、Open AI、DeepMind、腾讯、亚马逊、Adobe、华为
CVPR	16	微软、旷视科技、Momenta、谷歌、阿里巴巴、DeepMind、Waymo、InsideIQ、Symbio、脸书、Adobe、Twitter、Tesla、腾讯、戴姆勒、英特尔
NeurIPS	14	Momenta、脸书、旷视科技、谷歌、苹果、OpenAI、Covariant.ai、DeepMind、商汤科技和虎博科技
ICML	13	谷歌、脸书、OpenAI、斯科尔科沃科学技术研究院、三星 AI 中心、WeRide.ai、英伟达、苹果、百度、DeepMind

1.2.5 人工智能学者情况

近年来，随着人工智能产业的迅猛发展，AI 人才需求呈现持续增长的趋势，AI 人才出现较大缺口，特别是顶级 AI 人才供不应求。Element AI 在 2019 年发布的《全球 AI 人才流动报告》显示，根据人工智能 2018 年顶级国际学术会议论文发表统计，全球 AI 学者共 22400 人，其中美国 15747 人、中国 2725 人、英国 1475 人、德国 935 人、加拿大 815 人；研究工作对该领域产生了显著影响、具有实质性贡献的顶尖学者则更集中，前五位的排名情况是美国 1095 人、中国 255 人、英国 140 人、澳大利亚 80 人和加拿大 45 人。

总体来看，美、中、英三国在拥有 AI 学者特别是顶尖学者方面占据优势。清华大学 AMiner 团队于 2020 年初发布的“人工智能全球最具影响力学者榜单”（简称 AI2000），在 20 个子领域各选取 100 名顶尖学者，共计有 1833 位全球高影响力学者（167 位分属多个子领域），其中美国 1244 人次、中国 196 人次、德国 113 人次，居前三，但美国处于绝对优势地位。AI 顶尖学者数量全球前 10 机构分布如图 1.2.5 所示。前 10 名的机构中有 6 所高校、4 家企业，其中美国机构包揽前 9 名，前两名被谷歌和微软两家企业包揽，第 10 名清华大学的顶尖人工智能学者 27 名，相当于谷歌的 14.6%。

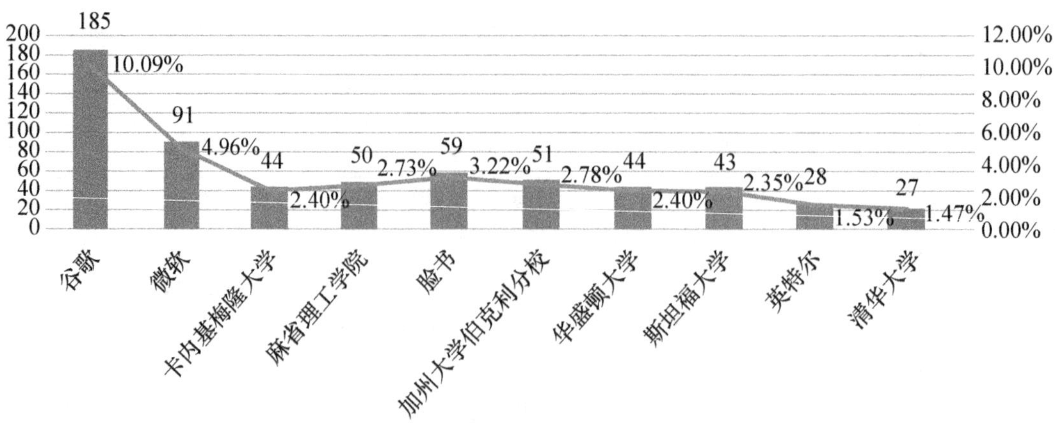

图 1.2.5 AI 高层次科研人才数量全球前 10 名机构分布

AI 博士培养和雇用情况是观察全球 AI 人才分布、流动情况的一个角度。具体而言，在人工智能领域顶级学术会议上发表论文的 AI 学者，超过 44%在美国获得博士学位，接近 11%在中国获得博士学位，6%在英国获得博士学位，在德国和加拿大获得博士学位皆为 5%左右，在法国和日本获得博士学位皆为约 4%。与之相应，大约 46%的 AI 博士在美国工作，11%在中国工作，7%在英国工作，在加拿大、德国和日本工作皆占 4%左右。据统计，约 27%的 AI 博士没有选择在其培养国工作，美国公司对 AI 博士的吸引力最大，中国公司紧随其后，英国也是 AI 人才流入国家，而法国和以色列属于 AI 人才流出国。中美之间的 AI 人才交流特别活跃且流动基本平衡，约 500 名在中国培养的博士去美国工作，也有 500 多名美国培养的博士来中国工作。

全球顶级学者 59%供职于美国、10.6%供职于中国、10.2%供职于英国。美国通过优越的研究基础和环境吸引了全球最多的 AI 顶尖学者，其最主要的人才来源包括美国 31%、中国 27%、欧洲 11%、印度 11%。据统计，中国培养的 AI 专业本科生中，34%留在中国，约 56%前往美国深造，其中约 88%的研究人员留美工作、约 10%返回中国，从这个角度来看，中国是 AI 人才的最大输出国。顶尖的华人 AI 学者如邓力、李飞飞、陶大程、张潼、沈向洋、吴恩达等，都在国（境）外的高校、企业以及研究团体中占据着重要地位。

目前，各国皆面临高端 AI 人才短缺这一结构性难题，且高端 AI 人才主要分布在美国、英国、德国、法国等发达国家，并高度集中在谷歌、微软、亚马逊、脸书、苹果、IBM 等科技巨头公司。美国、英国、加拿大等国具有在 AI 基础通用领域的人才优势，中国、印度和以色列具有在 AI 专项领域的人才优势。为充分利用全球 AI 人才，科技巨头一方面通过收购人工智能初创新锐企业来招揽顶尖科技人才，另一方面选择在全球建立研发中心，如美国企业在英国、法国、德国、印度、加拿大、以色列等国家建立多家人工智能研发中心，中国企业在美国、印度、韩国、德国、俄罗斯、新加坡、加拿大等国家建设云计算与人工智能数据中心。

1.3　人工智能治理

新一代人工智能技术被广泛地应用于自动驾驶、智能机器人、智慧金融、安防、智能医疗、智慧城市、智能家居、教育等诸多领域，成为推动现代社会步入智能化时代的核心力量。同时，新一代人工智能具有的通用目的性、算法黑箱性以及数据依赖性等技术特性，带来了社会、企业、个人等不同维度的风险和挑战，从而对治理提出了专业化、多元化、敏捷化、全球化的迫切需要。人工智能的治理既需要“柔性的伦理”，又需要“硬性的法律”：一方面，以伦理为导向的社会规范体系，可以为人工智能技术层面的开发和应用提供价值判断标准，约束和指导各方对人工智能进行协同治理；另一方面，以法律为保障的风险防控体系，依靠国家强制力划定底线，可以防范和应对人工智能技术带来的诸多风险。

1.3.1 人工智能引发多维度风险

人工智能技术应用引发风险首先可以从人工智能三大要素的算法、算力和数据进行分析。以深度学习算法为代表的人工智能算法模型存在多个“隐层”，导致输入数据和输出结果之间的因果逻辑关系难以清楚解释，形成技术“黑箱”。另外，算法模型的自适应、自学习特性也使其极易偏离人类预设的目标。

用于人工智能模型训练的数据本质上是社会价值观的缩影与映射，包含一些落后的价值观与社会偏见，同时大规模数据的实时采集、分析和流动也将触动隐私、公平等人类基本价值。

算力具有纯技术性、客观性的特点，不涉及价值和伦理问题，基本不会引发相关风险。人工智能作为一项通用技术已广泛融入现代经济社会的方方面面，其风险产生的范围逐渐扩大、概率持续提高。人工智能在打造经济新引擎、推动社会进步的同时，给社会、企业和个人带来不同维度的风险和挑战。

1）影响社会稳定

① 冲击就业格局，加剧贫富分化。智能的算法、机器对传统人工的替代将消灭或大幅度减少重复性、机械性工作的岗位。据麦肯锡报告推测，到2030 年，机器人将取代 8 亿人的工作；人工智能的发展所创造的社会财富将大幅度向资本一方倾斜，低收入与受教育程度较低的人群将在新一轮的社会

资源分配中处于严重的不利地位。

② 影响政治进程，抹黑政治人物。人工智能在社交服务中的应用能够影响政治进程，利用机器人水军可以进行舆论干预，如剑桥分析（政治 AI 公司）利用人工智能影响美国大选和英国“脱欧”公投的结果。此外，可以利用深度伪造等智能信息服务技术制作关于政治人物的虚假负面视频，如在 YouTube 上被转发 500 多万次的美国前总统奥巴马的脸被“借用”来攻击特朗普总统的视频，特朗普转发并大加嘲讽的美国众议长佩洛西说话结巴的伪视频等。

③ 侵害事件频发，危及公共安全。人工智能安全事故、侵害事件频发，引发社会各界普遍关注。如特斯拉 Model S 在美国和我国境内都曾发生过自动驾驶致死事故和数起交通事故；委内瑞拉总统在公开活动中受到无人机炸弹袭击；Uber 的一辆自动驾驶测试车在进行路试时发生事故，致一人死亡。

2）增加企业合规难度

① 不良信息频现，企业审核能力不足。如果向人工智能系统输入不完整、不正确、质量不高的数据，则会产生不良信息或歧视性信息。例如，微软公司的人工智能聊天机器人 Tay 上线后，被网民“教坏”；人工智能技术极大地促进数字内容产业的繁荣，企业很难对海量的信息内容进行有效审核。

② 法律责任不明，陷入责任划分困境。当前，人工智能产品在问题回溯上存在不可解释环节，现行立法也未明确界定人工智能的设计、生产、销售、使用等环节的各方主体责任与义务，这给人工智能安全事件的责任认定和划分带来严峻挑战。例如，人工智能医疗助理（如 IBM 的“沃森医生”）给出危险错误的癌症医疗建议时的责任如何认定，自动驾驶汽车因独立智能决策致损时的侵权主体和责任如何确定。

③ 知识产权保护不足，版权认定困难。目前，各国就人工智能生成物所包含的权利类型和权利归属存有争议，人工智能创作物的版权保护仍普遍面临法律滞后问题。例如，澳大利亚法院判定，利用人工智能生成的作品不能有版权保护，因为它不是人类制作的。如果人工智能创作物得不到法律有力的保护，会使人工智能生成信息的复制和扩散门槛更低，影响投资人、创作

人投入人工智能创作的积极性。

3）个人权益受到侵犯

① 算法偏见现象，影响公平正义。算法偏见不仅是技术问题，更涉及数据集质量的完整性、设计者的主观情感偏向、人类社会所固有的偏见、不同地区文化差异等。例如，风险评估算法 COMPAS 被发现对黑人造成了系统性歧视，人脸识别软件 Rekognition 曾将美国国会议员中的 28 人误判为罪犯。

② 信息收集多样，侵犯个人隐私。随着人脸识别、虹膜识别等应用的普及，人工智能正在大规模、不间断地收集、使用敏感个人信息，个人隐私泄露风险加大。例如，变脸应用 ZAO 因用户协议过度攫取用户授权和存在数据泄露问题而被监管机构约谈要求自查整改，杭州一动物园因启用人脸识别技术强制收集游客敏感个人信息而被诉至法院。

③ 滥用智能产品，侵犯人格尊严。利用深度伪造技术能实现将人脸转移到色情明星的身体，伪造逼真的色情场景，使污名化他人及色情报复成为可能。例如，运用 DeepNude 软件可根据普通人物图片生成对应的不雅照，另外还发生过亚马逊智能音箱劝主人自杀等事件。

1.3.2 人工智能治理成为必然

近年来，人工智能技术的快速发展和落地应用引发一些可预知与不可预知的风险和挑战，但相应的风险防控机制和规则制定相对滞后，不可控的预期与担忧使得人工智能在创新上面临巨大压力，人工智能治理已成为人工智能技术和应用发展的必然。人工智能治理的内涵尚没有统一的界定，可将人工智能治理理解为国际组织、国家、行业组织、企业等多主体，对人工智能研究、开发、生产和应用中出现的公共安全、道德伦理等问题进行协调、处理、监管和规范的过程。当前，人工智能的创新发展已对其治理提出专业化、多元化、敏捷化、全球化等多个方面的要求。

1）专业化要求

面对人工智能可能引发的新的全球焦虑，人工智能监管机构应及时察觉、管控危机，防范潜在风险。目前，各国人工智能监管机构大多由政治实体组成，在应对人工智能等新议题的挑战时，需要与专业知识共同体形成有效联动。因此，监管机构应当以深厚的专业知识作为治理基石，构建起涵盖人工智能相关的数学、计算机科学等学科的专业化治理团队，为监管提供必要的知识储备和智力支持。

2）多元化要求

人工智能本身是一门综合性的前沿学科、高度交叉的复合型学科，研究范畴广泛而又异常复杂。人工智能的治理需要计算机科学、数学、认知科学、神经科学和社会科学等学科深度融合，这引发了对于人工智能治理主体多元构成的需求。近年来，国际组织、各国政府、行业组织和企业等各类主体也在积极探索多元主体参与的协同共治治理格局。因为只有在治理过程中不断推动多领域间进行广泛交流和合作，采用灵活多元的方式，才能避免某些不可逆的问题出现。

3）敏捷化要求

人工智能的产业革命呈现出高速迭代化的特征，各种细分领域的产业化应用层出不穷。新兴业态呼唤新的治理方案，在治理原则、治理主体和治理手段上有别于传统治理框架，引发了对人工智能治理敏捷化的需要。在治理过程中，需要通过不断提升技术手段、优化治理机制，及时发现和解决可能引发的风险，对更高级人工智能的潜在风险持续开展研究和预判，确保人工智能朝着有利于社会的方向发展。

4）全球化要求

人工智能作为一种通用性技术，所引发的人员失业、公共安全等问题具有全球性，需要全球共同面对并达成全球性共识，而且人工智能的不稳定和多样化应用又呼唤相对统一的治理规则与国际合作。只有世界各国共同寻求有效路径，探索全球问题的解决之道，才能使人工智能在可见的甚至遥远的未来更好地造福于人类，及时管控可能的危机以及防范潜在风险。

1.3.3　人工智能治理机制

人工智能治理既需要明确治理原则及目标、厘清治理主体，又需要提出切实有效的治理措施。为此，人工智能治理应构建由政府、行业组织、企业以及公众等多元主体共同参与、协同合作的多层次治理体系，通过制定伦理原则、设计技术标准、确立法律法规等多种举措，推动人工智能健康有序发展。

（1）平衡创新发展与有效治理

总体来说，人工智能治理既要不断释放人工智能的技术红利，也要精准防范并积极应对人工智能可能带来的风险，平衡好人工智能创新发展与有效治理的关系，持续提升有关算法规则、数据使用、安全保障等方面的治理能力。

① 不断释放人工智能的技术红利和价值。人工智能作为一项新型通用目的性技术，将在改造升级传统产业、培育新兴产业、加速实体经济转型、保障改善民生等经济社会发展诸多关键环节发挥重要作用。

② 精准防范并应对人工智能可能带来的风险。人工智能模糊了机器世界与人类世界的边界，导致诸如算法歧视、隐私保护、权利保障等风险问题，甚至会引发社会失业、威胁国家安全等严峻挑战。为此，应从全球治理的高度思考如何精准防范并有效应对人工智能带来的风险挑战。

平衡好人工智能创新发展与有效治理是关键。过于严苛的治理方式会限制人工智能技术的发展，而没有任何监管与规制的人工智能极可能给人类社会带来风险与危害，因而需要充分发挥多元主体协同共治的效能，各方各司其职、各尽其力，把握好治理原则，守住治理底线，安全可控发展人工智能。

（2）多元主体协同共治

人工智能治理的重要特征之一是治理主体的多元化，其依赖于包括国家政府、行业组织、企业、公众在内的各利益攸关方的参与合作、各司其职、各尽其能，以适当的角色、最佳的方式协同共治。

① 国家政府是执行治理规则的核心主体。国家政府在人工智能治理中发挥领导作用，主要体现在国家层面上统领人工智能技术研发与治理框架的搭建、专业管理机构的设立，以及政策与法律规则的制定等方面。为此，各国政府增设专业管理机构，积极布局人工智能技术的研发与投资路线，监督和管理为人工智能发展设定的标准和规则，主要国家（地区）人工智能监管机构详见表 1.3.1。

表 1.3.1　主要国家（地区）人工智能管理机构

国家（地区）	机构名称	监管相关职责	建立时间	负责部门
美国	机器学习与人工智能分委会	监督各行业、研发机构以及政府部门的人工智能研发工作	2016 年 5 月	美国国家科学与技术委员会
	人工智能专门委员会	负责审查联邦机构的人工智能领域投资和开发方面的优先事项	2018 年 5 月	白宫科技政策办公室、美国国家科学与技术委员会、国防部高级研究计划局等
	联合人工智能中心	监管国防机构人工智能工作	2018 年 6 月	美国国防部
	人工智能国家安全委员会	考察并监督人工智能技术应用在军事中的情况，评估其安全、伦理、对国际法影响等风险	2018 年 11 月	美国众议院武装部队新型威胁与能力小组委员会
欧盟	人工智能高级小组	研究并起草人工智能监管框架，并指导欧洲相关企业进行落实	2018 年 6 月	欧盟委员会
英国	人工智能理事会	监督英国人工智能战略实施并为政府提出建议	2018 年 4 月	英国政府人工智能办公室
	数据伦理和创新中心	审查、监管现有的数据（包括人工智能）治理格局，并就其安全、道德、创新使用为政府提出建议	2018 年 11 月	英国政府
	人工智能特别委员会	负责提供人工智能发展建议，为 AI 发展设定标准和规则	2018 年 4 月	英国上议院
法国	人工智能伦理委员会	监督军用人工智能的发展	2019 年 4 月	法国政府

（续表）

国家（地区）	机构名称	监管相关职责	建立时间	负责部门
日本	人工智能技术战略会议	国家层面的人工智能综合管理机构，负责政策及应用的监管	2016 年 4 月	日本政府
印度	人工智能伦理委员会	制定人工智能产品研发标准	2018 年 6 月	印度政府
墨西哥	人工智能办公室	规范人工智能健康发展	2018 年 6 月	墨西哥政府
中国	新一代人工智能发展规划推进办公室	研究人工智能相关法律、伦理、标准、社会问题以及治理议题	2017 年 11 月	国家科技体制改革和创新体系建设领导小组

② 政府间国际组织是引导治理方向的重要力量。人工智能产业广泛参与国际分工，政府间国际组织通过加强国家间协调合作成为全球人工智能治理的引导者和推动者。首先，人工智能治理的规则率先在发达国家形成和扩散，政府间国际组织针对人工智能与监管展开讨论，研究各国关于人工智能治理的原则性宣言，引导人工智能治理达成国际共识。其次，政府间国际组织前瞻性地发布人工智能治理规则，缩短国家间数字鸿沟，促进世界各国人工智能技术的协调、健康、共享发展。

③ 行业组织是协调多方治理的积极推动者。行业组织作为兼顾服务、沟通、自律、协调等功能的社会团体，是协调人工智能治理、制定人工智能产业标准的先行者和积极实践者。其中，行业组织包括行业协会、标准化组织、产业联盟等机构，代表性的行业协会包括（美国）电气与电子工程师协会（IEEE）、美国计算机协会（ACM）、人工智能促进协会（AAAI）等，标准化组织包括国际标准化组织（ISO）、国际电工委员会（IEC）等，产业联盟包括国际网络联盟、我国的人工智能产业技术创新战略联盟、我国的人工智能产业发展联盟等。

④ 企业是践行行业自律自治的中坚力量。企业作为人工智能技术的主要开发者和拥有者，掌握资金、技术、人才、市场、政策扶持等大量资源，理应承担相关社会责任，严格遵守科技伦理、技术标准以及法律法规，以高标

准进行自我约束与监督，实现有效的行业自律自治，做践行治理规则和行业标准的中坚力量。

⑤ 公众是监督治理效果的重要参与者。公众是人工智能技术、产品的主要服务对象，拥有对人工智能治理相关内容的监督、讨论、意见反馈等权利，应适当介入相关监督、监管，为人工智能治理献计献策，形成自下而上的协同治理模式。

因此，治理好人工智能，需要着力畅通各治理主体间的沟通渠道，加强多元主体间的对话与协商，合作制定应对人工智能风险挑战的整体解决方案。

（3）多层次多样化的治理手段

人工智能治理手段主要包括伦理约束、技术应对、规范立法等。

① 伦理约束。现行的伦理制度是以规范人与人之间的关系和行为为主体的制度，人工智能伦理是指处理机器与人、机器与社会相互关系时应遵循的道理和准则，既包括对技术本身的研究，也包括在符合人类价值的前提下对人机关系的研究。人工智能缺乏直接的感受能力，在价值判断上存在弱点，而人工智能伦理准则所倡导的造福人类、避免伤害、公平正义等价值理念，为人工智能技术层面的开发和运用提供了价值判断标准。人工智能伦理不仅弥补了法律的空白并为立法积累经验，且伦理非强制性立法规定更易引发国际共同体成员间的探讨，形成全球人工智能伦理共识。

② 技术应对。人工智能技术本身作为一项精准、高效、智能的技术治理工具，正在尝试用来解决人工智能所带来的风险问题。现阶段部分领先企业已通过数据筛选、算法设计、模型优化等技术手段，将伦理原则“嵌入”人工智能应用与产品中，从而解决诸如隐私泄露、算法偏见、非法内容审核等问题。

③ 规范立法。规范立法是有助于促进人工智能产业发展、破除人工智能发展的现实阻碍，如人工智能产品带来的责任归属、智能产品侵权等相关法律问题等。人工智能的规范立法既要避免草率立法对人工智能发展带来的阻碍，也要跟上技术发展节奏，敏捷灵活地对其进行规范规制。因此，在人工智能发展初期，可通过制定行业公约、伦理规范、技术指南等方式进行敏捷

灵活的治理，待其发展相对成熟，便可用相关严格法律对其进行约束管控。目前，全球各国都在陆续开展对人工智能相关应用场景的规范立法工作。

1.3.4 人工智能伦理体系

人工智能治理的首要任务是形成一套人工智能伦理体系从而去约束和指导各方对人工智能进行协同治理，众多国际组织、国家和企业尝试确立人工智能的基本伦理规范、探索清晰的道德边界、构建落地机制和体系、寻求创新与风险的平衡。目前，主要有国际组织、各国政府和产业界这三类关于人工智能伦理方面的文件，包括宣言、原则、计划、指南等多种类型，以软性规制为主，普遍关注增进人类福祉、技术包容公平、维护人类尊严、保障安全和保护隐私等伦理内容。国际层面积极探索共识性伦理原则，国家层面主要服务于国家人工智能产业发展路径，企业层面更加关注将伦理理念践行于其产品和服务中。

（1）国际组织制定全球性伦理倡议

全球各区域针对人工智能呈现出的价值观念、规范方式及约束路径不同，要达成全球性人工智能治理方案，关键在于形成内涵固定的价值框架。如何在作为价值观念根本性元素的伦理观念上达成共识，是塑造人工智能伦理价值体系的基础性工作。各国际组织纷纷提出人工智能伦理要求，对人工智能技术本身及其应用进行规制，在了解并预防风险的基础上利用人工智能技术实现效率提高和社会进步。2018 年，联合国提出了“对致命自主武器系统进行有意义的人类控制原则”，还提出了“凡是能够脱离人类控制的致命自主武器系统都应被禁止”的倡议；2019 年，二十国集团发布《G20 人工智能原则》，倡导以人类为中心、以负责任的态度开发人工智能；经济合作与发展组织（OECD）发表《关于人工智能的政府间政策指导方针》，倡导促进人工智能包容性增长、可持续发展和福祉使人民和地球受益，提出了“人工智能系统的设计应尊重法治、人权、民主价值观和多样性，并应包括适当的保障措施，以确保公平和公正的社会”的伦理准则。电气和电子工程师协会（IEEE）发布《人工智能设计伦理准则》，通过伦理学研究和设计方法论，倡导人工智能领域的人权、福祉、数据自主性、有效性、透明、问责、知晓滥用、能力性等价值要素。另外，联合国教科文组织、世界科学知识与技术伦理委员会、国际网络联盟分别发布了《机器人伦理的报告》《人工智能伦理十大原则》，提出各自的人工智能伦理准则。国际组织人工智能标准文件详见表 1.3.2。

表 1.3.2　国际组织人工智能标准文件

文件名称	核心内容	发布机构
《ISO/IEC 20005》（2013 年）	传感器网络标准化：术语与词汇、智能传感网络协同信息处理支持服务和接口	国际标准化组织（ISO）、国际电工委员会（IEC）
《ISO/IEC 30122》（2016 年）	人机交互标准化：框架与通用指南、构建与测试、翻译与本地化、语音命令注册管理	
《ISO/IEC 19944》（2017 年）	云计算标准化：互操作与可移植、跨设备数据与云服务的数据流	
《算法透明和可责性声明》（2017 年）	充分认识算法歧视、明确数据来源、提高可解释性与可审查性、建立严格的验证测试机制	美国计算机协会（ACM）
《IEEE P7000》（2016 年）	系统设计期间解决伦理问题的模型过程的标准	（美国）电气和电子工程师协会（IEEE）
《IEEE P7001》（2016 年）	自主系统的透明度的标准	
《IEEE P7002》（2016 年）	数据隐私处理的标准	
《IEEE P7003》（2017 年）	算法偏差注意事项	
《IEEE P7006》（2017 年）	个人数据人工智能代理标准	
《中文语音识别系统通用技术规范》《中文语音合成系统通用技术规划》《自动声纹识别（说话人识别）技术规范》《中文语音识别互联网服务接口规划》《中文语音合成互联网服务接口规范》	语音交互系列标准	（中国）全国信息技术标准化技术委员会
《共享学习系统技术要求》（2020 年）	共享学习的技术框架及流程、技术特性、安全要求	中国人工智能发展产业联盟

（2）各国人工智能伦理概况

不同国家的人工智能产业有着不同的发展路径，所呈现的伦理问题关注点亦有差异，因此各国伦理文件各具特色。

① 美国借助伦理规范保障国家安全。美国基于国家安全的战略高度，强调人工智能伦理对军事、情报和国家竞争力的作用，还发布了全球首份军用人工智能伦理原则，掌握规则解释权。2019 年，美国总统特朗普发布了《维持美国人工智能领导地位》行政令，重点关注伦理问题，要求美国必须培养公众对人工智能技术的信任和信心，并在应用中保护公民自由、隐私和美国价值观；美国国家科学技术理事会发布《国家人工智能研发战略规划》以落实上述行政令，通过设计提高公平、透明度和问责制等举措，设计符合伦理道德的人工智能体系；美国国防创新委员会推出《人工智能原则——国防部人工智能应用伦理的建议》，提出设计、开发和应用人工智能技术应遵循“负责、公平、可追踪、可靠、可控”五大原则。

② 欧盟推广可信人工智能伦理框架。欧盟认为，要确保数字经济建设长期健康稳定发展，需要在技术和规范层面皆争取领先。2019 年，欧盟高级专家组发布《可信人工智能伦理指南》，提出可信人工智能的概念，认为只有建设清晰、全面、可以用来实现信任的框架，人类和社群才可能对科技发展及其应用有信心。具体而言，可信人工智能包含合法性、伦理性和健壮性三部分，以及四大基本伦理原则、七项基础要求、可信人工智能评估清单这三层框架。该框架从抽象的伦理道德和基本权利出发，逐步提出了具体可操作的评估准则和清单。此外，欧盟在《人工智能白皮书——通往卓越和信任的欧洲之路》中提出信任是技术发展的关键，欧盟将创建独特的“信任生态系统”，以欧洲的价值观和人类尊严及隐私保护等基本权利为基础，确保人工智能的发展遵守欧盟规则。

③ 德国率先提出自动驾驶伦理准则。德国依托“工业 4.0”及智能制造领域的优势，在其数字化社会和高科技战略中明确人工智能布局，打造“人工智能德国造”品牌，积极推进自动驾驶领域技术发展。2017 年，德国联邦交通与数字基础设施部推出全球首套《自动驾驶伦理准则》，提出了自动驾驶汽车的 20 项道德伦理准则。

④ 中国倡导发展负责任的人工智能。我国将伦理规范作为促进人工智能发展的重要保证措施，不仅重视人工智能的社会伦理影响，而且通过制定伦理框架和伦理规范，确保人工智能安全、可靠、可控。2019 年，新一代人工智能发展规划推进办公室发布《新一代人工智能治理原则——发展负责任的人工智能》，提出人工智能治理框架和行动指南，强调和谐友好、公平公正、包容共享、尊重隐私、安全可控、共担责任、开放协作、敏捷治理八项原则。此外，中国人工智能产业发展联盟发布了《人工智能行业自律公约》，从行业组织角度推动人工智能伦理自律。主要国家和地区的人工智能伦理文件详见表 1.3.3。

表 1.3.3 主要国家和地区的人工智能伦理文件

国家（地区）	文件名	伦理使命	伦理准则	实施细则
美国	《人工智能原则——国防部人工智能应用伦理的建议》（2019 年 10 月）	防止战争及确保国家安全，确保安全性和稳健性；符合美国国内法律和美国人民推崇的民主价值	负责、公平、可追踪、可靠、可控	1）在国防部范围内建议人工智能指导委员会；2）加强国防部的培训和人才计划；3）投资于研究以增强技术的可重复性的研究；4）加强人工智能测试和评估技术的发展；5）开发风险管理方法；6）确保伦理原则的正确执行等
	《国家人工智能研发战略规划（2019）》（2019 年 6 月）	人工智能是必须值得信赖的	公开、透明、问责	1）通过设计提高公平、透明度和问责制；2）建立道德的人工智能；3）设计符合伦理道德的人工智能体系
	《维持美国人工智能领导地位》（2019 年 2 月）	美国必须培养公众对人工智能技术的信任和信心	保护公民自由、隐私和美国价值观	1）投资人工智能研发；2）制定人工智能技术标准；3）释放人工智能资源
欧盟	《人工智能白皮书——通往卓越和信任的欧洲之路》（2020 年 2 月）	信任的生态系统	以人为本和本、合乎道德、可持续发展，尊重基本权利和价值观	

（续表）

国家（地区）	文件名	伦理使命	伦理准则	实施细则
欧盟	《可信任人工智能伦理指南》（2019年4月）	以人类为中心，旨在服务人类福祉和自由，最大化AI系统的利益，最小化其风险：1）合法性；2）伦理性；3）健壮性	尊重人类自主性、避免伤害、公平、可解释性原则。具体表现为：1）人的能动性和监督能力；2）安全性；3）隐私数据管理；4）透明度；5）包容性；6）社会福祉；7）问责机制	1. 技术方面：1）设立可信AI的架构；2）将伦理和法律纳入设计；3）解释方法；4）测试和验证；5）服务指标的质量。 2. 非技术性方法：1）监管；2）行为守则；3）标准化；4）认证；5）落实责任；6）教育与培养伦理观念；7）利益相关方参与社会对话；8）多元与包容性设计团队
德国	《自动驾驶伦理准则》（2017年8月）	人的生命应该始终优先于财产或者动物	保证交通参与者安全、驾驶系统需要官方批准监管、禁止将人群作为评价标准、禁止量化生命价值、责任共担	1）设置监控系统；2）个人数据收集知情同意
中国	《新一代人工智能治理原则——发展负责任的人工智能》（2019年6月）	促进新一代人工智能健康发展，人工智能安全可靠可控，更好服务经济发展和社会进步，增进人类共同福祉	和谐友好、公平公正、包容共享、尊重隐私、安全可控、共担责任、开放协作、敏捷治理	
	《人工智能行业自律公约》（2019年8月）	以人为本、增进福祉、公平公正、避免伤害	安全可控、透明可释、保护隐私、明确责任、多元包容	1）自律自治；2）制定标准；3）促进共享；4）普及教育；5）持续推动

（3）企业积极践行人工智能伦理原则

面对人工智能引发的负面问题，谷歌、微软、IBM、脸书、腾讯、阿里巴巴、百度等科技公司纷纷提出企业层面的人工智能价值观，设立内部的管理机构，践行人工智能伦理原则。

① 制定企业伦理原则。科技企业提出了各自的人工智能伦理原则作为规范人工智能的基本框架，指导人工智能健康发展。IBM 公司提出了问责、符合价值、可解释性、公平以及保护用户数据权利这五大企业日常伦理原则，以及打造具备可靠性、公平性、可解释性和可追溯性的四项可信任人工智能原则。谷歌宣布七条伦理原则来指导企业内部的研究和产品开发、商业决策等，同时承诺谷歌将不开发用于武器的人工智能。腾讯倡导涵盖三个层面的人工智能伦理观：人工智能等新技术需要价值引导，做到可用、可靠、可知、可控；确保人人都有追求数字福祉、幸福工作的权利；践行“科技向善”，持续推动社会发展。

② 开展内部机构建设。科技企业加快构建内部控制体系，设立专门机构来切实防范人工智能发展过程中的各项风险。谷歌宣布成立人工智能道德委员会，即先进技术外部咨询委员会，希望通过哲学家、工程师和政策专家组成的团队帮助解决人工智能带来的伦理风险；谷歌旗下专注于人工智能的子公司 DeepMind 成立了伦理与社会团队，并从外部学术机构和慈善机构聘请顾问为该团队提供咨询服务。微软成立了一个人工智能伦理委员会——AETHER，聚集了来自工程、研发、法律、咨询部门的众多专家，制定伦理指导原则，帮助解决从其人工智能研究、产品和用户互动中产生的伦理与社会问题。百度分别设立了 AI Lab 和百度人工智能体系（AIG），解决人工智能应用场景中的具体问题和人工智能伦理原则的落地方案。旷视科技成立人工智能道德委员会，希望以此推进人工智能应用合理性工作，帮助行业构建一个可持续、负责任、有价值的人工智能生态。

③ 构建企业实践机制。科技企业通过出台人工智能技术实践指南、打造各种使用工具、开展产品评估等多个方面举措，在企业内部践行人工智能伦理的各项规定。IBM 明确了实现伦理目标的方法论并推出各种实用工具；谷歌专门出台一套技术实践指南，并将人工智能治理原则纳入到开发工作；微软为了防止算法歧视，将人工智能伦理审查纳入即将发布产品的标准审核清单。腾讯呼吁加强科技伦理观的教育宣传和制度化建设，加快研究新兴技术

领域的法律规则问题；百度提出了要将人工智能隐私保护的价值观融入公司的方方面面，并通过组织、意识、流程制度、技术、产品系统实现隐私保护。科技企业人工智能伦理实践情况详见表 1.3.4。

表 1.3.4　科技企业人工智能伦理实践情况

企业	伦理原则	机构建设	企业实践
IBM	1）日常伦理，五大方面：①问责；②符合价值；③可解释性；④公平；⑤用户数据权利。2）被信任的人工智能四原则：可靠性，公平性，可解释性，可追溯性	亚马逊、微软、谷歌等企业联合成立了一家非营利性的人工智能合作组织，应对人工智能对伦理和安全带来的挑战	IBM 非常重视可信人工智能，不仅概述实现伦理目标的各种方法论，还推出了各种实用工具
索尼	1）支持创造性生活方式和构建更好的社会；2）利益相关方参与；3）提供可信产品与服务；4）隐私保护；5）尊重公平；6）追求透明；7）持续教育	索尼成立名为 Sony AI 的人工智能部门，以推动人工智能的基础研发和开发	保护客人的个人信息，以及为人工智能的决策机制、基于人工智能的产品和服务的可能影响提供充分的解释
谷歌	1）有益于社会；2）避免创造或增强偏见；3）为保障安全而建立和测试；4）对人们有说明义务；5）整合隐私设计原则；6）坚持高标准的科学探索；7）根据原则确定合适的应用	谷歌成立了外部顾问性质的人工智能伦理委员会，但由于引发了较大争议，因此不久之后便予以解散	谷歌出台一套技术实践指南，指导科学家和工程师们在构建产品的时候注意事项；谷歌将人工智能治理原则纳入开发工作，实施审核以及商业协议中，组织多个核心团队来审查隐私保护、歧视等问题，并按产品领域进行评估
微软	1）公平：人工智能应当公平对待每个人；2）包容：人工智能必须赋能每个人并能使人们参与其中；3）可靠性和安全：人工智能必须安全可靠地运行；4）透明；5）隐私与安全；6）问责：设计，应用人工智能的人员必须对其系统运行负责	微软成立了内部的人工智能伦理委员会，旨在制定内部政策，确保其人工智能业务和平台符合其核心价值和原则并造福社会	微软将人工智能伦理审查纳入即将发布产品的标准审核清单中，努力确保影响人类程序员的隐形偏见不会进入机器学习和人工智能架构

（续表）

企业	伦理原则	机构建设	企业实践
DeepMind	1）社会福祉；2）严格与循证；3）透明与开放；4）包容与跨学科；5）合作与包容	DeepMind 宣布成立人工智能伦理与社会部门，目的在于补充、配合人工智能研发和应用活动，但 2019 年 DeepMind 遣散了其人工智能医疗部门的伦理审查委员会	DeepMind 的三位联合创始人曾签署协议，承诺不会发展致命的人工智能武器系统
旷视科技	确保人工智能正当性、人的监督、技术可靠性、公平和多样性、问责和及时修正、数据安全与隐私保护	成立了旷视人工智能道德委员会，希望以此推进人工智能应用合理性工作，帮助行业构建一个可持续、负责任、有价值的人工智能生态	将针对采集、传输、存储和使用四个环节的人工智能基础平台形成一套面向数据全生命周期的保护，建立一套相关的人工智能数据安全与隐私保护机制
腾讯	1）信任：可用、可靠、可知、可控；2）幸福：在人机共生的智能社会，确保人人都有追求数字福祉、幸福工作的权利；3）可持续：践行科技向善，善用技术塑造健康包容可持续的智慧社会	腾讯成立了人工智能实验室 AI Lab	1）加强科技理论的制度化建设；2）加快研究新兴技术领域的法律规则问题；3）加强科技伦理的教育宣传，并鼓励全社会践行“科技向善”理念
百度	1）人工智能的最高原则是安全可控；2）人工智能的创新愿景是促进人类更加平等的获得技术能力；3）人工智能存在的价值是要教人学习，让人成长，而不是取代人、超越人；4）人工智能的终极理想是为了人类带来更多的自由和可能	百度人工智能体系进行组织架构升级，原 AIG（AI 技术体系）、ACG（百度智能云事业群组）整体整合“百度人工智能体系”（AI Group，AIG）	将隐私保护的价值观融入公司的方方面面，并通过组织、意识、流程制度、技术、产品系统实现隐私保护

人工智能伦理规制经历了从人工智能伦理原则的形成到伦理体系的构建两个阶段，并就人工智能伦理达成 8 项基本原则，初步构建了包含伦理使命、伦理原则和落地措施等内容的人工智能伦理体系。其中，人工智能 8 项

基本原则是：

- 人工智能不应取代人；
- 人工智能不应伤害人；
- 人工智能不应分化人；
- 人工智能不应歧视人；
- 人工智能不应操纵人；
- 人工智能不应打扰人；
- 人工智能不应责难人；
- 人工智能不应限制人。

人工智能伦理体系可分为伦理使命、伦理原则和实施细则等三个层次：上层的伦理使命是人工智能要造福人类；中层的伦理原则就是达成共识的8项基本原则；下层的实施细则就是针对具体应用场景，具有可操作的技术性或者非技术性落地措施。

1.3.5 人工智能法律体系

法律具有稳定性、强制性、普遍性和滞后性，体现了统治阶级意志，全面考虑政治、经济、社会等多个方面的影响，应确保技术创新与权利保护以及国家、企业、个人利益之间的平衡。总体而言，全球人工智能立法进展较为缓慢，主要体现为数据保护、算法监管等一般性立法对人工智能的源头治理，以及在自动驾驶、金融、医疗等场景化领域中推进立法制定工作。

（1）全球人工智能立法整体趋势

人工智能引发的社会风险具有更为鲜明的共生性、时代性和全球性，给当下的法律规则和法律秩序带来了前所未有的挑战，在著作权法、侵权责任法、道路交通法、劳动法等诸多方面与现有法律制度形成冲突。近年来，全球人工智能的立法监管正从慌乱走向理性，已初步形成综合治理与精细治理。

① 数据和算法规制。数据和算法是推动人工智能发展的核心要素，也是可能引发人工智能法律问题的首要因素，数据的准确性、安全性、隐私性

和算法的不透明性、不可控性、问责性均成为人工智能立法首要关注的重要命题。

数据的实时收集、精准分析、规模流动将从根本上触动了隐私、公平等人类基本价值，因而全球范围内的个人数据保护立法被迅速推动。2018 年，欧盟《通用数据保护条例》（GDPR）正式实施，其中，数据的最小化原则、目的限定原则、准确性原则、有限存储原则均对人工智能发展产生直接影响。第 22 条“免受自动化决策权”规定，非经数据主体的明确同意，自动化决策不得使用包括种族、政治观点、宗教、健康数据等在内的敏感数据，借此避免出现根据种族类别分发广告、根据选民政治观点操纵民主进程等问题。以 GDPR 为蓝本，印度、巴西、日本、新加坡、美国加州等国家和地区相继出台或修订个人数据保护立法，通过限制和规范个人数据使用方式以规范人工智能。

与此同时，OECD、G20、美国、日本等国家和国际组织积极推动跨境数据流动，促进数据向本国回流，为人工智能发展提供原材料。2018 年，美国、墨西哥和加拿大签署的《美墨加协定》中加入了高开放程度的跨境数据流动条款。日本在世界经济论坛 2019 年年会上提出了“可信数据自由流动”的概念。2017 年美国《人工智能未来法案》提出促进人工智能领域数据的开源共享和开放。2018 年 12 月，美国国会通过《开放政府数据法案》，要求联邦机构必须以“机器可读”和开放的格式发布任何“非敏感”的政府数据并使用开放许可协议。可见，数据隐私和数据使用利益的平衡已成为人工智能治理的基本价值取向。

人工智能应用可采集用户人脸、指纹、声纹、虹膜、心跳、基因等具有强个人属性的唯一生物特征信息，因而各国尤为重视对生物数据等敏感数据收集、使用的监管和指引。2017 年，美国华盛顿州通过《关于收集和使用生物识别符的法案》，严格规范企业基于商业用途收集和使用生物识别数据；2019 年，美国议员参议院提交《商业人脸识别隐私法案》，规定禁止将收集的个人识别数据用于其他目的；2018 年 12 月和 2019 年 8 月，我国分别发布了《信息安全技术指纹识别系统技术要求》《信息安全技术虹膜识别系统技术要求》，对生物识别系统的数据保护能力提出要求。

透明和问责成为算法专门性立法的核心内容。2016 年，法国通过《数字共和法》，强调使用自动化决策的行政机关和数字平台运营者的透明度义务；2017 年，纽约市通过《关于政府机构使用自动化决策系统的当地法》，要求成立自动化决策工作组作为实施、监督主体，规范数据使用的合比例性、解释和获取权、损害救济等问题；2019 年，加拿大出台《自动化决策指令》，对算法审查、透明度、质量、用户质疑权加以规定；2019 年，美参议员提出联邦《算法问责法案》，强调对算法决策问题进行审查。我国算法规制场景过于狭窄，如《电子商务法》《网络信息内容生态治理规定》《在线旅游经营服务管理暂行规定（征求意见稿）》，均对算法加以规范，但主要集中在新闻推荐、广告推送等定向推送领域，尚未覆盖至医疗、交通、公共安全保障等更为关键的领域。

② 尊重技术规律和法律安定性。人工智能技术瓶颈和存在的缺陷降低了机器人主体资格的立法讨论和实践的热度，近年来未再出现人工智能主体资格立法，而转向对算法问责的讨论，如欧盟委员会责任与新技术专家组在 2019 年发布的《人工智能和其他新兴数字技术责任》报告称，不建议当下赋予人工智能电子人身份。

通过解释、修改现有立法规制人工智能，维护法律的安定性。2020 年，欧盟发布《人工智能白皮书》指出，诸如产品责任指令、消费者权益保护法、雇佣和职业平等待遇指令、个人数据保护法等现行的欧盟法律条款仍将适用于人工智能。美国联邦贸易委员会根据《联邦贸易委员会法》第 5 条赋予的广泛执法权，对利用人工智能带来的新型不公平和欺诈性商业行为进行灵活监管。2017 年德国修订《道路交通法》，对自动驾驶的法律含义、责任分配、数据传输等问题作出规定，尝试寻求自动驾驶技术与传统立法的兼容。我国在修改《著作权法》的进程中，也在尝试解决人工智能创作内容的版权保护问题。

对人工智能透明度的要求更加符合产业发展的需要。目前，自主学习算法的固有“黑箱”成为法律推动人工智能透明度的现实障碍，透明度给维护问责、信任价值的局限性及对产业发展带来的负面效应逐渐显现，各国立法和监管既要明晰对人工智能透明度的实质要求，也要注重寻求正当程序、区分规制等其他路径。2019 年欧盟发布的《算法责任与透明治理框架》指出，算法透明并非对算法的各个步骤、技术原理和实现细节进行解释，算法系统源代码的简单公开也并不能提供有效透明度；2019 年美国发布《算法问责法案》主要强调对企业算法审查的内容，并未提及透明度要求；法国《数字共和法案》也并不要求数字平台运营者履行包括算法规则、标准以及在最终决策中所占的比重等内容的告知义务。

③ 以风险为导向分级分类治理。技术必然有效率和风险两面，为避免过度的法律责任为企业带来不合理、不必要的负担，多国立法皆强调优先规制“高风险”的人工智能应用。欧盟委员会在《人工智能白皮书》中从三个层面界定了高风险人工智能：

- 人工智能在该行业的应用极有可能引发重大风险，如医疗、运输、能源、移民、司法、救济所等公共行业；
- 行业应用风险的判定应结合具体场景，如医院预约系统即不属于高风险；
- 基于招聘、监控等特定目的，显著影响个人劳务、隐私等重大利益的，认为属于高风险。

2019 年，美国《算法问责法案》界定了“高风险自动化决策”的判定标准，仅规制年收入超过 5000 万美元或拥有超过 100 万用户的企业。德国则呼吁建立基于风险的五级监管体系，从不受监管的最无害的人工智能系统，到完全禁止的最危险的人工智能系统。

风险影响评估是由技术应用方依据风险大小而作出自适应调节的一种自我规制手段，已逐渐受到各国人工智能立法的认可。GDPR 第 35 条要求数据使用者在应用人工智能自动化决策处理时，应履行数据保护影响评估义务；2019 年，加拿大出台《自动化决策指令》，要求政府部门在生成任何自动化决策系统或其系统功能、范围发生变化时，均需进行影响评估；美国国会议员提出的《算法问责法案》要求对“高风险”的自动决策系统进行影响评估。

政府机构或公共领域的智能化应用，通常与人身权利、公正、秩序、非歧视等价值关系重大，为防范其滥用人工智能技术，各国加紧对公共领域的人工智能应用立法。2017 年，美国纽约市通过《关于政府机构使用自动化决策系统的当地法》，对法院、警方等公权力机构使用的人工智能自动化决策系统进行安全规制；2019 年以来，美国旧金山、萨默维尔、奥克兰等多个城市禁止政府部门使用人脸识别技术；英国信息专员公署（ICO）发布《关于执法部门在公共场所使用实时人脸识别技术的建议》，呼吁政府针对实时人脸识别技术的部署和使用，建立强行性的规则和较高的法律门槛。

（2）人工智能的场景化规制

人工智能算法往往和应用场景、商业模式相结合，这促使各国对于人工智能的法律规制也相应具体化和场景化，在自动驾驶、深度伪造、金融、医疗等具体领域的存在不同的规制方法、路径和手段。

① 助力自动驾驶落地。当前，全球多国已将发展自动驾驶汽车技术上升为国家战略，通过立法加速推进其应用落地。美国目前已有 30 多个州通过自动驾驶相关立法，联邦政府也于 2016 年开始出台统一政策，已相继发布 3 份关于自动驾驶的政策，为自动驾驶的发展提供政策性保障。2017 年，美国众议院表决通过《自动驾驶法案》，为自动驾驶汽车的监管创建基本的联邦框架，明确了联邦和州在自动驾驶立法上的职权和分工；2020 年，美国交通部发布了《确保美国自动驾驶领先地位：自动驾驶汽车 4.0》，提出涵盖用户、市场以及政府三个方面的十大技术原则，明确了联邦政府在自动驾驶汽车领域的主导地位。

英国着重培育自动驾驶产业环境，推动自动驾驶技术处于世界领先，促进本国行业竞争力。2017 年，英国发布《联网和自动驾驶汽车网络安全关键原则》，指出评估安全风险，设计和管理安全系统，数据安全存储和传输等的重要性，以保护自动驾驶汽车免于遭到网络攻击的威胁。2018 年，英国出台首部为自动驾驶设计保险制度的法律《自动化与电动化汽车法》，明确自动驾驶汽车发生事故后，可根据车辆的投保情况由保险公司以及车主来承担事故损失带来的赔偿责任。此外，英国还启动了自动驾驶汽车法律审查机制，针对自动驾驶事故发生责任确定、自动驾驶汽车刑事犯罪等新议题革新现有法律。

开放的立法环境和明确的自动驾驶技术推进时间表使日本在自动驾驶相

关立法方面走在世界前端，鼓励高级别的远程无人自动驾驶的测试，提出 2020 年在一定条件下实现在高速公路和人口稀少地区自动驾驶的目标。2018 年，日本政府提出的《自动驾驶相关制度整备大纲》，明确了自动驾驶汽车发生事故时的责任问题，规定自动驾驶事故损失继续使用《机动车损害赔偿保障法》中对民事责任的要求。2019 年，日本通过了《道路运输车辆法》的修正案，为实现自动驾驶产业化规定了安全标准。

韩国政府正在为“成为全球第一个将自动驾驶商业化的国家”加紧制定监管和法律框架。2019 年，韩国出台《自动驾驶汽车商用化促进法》，规范自动驾驶汽车提供商业服务的行为；修订《汽车事故赔偿法》，规定有条件自动驾驶车（L3 级）要求驾驶员应当随时准备接管，驾驶者本人仍是事故主要责任人；2020 年，韩国发布《自动驾驶汽车安全标准》，提出有条件自动驾驶车（L3 级）安全标准。

我国谨慎推进立法，推动形成智能网联汽车发展路线。2018 年，多部委联合发布《智能网联汽车道路测试管理规范（试行）》，对测试主体、测试驾驶人及测试车辆、测试申请及审核、测试管理、交通违法和事故处理等方面作出规定；2020 年，多部委联合印发《智能汽车创新发展战略》，提出到 2025 年基本形成中国标准智能汽车的技术创新、产业生态、基础设施、法规标准、产品监管和网络安全体系。主要国家对自动驾驶的立法规制情况详见表 1.3.5。

表 1.3.5　主要国家对自动驾驶的立法规制情况

国家	文件名	发布时间	主要内容
美国	《准备迎接未来的交通：自动驾驶汽车 3.0》	2018 年 10 月	该文件致力于推动自动驾驶技术与地面交通系统多种运输模式的安全融合
	《自动驾驶法案》	2017 年 9 月	该法案旨在促进自动驾驶技术和汽车发展，规定美国联邦对自动驾驶汽车设计、制造和性能的立法优先权，允许自动驾驶汽车在公共道路上测试，显著增加自动驾驶汽车豁免的数量并逐年提高，成立自动驾驶汽车委员会探索自动驾驶汽车安全标准

（续表）

国家	文件名	发布时间	主要内容
美国	《联邦自动驾驶汽车政策》	2016 年 9 月	该政策围绕自动驾驶汽车性能指南、统一的州政策、现行国家公立交通安全管理局（NHTSA）监管工具、新的监管工具展开，为自动安全部署提供政策监管框架，从而为有效利用技术变革提供指导意见
英国	《自动与电动汽车法》	2018 年 7 月	该法对于自动驾驶汽车的保险制度问题做了专门的规定
	《联网和自动驾驶汽车网路安全关键原则》	2017 年 8 月	八大原则分别分为：董事会部署、管理并改进组织机构安全；适当、按比例评估、管理安全风险、包括供应链有的安全风险；组织机构需部署产品后期维护和时间响应，确保系统在整个生命周期的安全；所有组织机构，包括子承包商、供应商和第三方应合作改进系统安全；采用深度防御方式设计系统；在软件整个生命周期内，对所有软件进行管理；确保数据存储与传输安全、可控；确保系统对攻击具有弹性，当防御机制或传感器失效时，确保能适当予以响应
日本	《道路运输车辆法》	2019 年 5 月	该法为实现自动驾驶实用化规定了安全标准，允许 L3 级自动驾驶汽车在公路上行驶
	《自动驾驶相关制度整备大纲》	2018 年 3 月	该大纲规定在主驾驶时的事故赔偿责任原则上由车辆所有者承担，可以利用交强险进行赔付
韩国	《自动驾驶汽车安全标准》	2020 年 1 月	该标准对自动驾驶汽车的部分功能提出有条件自动驾驶车（L3 级）安全标准
	《汽车事故赔偿法（修订）》	2019 年 4 月	该法明确涉及 L3 级自动驾驶汽车的事故责任。由于 L3 级要求驾驶员应当随时准备接管自动驾驶汽车，因此涉及 L3 级自动驾驶汽车的事故，主要责任人仍是驾驶者本人
	《自动驾驶汽车商用化促进法》	2019 年 4 月	该法规定了自动驾驶汽车商用化服务规范措施，自 2020 年 5 月 1 日起正式实施
	《韩国汽车管理法》	2017 年 2 月	该法允许在城市道路上测试自动驾驶汽车，这意味着韩国道路将成为自动驾驶汽车测试场
中国	《智能汽车创新创新发展战略》	2020 年 2 月	从战略提出到 2025 年，中国标准智能汽车的技术创新、产业动态、基础设施、法规标准、产品监管和网络安全体系基本形成

（续表）

国家	文件名	发布时间	主要内容
中国	《智能网联汽车道路测试管理规范（试行）》	2018 年 4 月	该规范主要明确了规范中明确了测试主体、测试驾驶人及测试车辆应具备的条件，以及测试申请及审核，测试管理，交通违法和事故处理等内容
	《国家车联网产业标准体系建设指南（智能网联汽车）》	2017 年 12 月	该指南主要针对智能网联汽车通用规范、核心技术与关键产品应用，指导车联网产业智能网联汽车标准化工作，加快构建包括整车及关键系统部件功能安全和信息安全在内的智能网联汽车标准体系

② 防止深度伪造滥用。美国专门针对深度伪造予以立法规制，欧盟、德国、新加坡则将深度伪造涵盖在不实信息或虚假新闻的规制空间内。2019 年，美国国会先后提出了《2019 年深度伪造报告法案》《深度伪造责任法案》，以避免深度伪造影响 2020 年总统大选和国家安全。加州、得州、马萨诸塞州、弗吉尼亚州等陆续推出了相关立法，提出的主要措施包括：

- 划定应用边界，禁止政治干扰、色情报复、假冒身份等非法目的的深度伪造。
- 设置披露义务，要求制作者、上传者以适当方式披露、标记合成内容。
- 加强技术攻防，呼吁开发检测识别技术和反制技术。

欧盟主要通过虚假信息治理等限制深度伪造技术的应用。2018 年，欧盟发布《应对线上虚假信息：欧洲方案》，提出改进信息来源及其生产、传播、定向投放和获得赞助方式的透明度要求，还规定了改善信息的多样性，提高信息的可信度，制定包容性的解决方案等原则。同年，欧盟发布其历史上首份《反虚假信息行为准则》，以加强互联网企业对平台内容的自我审查，从源头打击网络虚假内容。

德国利用现有规制网络内容立法，防范深度伪造技术危害。德国 1997 年出台的《信息和传播服务法》和 2018 年通过的《社交媒体管理法》，要求社交媒体公司检查被投诉内容，限制互联网提供商传播非法内容，设置“网络警察”监控危害性内容传播，并对制作或传播对儿童有害内容的言论视为犯罪行为。除此以外，德国相继出台的与网络舆情、虚假信息治理相关的法律法规，都可以用来有效打击人工智能深度伪造行为。

新加坡针对网络虚假内容立法，兼顾调整深度伪造行为。2019 年，新加坡通过《防止网络虚假信息和网络操纵法》，该法适用于利用深度伪造技术制作的虚假音视频，规定政府有权要求网络平台或个人删除损害公共利益的虚假信息。

我国相关立法也开始关注深度伪造问题，侧重人格权保护和内容管理。我国《民法典》和《网络信息内容生态治理规定》规定禁止利用信息技术手段伪造的方式侵犯他人的肖像权和声音；不得利用深度学习、虚拟现实等新技术新应用从事法律、行政法规禁止的活动。此外，《网络音视频信息服务管理规定》还专门对深度伪造问题进行了一系列的制度设计，包括规定安全评估要求、显著方式予标识义务，不得制作、发布、传播虚假新闻信息，建立健全辟谣机制等。各国对深度伪造的立法规制情况详见表 1.3.6。

表 1.3.6　各国对深度伪造的立法规制情况

国家	文件名	发布时间	主要内容
美国	《2019 年深度伪造报告法案》	2019 年 6 月	法案明确了“数字内容伪造”的定义，规定国土安全定期发布深度伪造技术相关报告
	《深度伪造责任法案》	2019 年 6 月	法案要求任何创建深度伪造视频媒体文件的人，必须用“不可删除的数字水印以及文本描述”来说明媒体文件是篡改或生成的，否则将属于犯罪行为
	《关于制作欺骗性视频意图影响选举结果的刑事犯罪法》	2019 年 6 月	将利用 Deepfake 等技术制作深度伪造视频企图干扰选举的行为定义为刑事犯罪
	《2018 年恶意伪造禁令法案》	2018 年 12 月	对制作深度伪造内容引发犯罪和侵权行为的个人，以及明知内容为深度伪造还继续分发的社交媒体平台，进行罚款和长达两年的监禁。如果伪造内容煽动暴力、扰乱政府或选举、并造成严重后果的，监禁长达 10 年
欧盟	《反虚假信息行为准则》	2018 年 9 月	准则旨在加强互联网企业对平台内容的自我审查，从源头打击网络虚假内容

（续表）

国家	文件名	发布时间	主要内容
欧盟	《应对线上虚假信息：欧洲方案》	2018 年 4 月	方案集中阐释了欧盟委员会面对线上虚假信息来源及其生产、传播、定向投放和获得赞助方式的透明度，改善信息的多样性，提高信息的可信度，制定包容性的解决方案等原则，以实现全面防范视频、图像和文字等虚假信息，避免信息发布者违法操纵舆论等状况
德国	《社交媒体管理法》	2018 年 1 月	要求社交媒体公司必须设立有关程序，检查自己网站上被提出投诉的内容，并在 24 小时之内删除明显违法的信息
	《信息和传播服务法》	1997 年 5 月	涉及互联网服务的责任、保护个人隐私、数字签名、网络犯罪和未成年人等方面，是一部全面的综合性法律
新加坡	《防止网络虚假信息和网络操纵法》	2019 年 5 月	使政府有权要求个人或网络平台更正或撤下对公共利益造成负面影响的虚假内容，该法适用于利用深度伪造技术制作的虚假音视频
中国	《民法典》	2020 年 5 月	规定不得利用信息技术手段伪造等方式侵害他人的肖像权
	《网络信息内容生态治理规定》	2020 年 3 月	规定不得利用深度学习、虚拟现实等新技术新应用从事法律、行政法规禁止的活动
	《网络音视频信息服务管理规定》	2019 年 11 月	对网络音视频服务使用者和提供者均提出要求，即利用基于深度学习、虚拟现实等的新技术应用制作、发布、传播非真实音视频信息的，应当以显著方式予以标识，不得利用基于深度学习、虚拟现实等的新技术新应用制作、发布、传播虚假新闻信息，网络音视频信息服务提供者应当建立健全辟谣机制

③ 规范智能金融产品。金融是现代经济的核心，金融服务行业也一直是技术创新的积极实践者和受益者。人工智能目前正广泛应用到金融业中，形成了智能风控、智能投资、智能交易、智能投顾等应用场景。智能金融需要有新的监管技术，各国对智能金融产品设置了灵活性的监管规定。2017 年，美国证券交易委员会（SEC）的投资管理部发布了《智能投顾指南》，强调了机器人顾问应履行《顾问法》所规定的法律义务；同期，SEC 的投资者教育

与倡导办公室还发布了《投资者公告》，该公告旨在教育个人投资者有关机器人顾问的知识。

欧盟通过一般法令强化对于人工智能金融产品的监管。欧盟发布《网络和信息系统安全指令》指出，在银行和金融市场基础设施领域，操作风险是审慎监管的重要组成部分；《不公平商业指令行为》规定，禁止不公平的商业行为，列明违背专业勤勉要求并有可能曲解消费者意愿的经济行为。

我国对人工智能金融应用的立法侧重于鼓励行业发展和防范风险。2017年，国务院发布《新一代人工智能发展规划》，提出"智能金融"的概念，明确指出要建立金融多媒体数据处理与理解能力，创新智能金融产品和服务，发展金融新业态；2018 年，多个金融管理部门联合印发《关于规范金融机构资产管理业务的指导意见》，对人工智能在金融领域的应用进行了规制。《证券法》规定，通过计算机程序自动生成或下达交易指令进行程序化交易的，应当符合国务院证券监督管理机构的规定，并向证券交易所报告，不得影响证券交易所系统安全或者正常交易秩序。各国对智能金融产品的规制情况详见表 1.3.7。

表 1.3.7 各国对智能金融产品的规制情况

国家	文件名	发布时间	主要内容
美国	《智能投顾南》	2017 年 2 月	指南重点关注以下三个不同的领域，并就机器人顾问如何应对这些问题提出建议：1）在向客户披露机器人顾问及其投资咨询服务的相关情况时，披露的内容及采取的陈述方式；2）为了给客户提供适当的建议，从客户处收集相应信息的责任；3）采取并实施有效的合规管理制度，合理设计制度内容，以解决与自动化提供建议相关的特定问题
	《投资者公告》	2017 年 2 月	公告旨在教育个人投资者有关机器人顾问的知识，并帮助他们决定是否使用机器人顾问来实现其投资目标
欧盟	《网络和信息系统安全指令》	2016 年 7 月	立法指出在银行和金融市场基础设施领域，操作风险是审慎监管的重要组成部分
	《不公平商业指令行为》	2005 年 5 月	立法禁止不公平的商业行为，列明违背专业勤勉要求，并有可能曲解消费者的经济行为

（续表）

国家	文件名	发布时间	主要内容
中国	《证券法》	2019 年 12 月	立法涉及智能金融监管的条款主要有两条：关于程序化交易的规制和对于不以成交为目的的恶意申报与撤单的制度
	《新一代人工智能发展规划》	2017 年 7 月	规划强调要深化金融体制改革，健全金融监管体系
	《关于规范金融机构资产管理业务的指导意见》	2018 年 4 月	意见对智能投顾资质、算法备案管理、程序化交易法失效的监管做出规定

④ 促进智能医疗发展。近年来，人工智能技术与医疗健康领域的融合不断加深。智能医疗的应用场景主要包括：语音录入病历、医疗影像辅助诊断、药物研发、医疗机器人等方面。2019 年，美国食品药品管理局（FDA）发布《器械软件功能和移动医疗应用政策指南》，以告知制造商、分销商和其他组织 FDA 如何监管移动平台或通用计算平台上使用的软件应用程序。同年，FDA 还颁布了《临床决策支持指南草案》，阐释临床决策支持软件的定义及 FDA 对其监管的范围。

欧盟通过立法为智能医疗建立起体系化的监管方案。2017 年，欧盟发布了《欧盟医疗器械法》，在器械的分类、器械的通用安全和性能要求、技术文件的要求及上市后监管体系方面进行了相应改变，细化了多条性能要求，强调将风险分析和管理贯穿于设计和生产、销售、上市后监管整个产品周期。

我国基于鼓励发展的态度，开展对于智能医疗的精细化监管。2017 年，当时的国家卫计委（现国家卫健委）发布《人工智能辅助诊断技术管理规范（试行）》《人工智能辅助治疗技术管理规范（试行）》，对使用计算机辅助诊断软件及临床决策支持系统提出要求，明确以诊断准确率、信息采集准确率、人工智能辅助诊断平均时间以及人工智能辅助诊断增益率作为人工智能辅助诊断技术临床应用的主要考核指标。2018 年，国务院发布《关于促进“互联网+医疗健康”发展的意见》，提出要推进“互联网+”人工智能应用服务，研发基于人工智能的临床诊疗决策支持系统，开展基于人工智能技术、医疗健康智能设备的移动医疗示范。各国对智能医疗的规制情况详见表 1.3.8。

表 1.3.8　各国对智能医疗的规制情况

国家	文件名	发布时间	主要内容
美国	《机械软件功能和移动医疗应用政策指南》	2019 年 9 月	指南告知制造商、分销商和其他组织如何监管移动平台或通用计算平台使用的软件应用程序
	《临床决策支持指南》	2019 年 9 月	指南进一步阐释临床决策支持软件的定义以及 FDA 对其监管的范围。还新增加了对患者决策支持软件的讨论，将其与临床决策支持软件并列分析
欧盟	《欧盟医疗器械法》	2017 年 4 月	立法在器械的分类、器械的通用安全和性能要求、技术文件的要求及上市后监管体系方面进行了相应改变
中国	《关于促进“互联网+医疗健康”发展的意见》	2018 年 5 月	意见提出要推进“互联网+医疗健康”人工智能应用服务，研发基于人工智能的临床诊疗决策支持系统、医疗健康智能设备的移动医疗示范
	《人工智能辅助诊断技术管理规范（试行）》	2017 年 2 月	规范主要对使用计算机辅助诊断软件及临床决策支持系统提出要求
	《人工智能辅助治疗技术管理规范（试行）》	2017 年 2 月	规范专门对使用机器人手术系统辅助实施手术的技术提出要求

1.4　本章小结

本章从全球主要国家（地区）人工智能产业政策规划、高水平论文、专利、知名机构、人才分布以及人工智能治理等层面进行统计和分析。由上述分析可知，美国和欧洲发达国家的研究水平遥遥领先，其在人工智能领域的发展与各自的科技、经济实力情况大体一致。中国制定了一系列人工智能发展战略来支持人工智能产业的发展，并在人工智能领域取得一定成绩，但中国人工智能产业尚处于起步阶段，未来行业发展态势良好。

第 2 章　人工智能基础层产业领域发展态势

中国电子学会发布的《新一代人工智能发展白皮书（2017 年）》将新一代人工智能产业分为基础层、技术层和应用层，其中基础层为整个人工智能产业发展提供底层支撑，主要包括 AI 传感器、AI 芯片、算法模型和数据集，本章主要介绍 AI 芯片产业和机器学习产业。

2.1　AI 芯片产业发展概况

人工智能领域是一个数据密集的领域，传统的数据处理技术难以满足高强度、大数据的处理需求。AI 芯片的出现让大规模的数据处理效率大大提升，加速了深层神经网络的训练迭代速度，极大地促进了人工智能行业的发展。当前，对 AI 芯片的定义并没有一个公认的标准。比较通用的看法是，面向 AI 应用的芯片都可以称为 AI 芯片，按设计思路主要分为三大类：

- 专用于机器学习尤其是深度神经网络算法的训练和推理用加速芯片。
- 受生物脑启发设计的类脑仿生芯片。
- 可高效计算各类人工智能算法的通用 AI 芯片。

AI 芯片属于基础层中的计算能力部分，是技术要求和附加值最高的环节，处于人工智能产业的核心位置。本章将从市场概况、论文和专利统计分析、企业机构、知名学者等方面来介绍 AI 芯片产业的发展情况。

2.1.1 AI 芯片市场规模、投融资情况

（1）市场规模

目前，我国的 AI 芯片行业发展尚处于起步阶段，市场规模快速增长。中商产业研究院发布的《2018—2023 年中国 AI 芯片市场前景及投资机会研究报告》统计数据显示，2016 年中国 AI 芯片市场规模仅 19.0 亿元，2017 增至 33.3 亿元、增幅达 75.26%，2018 年增至 45.6 亿元、增幅达 36.94%，2019 年增至 56.1 亿元左右，增幅达 23.03%，2020 年增至 75.1 亿元、增幅达 33.87%。未来几年，预计中国芯片市场规模将保持 40%～50%的增长速度，到 2026 年，市场规模将达 785 亿元。随着包括谷歌、脸书、微软、亚马逊以及百度、阿里巴巴、腾讯在内的互联网巨头相继入局，预计到 2020 年全球市场规模将超过 100 亿美元（本书成稿时尚无正式数据），增长非常迅猛，发展空间巨大。目前，全球各大芯片公司都在积极进行 AI 芯片的布局。在云端，英伟达的系列 GPU 芯片广泛应用于深度神经网络的训练和推理；谷歌通过云服务的形式实现 TPU 开放商用，其处理能力达到 180Tops，提供 64GB 的 HBM 内存，2400Gbit/s 的存储带宽。老牌芯片巨头英特尔推出的 Nervana Neural Network Processors（NNP）架构可以优化 8Tbit/s 访问速度的神经网络计算；初创公司如 Graphcore、Cerebras、Wavecomputing、寒武纪、比特大陆等也加入了竞争的行列，陆续推出了针对人工智能的芯片和硬件系统。

中国 AI 芯片行业市场及预测见图 2.1.1。

（2）投融资情况

近年来，AI 芯片受到资本广泛关注。前瞻产业研究院的数据显示，从融资轮次角度看，截至 2018 年年底，共有 20 家以 AI 芯片设计为主要业务的企业参与了融资活动，其中有 4 家企业 Pre-A 轮融资、11 家企业 A 轮融资、3 家企业 B 轮融资、2 家企业 C 轮融资；从融资金额大小角度看，截至 2018 年年底，中国 AI 芯片企业融资总额超过 30 亿美元，比特大陆、地平线与寒武纪等 3 家企业融资总金额超过 2 亿美元，熠知电子和触景无限等 2 家企业融资总额在 5000 万美元到 2 亿美元之间，其余 15 家企业融资总金额在 5000 万美元以下。2020 以来，亚德诺半导体、英伟达、AMD、日本瑞萨电子等芯片

行业巨头官宣了最新大额并购计划；寒武纪、燧原科技、珠海艾派克、比特大陆、地平线等多家知名厂商宣布获得融资，详情如表 2.1.1 所示。

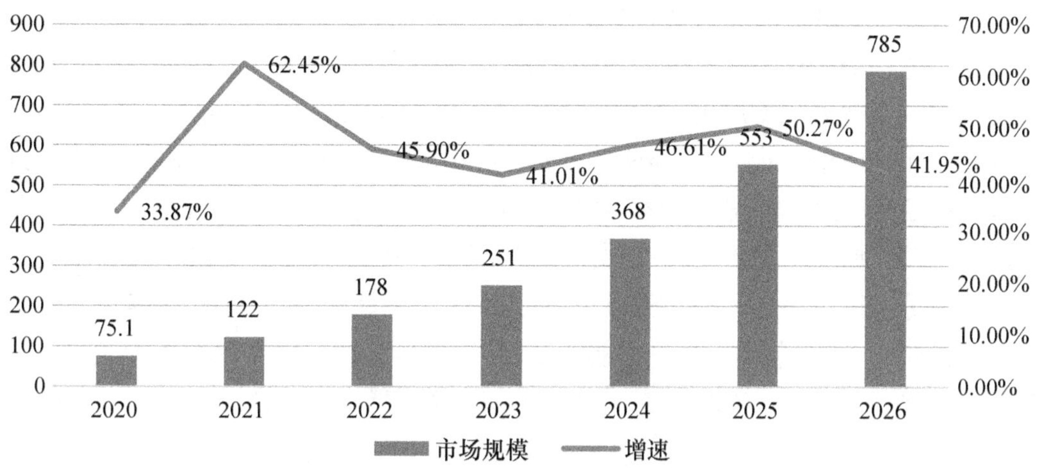

图 2.1.1　中国 AI 芯片行业市场规模及预测

表 2.1.1　AI 芯片领域知名机构投融资情况

序号	机构	最新融资时间	投资方	投资金额
1	清微智能	2020.5	松禾资本、恒盈资本等	数亿元人民币
2	寒武纪	2020.7	上市募资	25.82 亿元人民币
3	美信	2020.7	亚德诺半导体	209 亿美元（意向）
4	奕斯伟	2020.9	君联资本、IDG 资本等	超 20 亿元人民币
5	ARM	2020.9	英伟达	400 亿美元（意向）
6	亿咖通科技	2020.10	百度、海纳亚洲创投	13 亿元人民币
7	赛灵思	2020.10	AMD	350 亿美元（意向）
8	珠海艾派克	2020.12	国家大基金、格力金投等	32 亿元人民币
9	芯华章	2020.12	高榕资本、五源资本、上海好涵	超 2 亿元人民币
10	地平线	2021.1	云锋基金、中信产业基金等	4 亿美元
11	新美光（苏州）	2021.1	中信建投资本领投、元禾重元等	超 1.5 亿元人民币
12	知微传感	2021.1	唐兴资本	数千万元人民币
13	燧原科技	2021.1	中信产业基金、中金资本	18 亿元人民币
14	沐曦集成	2021.1	红杉资本、真格基金等	数亿元人民币
15	Dialog Semiconductor	2021.2	日本瑞萨电子	59 亿美元（意向）

2.1.2 近五年 SCI 论文统计（2016—2020 年）

（1）主要国家（地区）研究能力及与中国大陆合作情况统计分析

本书将《2019 年人工智能发展白皮书》所分类的 AI 芯片四大核心技术作为检索件，使用“Graphics Processing Unit or Field Programmable Gate Array or Application Specific Integrated Circuit or Brain-Inspired Chip”进行检索，通过 Web of Science 数据库检索 2016—2020 年发表的 SCI 期刊论文。结果显示，AI 芯片领域共收录 SCI 论文 5057 篇，其中中国和美国研究实力最强，发文量分别为 1435 篇、843 篇，印度、日本、西班牙、韩国、英国、加拿大、德国、意大利等国家的研究实力均处于世界前列。世界 AI 芯片领域 SCI 期刊发文量排名前 10 位的国家（地区）具体情况如图 2.1.2 所示。

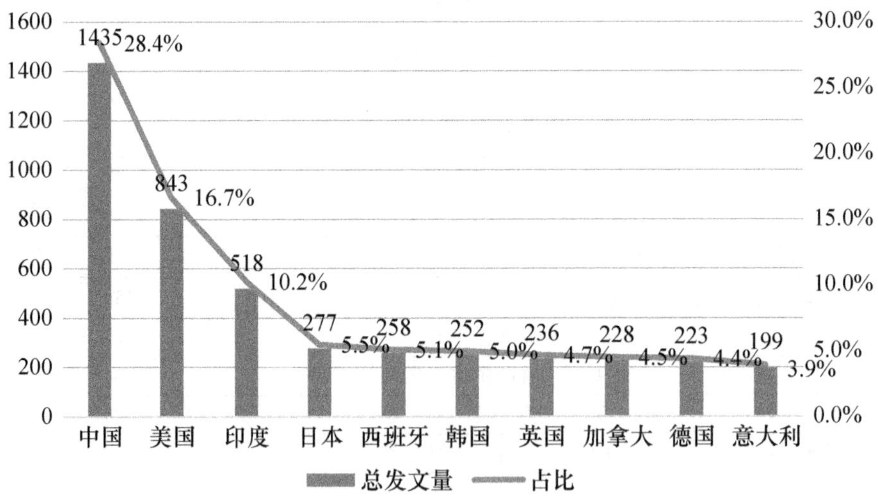

图 2.1.2 2016—2020 年 AI 芯片领域主要国家（地区）SCI 期刊发文量

统计分析 AI 芯片领域 2016—2020 年中国发表 SCI 期刊论文情况显示，中国大陆与美国合作发文量 163 篇、合作率 19%，与新加坡合作发文量 23 篇，合作率高达 42%，与英国合作发文量 39 篇、合作率 17%，与加拿大合作发文量 32 篇、合作率 14%，与德国、法国、中国台湾、日本、澳大利亚、西班牙、韩国等均有良好的合作。详细情况见图 2.1.3。

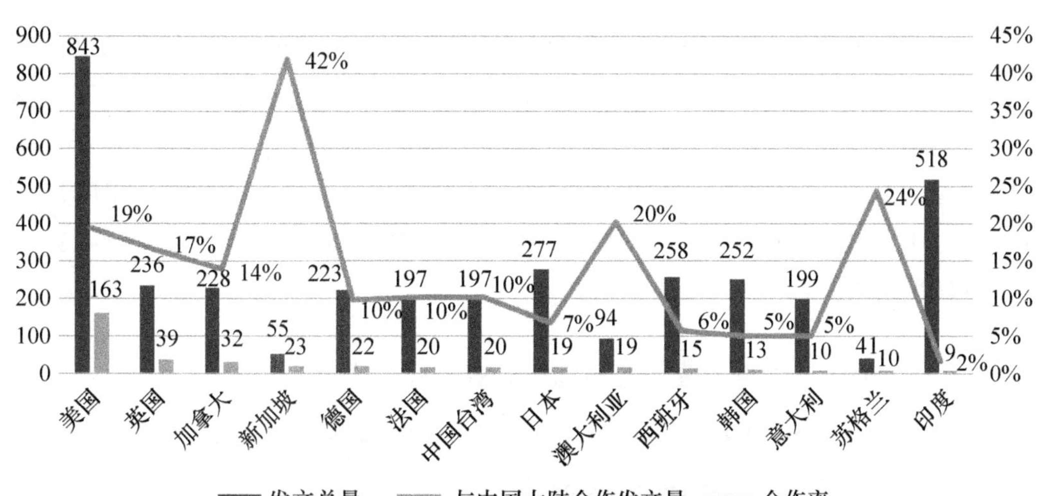

图 2.1.3　2016—2020 年 AI 芯片领域主要实体发文量及与中国大陆合作情况

（2）主要研究机构研究能力及与中国大陆合作情况统计分析

统计 2016—2020 年 AI 芯片领域 SCI 期刊发文量前 20 名研究机构情况显示，中国大陆研究机构占 14 家、印度占 3 家，加拿大、英国、新加坡各占 1 家，详细情况如图 2.1.4 所示。

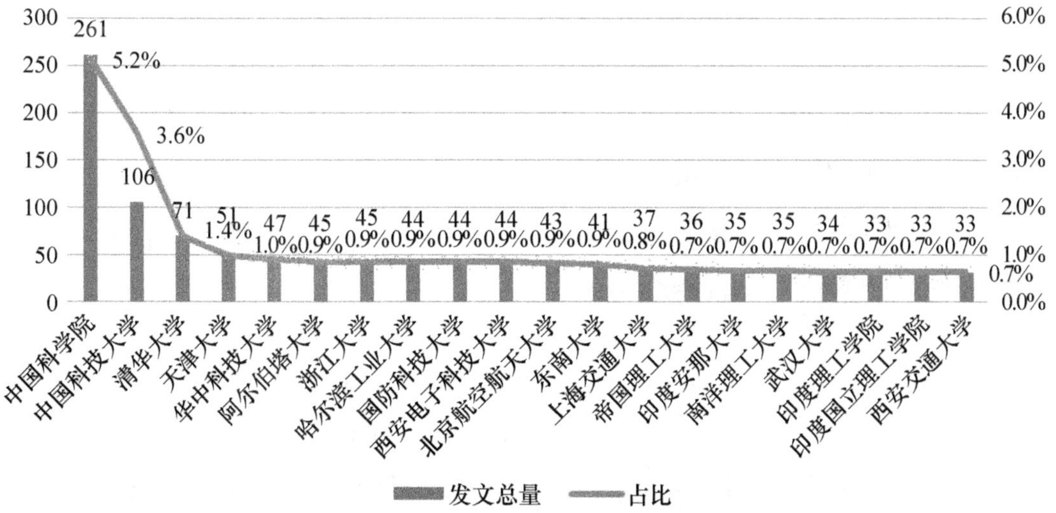

图 2.1.4　2016—2020 年 AI 芯片领域发文量前 20 名的机构

统计 AI 芯片领域 2016—2020 年与中国大陆合作发表 SCI 期刊论文的研究机构（图 2.1.5）显示，与香港地区研究机构合作发文量最多，香港城市大学、香港科技大学、香港中文大学处于前 4 名。其次，印度、美国和新加坡均与中国大陆有较多合作，而大阪大学、东京大学、多伦多大学、印度理工学院等 AI 芯片领域研究实力很强的机构与中国大陆合作发文量仅有 1～2 篇，合作率较低。

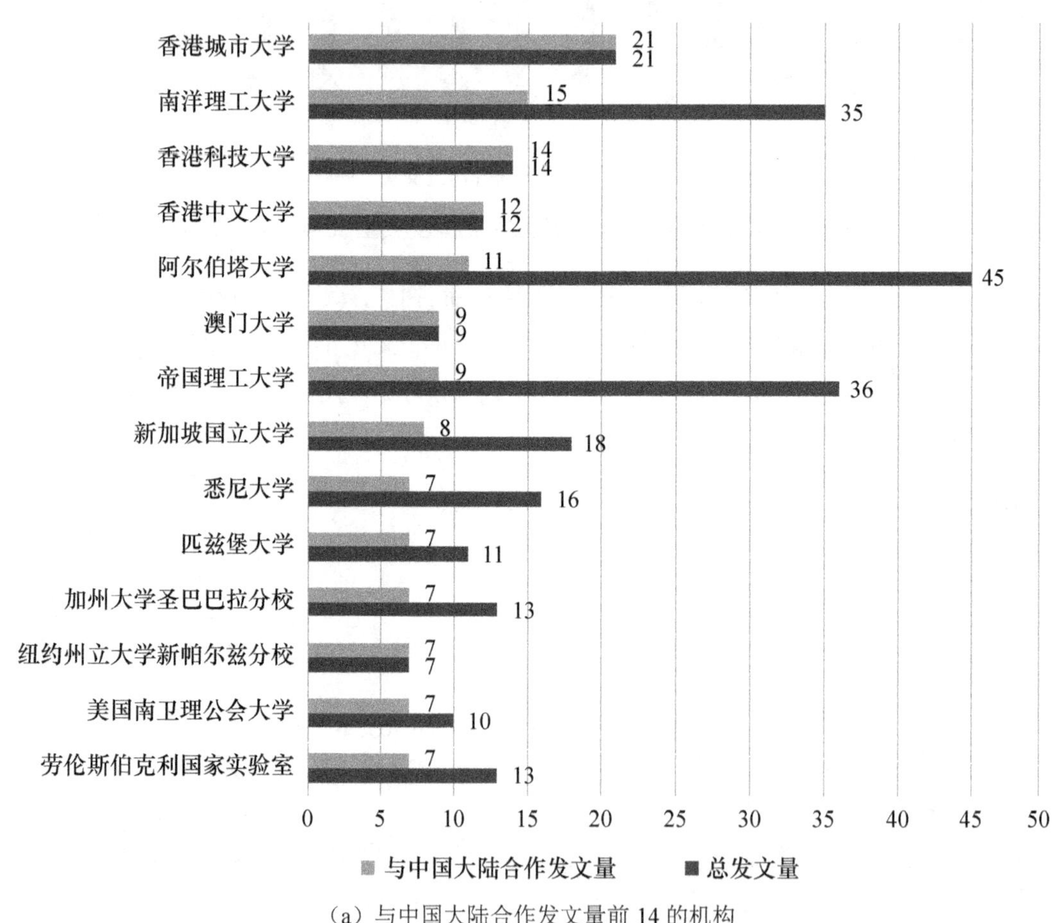

（a）与中国大陆合作发文量前 14 的机构

图 2.1.5　2016—2020 年 AI 芯片领域与中国大陆合作发表论文的研究机构

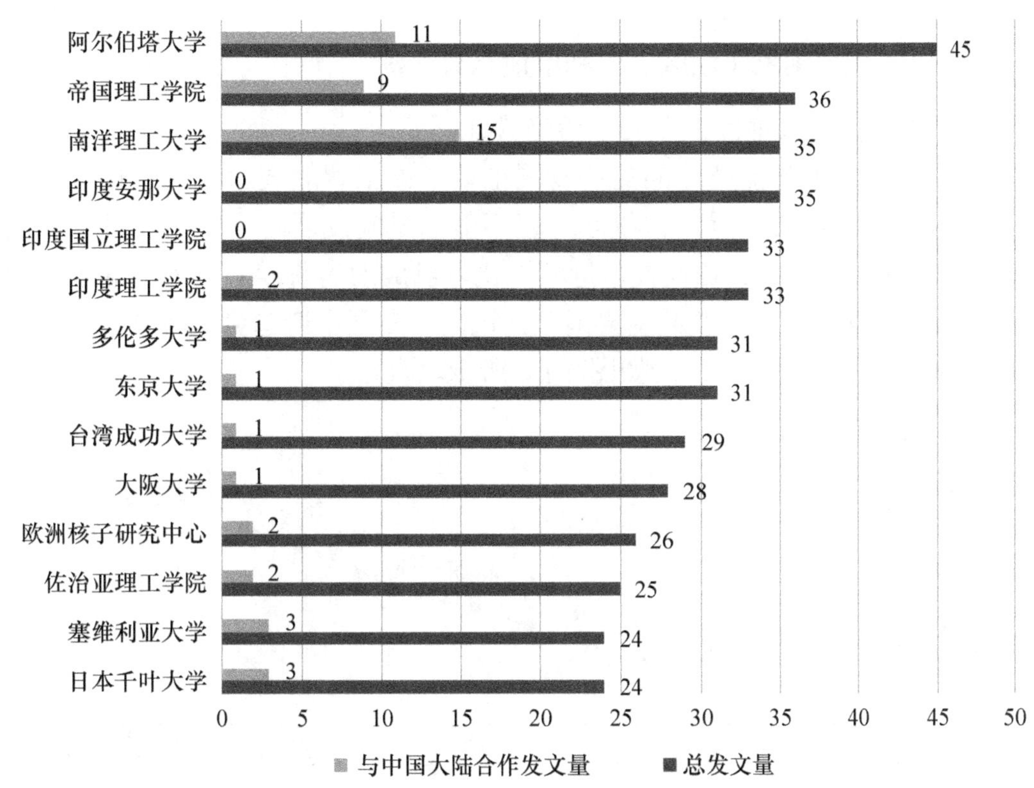

（b）发文量前 14 名研究机构与中国大陆合作情况

图 2.1.5　2016—2020 年 AI 芯片领域与中国大陆合作发表论文的研究机构（续）

通过以上数据可知，在 AI 芯片领域中美两国 SCI 期刊论文发表量占优，同时中国大陆优势研究机构处于领先地位，与中国大陆合作发表 SCI 论文的机构大多集中于香港，而欧美优势研究机构与中国大陆合作的比例较小。

2.1.3　专利申请情况（2006—2020 年）

专利文献是技术创新成果的重要载体，能够有效反映技术研发的进展和趋势。本节统计分析中国、美国、韩国、日本、欧洲专利局 AI 芯片技术方面专利情况，揭示近年全球主要国家（地区）AI 芯片技术的专利布局态势和竞争格局。

2.1.3.1 主要国家（地区）专利申请态势分析

（1）主要国家（地区）专利申请趋势分析

近年来，人工智能产业的高速发展推动了人工智能技术快速迭代演进，芯片技术处于其核心位置，传统芯片已不能满足其发展的需求，经过长时间探索、创新和应用，AI 芯片技术持续进化，已成为当前 AI 技术的热点。根据数据统计，将 AI 芯片领域主要国家（地区）专利申请趋势大致分为萌芽、发展、应用等 3 个阶段，详情如图 2.1.6 所示。

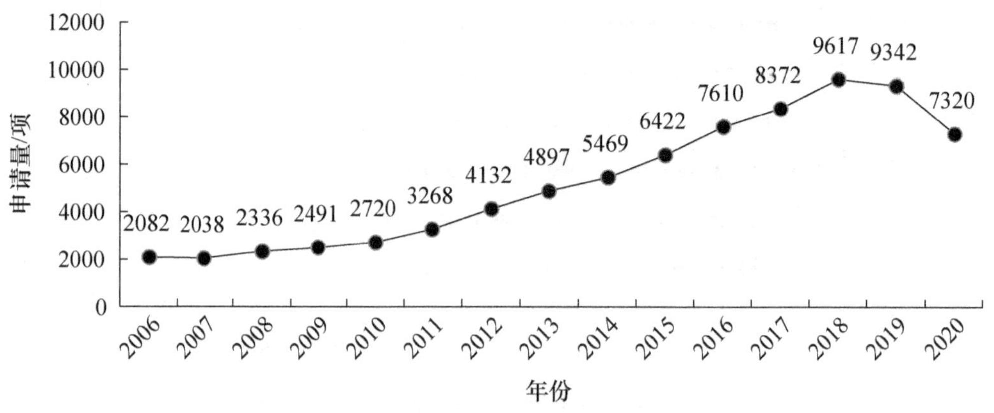

图 2.1.6 AI 芯片领域主要国家（地区）专利申请趋势

萌芽阶段（2006—2010 年）：AI 芯片领域主要国家（地区）专利申请数量从 2082 项增长至 2010 年的 2720 项，该阶段申请量变化趋势较为缓慢。其中，受全球金融危机的影响，2008 年的专利申请数量有所减少，增速为负。

发展阶段（2011—2016 年）：2011 年，AI 芯片主要国家（地区）专利申请数量达到 3268 项；到 2016 年，专利申请数量增加到 7610 项。在整个发展阶段，AI 芯片领域专利申请数量整体呈上升趋势。2011—2016 年期间，深度学习引领了本轮人工智能发展热潮，深度学习模型算法对大规模并行计算能力的需求不断激增，以及传统的 GPU、FPGA 等通用芯片存在性能、功耗等方面的瓶颈，无法满足人工智能巨大的算力需求，于是 ASIC 等专用芯片应运而生。AI 芯片领域存在巨大的探索空间和创新空间，产业界和学术界不断进行研发，推动了 AI 芯片领域全球专利申请的增长。

应用阶段（2017 年至今）：2017 年，AI 芯片领域主要国家（地区）专利申请数量为 8372 项，2018 年与 2017 年相比，AI 芯片技术专利申请数量保持较快增长，由于缓公开的原因，2019 年、2020 年 AI 芯片技术全球专利申请数量有所减少。工业 4.0 席卷全球，人工智能作为信息时代的尖端科技，站在全球科技革命和产业变革的制高点，已经成为推动经济社会发展的新引擎。AI 芯片技术发展的方向将从确定算法、应用场景的定制化人工智能加速芯片向具备更高灵活性、适应性的通用 AI 芯片发展，未来 AI 芯片应用将更为广泛。

（2）主要国家（地区）专利申请情况分析

如图 2.1.7（a）所示，中美两国是 AI 芯片技术创新大国，专利申请量分

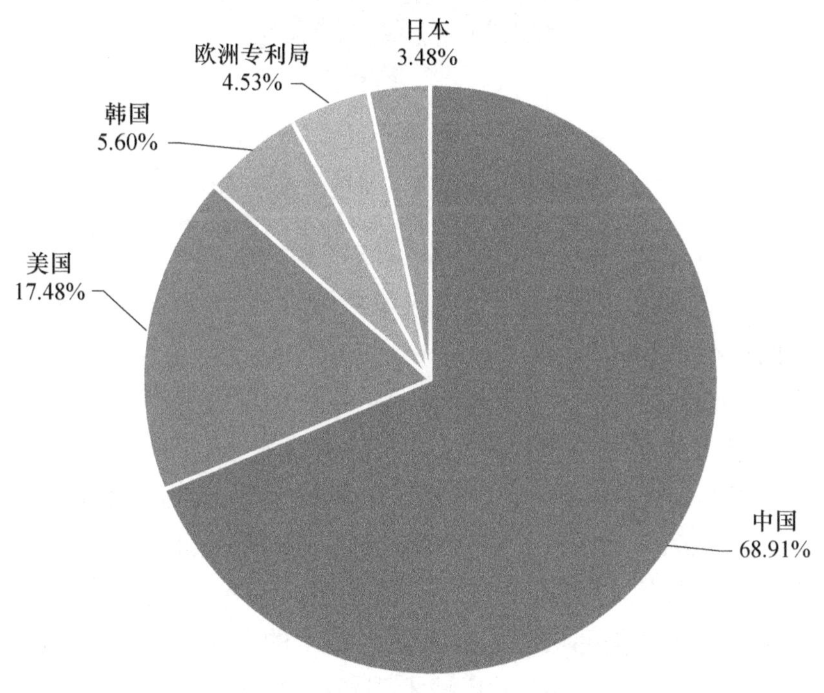

（a）专利申请来源国家（地区）

图 2.1.7　AI 芯片领域主要国家（地区）专利申请情况

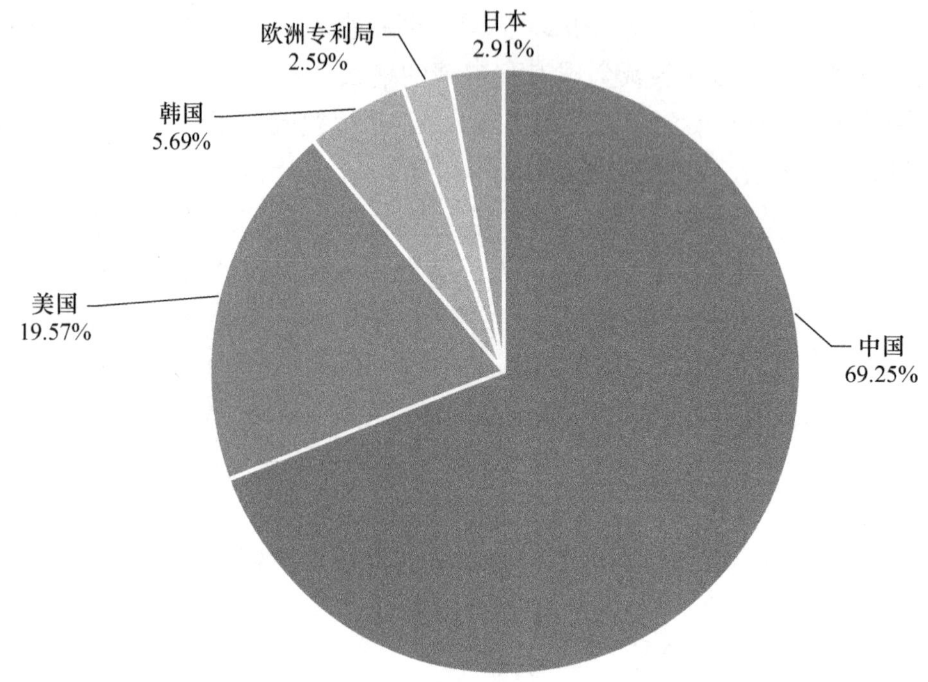

（b）专利申请目标国家（地区）

图 2.1.7　AI 芯片领域主要国家（地区）专利申请情况（续）

别为 52246 项和 13250 项，两国申请量占总申请量的 86.39%。另外，韩国、欧洲专利局的相关国家、日本的专利申请量分别占 5.60%、4.53%、3.48%，相较于中美两国有明显差距。

如图 2.1.7（b）所示，中美两国是 AI 芯片技术主要布局的目标市场，在中美两国专利申请量分别为 54093 项和 15287 项，以中美为目标市场的申请量占比约 88.82%。另外，韩国、欧洲专利局和日本的专利申请占比约为 5.69%、2.59%和 2.91%，相较于中美两国的专利布局差距很大。

人工智能科学技术的快速发展、开放的市场环境、巨大的市场需求和海量的数据资源，使得中美两国既是 AI 芯片技术的来源国，也是 AI 芯片技术专利布局目标国，中美成为 AI 芯片技术创新最活跃的国家。

（3）主要国家（地区）专利申请流向分析

如表 2.1.2 所示，中国的专利绝大部分在本土申请，占比高达 97.4%，在美国、韩国、日本和欧洲专利局的专利申请量仅占所在申请国家（地区）总申请量的 5.84%、1.81%、2.74%和 7.07%；美国的专利也大部分在本土申请，占比为 72.86%，在中国、韩国、日本和欧洲专利局的专利申请量占所在申请国家（地区）总申请量的 3.86%、17.39%、28.68%和 34.9%；韩国、日本和欧洲专利局相关国家的专利首先布局本国（地区）市场，其次皆把美国作为第一重要市场、中国作为第二重要市场进行专利布局。

表 2.1.2　AI 芯片领域主要国家（地区）专利申请量流向分布

技术来源	技术目标国家或地区				
国家（地区）	中国	美国	韩国	日本	欧洲专利局
中国	51841	911	101	118	262
美国	2160	11360	968	1236	1293
韩国	226	785	3844	107	139
日本	275	595	154	2221	178
欧洲专利局	1414	1940	499	627	1832

总体而言，中美两国是专利申请最活跃的国家，但中国专利在海外布局不足，不利于中国企业在海外的发展得到有效保护；美国专利全球布局最为完善，在中、日、韩和欧洲等主要市场皆布局了较大比例的专利；韩国、日本和欧洲专利局相关国家则更注重专利的全球布局，尤其重视在美、中两国寻求专利保护。

（4）主要国家（地区）专利主要申请人分析

图 2.1.8 是 AI 芯片领域的前 10 位专利申请人分布。郑州云海信息技术、苏州浪潮智能科技、国家电网分别以 738 项、677 项、633 项专利申请排名全球前三，英特尔紧随其后，专利申请数量为 610 项。电子科技大学、三星、IBM、北京航空航天大学、西安电子科技大学的专利申请数量均在 400 项以上，均跻身于专利申请前 10 位。

总体来看，在前 10 位申请人排名中，中国有 6 家，美国有 3 家，韩国有 1 家。这表明，随着我国对集成电路产业投资基金的支持，资本的推动让有技术积累的企业有更多的发展空间，使得中国在 AI 芯片领域不断取得创新和突破。美国在AI芯片领域具有较强的实力，并也在不断进行研发和探索。

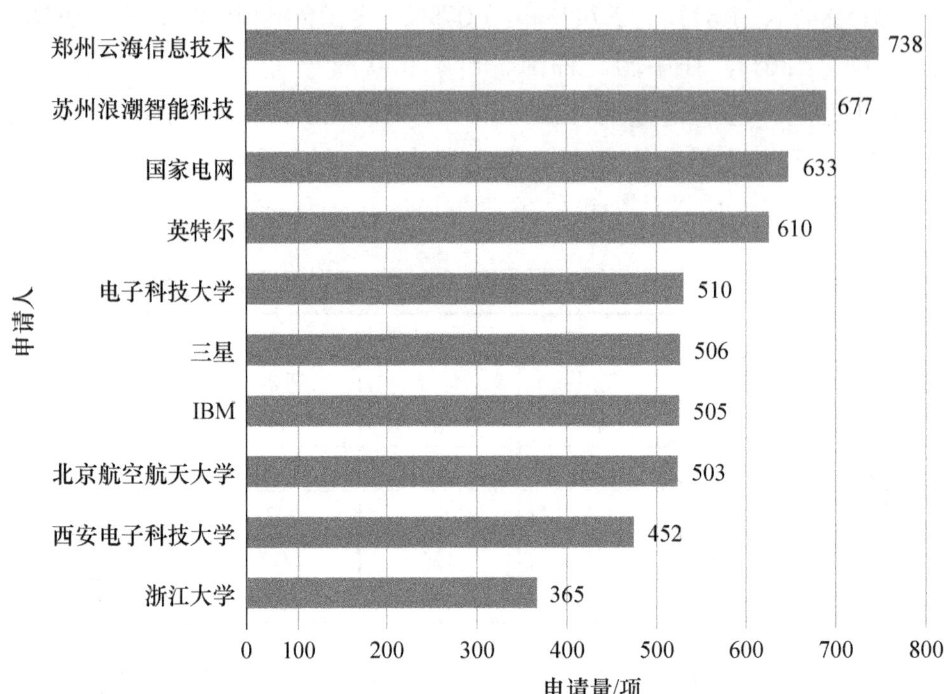

图 2.1.8　AI 芯片领域专利主要申请人排名

2.1.3.2　中国专利申请态势分析

（1）中国专利申请趋势分析

以 2012 年和 2015 年为节点，可大致将我国 AI 芯片技术专利申请趋势分为技术发展、技术增长、技术应用 3 个阶段，具体数据详见图 2.1.9。

技术发展阶段（2006—2010 年）：2010 年以前，我国 AI 芯片技术发展缓慢，相关专利较少，申请数量虽每年有所增加，但专利申请总量不超过 2000 项。

技术增长阶段（2011—2015 年）：随着人工智能技术的快速升温，我国 AI 芯片技术也在不断进行探索和创新，相关专利申请数量快速增加，年申请增量超过 500 项，2015 年，我国 AI 芯片技术专利申请总量增长至 4797 项。

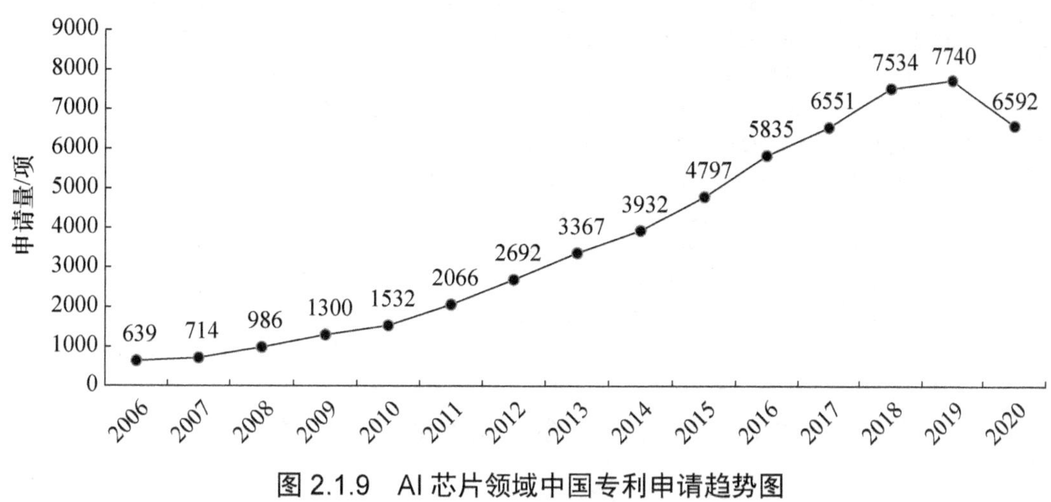

图 2.1.9　AI 芯片领域中国专利申请趋势图

技术应用阶段（2016 年至今）：在人工智能技术受到密切关注以及人工智能产业强烈发展需求的大背景下，在 2016 年，我国 AI 芯片技术增长量首次超过 1000 项，在整个技术应用阶段，AI 芯片领域全国专利申请数量整体呈现出较快的增长态势。此外，由于 2020 年的相关专利信息存在延迟公开的情况，当年 AI 芯片专利申请数量仅有较小幅度的减少，足见 AI 芯片技术领域的研究仍然处于井喷状态。

（2）中国专利主要申请人分析

图 2.1.10 为 AI 芯片领域中国主要申请人分析。如图中所示，郑州云海信息技术、苏州浪潮智能科技、国家电网分别以 738 项、677 项、633 项专利申请排名全球前三，其研发实力强劲，具有明显的技术优势。电子科技大学、北京航空航天大学、西安电子科技大学等高校紧随其后，具有一定的技术优势，但与排名前三的企业有明显差距。浙江大学、哈尔滨工业大学、天津大学、中兴通讯在 AI 芯片技术领域专利申请量均超过 300 项，跻身于我国专列申请前 10 位。总体来看，我国排名前 10 位的申请人中，高校达到 7 家，企业仅有 3 家，AI 芯片技术的研究主要集中于高校，距离产业链的形成还有一定的距离。

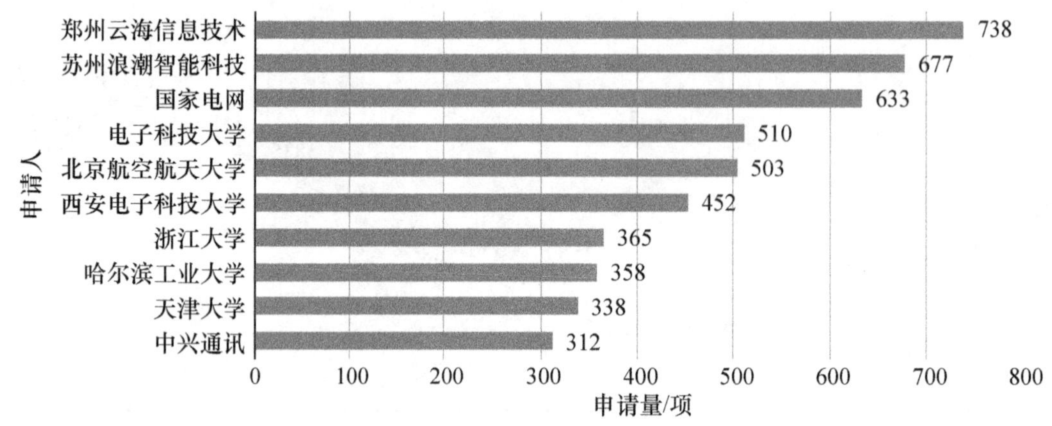

图 2.1.10　AI 芯片领域中国专利主要申请人排名

2.1.4　AI 芯片领域知名机构情况

美国市场调研咨询公司 Compass Intelligence 最近发布的 2018 年度 AI 芯片公司排行榜显示，前 24 名的 AI 芯片企业，主要集中在美国和中国，美国公司占据 14 个席位，中国公司占据 7 个席位，英国的两家公司 ARM 和 Imagination 分别被日资和中资收购。根据榜单，前三名依次为英伟达、英特尔及恩智浦；华为（海思）是第 12 名，成为国内最强的 AI 芯片企业，其余 6 家中国公司分别为 Imagination、联发科、瑞芯微、寒武纪、芯原和地平线机器人。

2.1.4.1　国外知名机构

（1）英伟达

英伟达创立于 1993 年，总部位于美国加利福尼亚州圣克拉拉市。英伟达于 1999 年发明的 GPU 重新定义了现代计算机图形技术，彻底改变了并行计算。深度学习对计算速度有非常苛刻的要求，而英伟达的 GPU 芯片可以让大量处理器并行运算，速度比 CPU 快十倍甚至几十倍，因而成为绝大部分人工智能研究者和开发者的首选。自谷歌 Brain 采用 1.6 万个 GPU 核训练 DNN 模型，并在语音和图像识别等领域获得巨大成功以来，英伟达已成为 AI 芯片市场中无可争议的领导者。

（2）高通

高通创立于 1985 年，总部设于美国加利福尼亚州圣迭戈市，是全球领先的无线科技创新者，变革了世界连接、计算和沟通的方式，通过提供技术使用授权赋能了整个移动生态系统，世界上所有电信设备和消费电子设备的品牌都需要使用其发明。在移动 GPU 领域，高通与 Arm 和 Imagination 三足鼎立，其高度集成的移动优化系统芯片（SoC），拥有强大的多媒体功能、3D 图形功能和 GPS 引擎，可兼容 Android 系统，占据了 Android 手机的半壁江山，成为 HTC、索尼、三星、华为、中兴、联想、小米等全球品牌智能手机的主要芯片供应商。

（3）AMD

AMD 成立于 1969 年，总部位于美国加利福尼亚州圣克拉拉市，专门为计算机、通信和消费电子行业设计和制造各种创新的微处理器（CPU、GPU、APU、主板芯片组、电视卡芯片等），以及提供闪存和低功率处理器解决方案。AMD 致力于为企业、政府机构和个人消费者等用户提供基于标准的、以客户为中心的产品和解决方案。2017 年 12 月，英特尔和 AMD 宣布将联手推出一款结合英特尔处理器和 AMD 图单元的笔记本电脑芯片，目前，AMD 拥有针对 AI 和机器学习的高性能 Radeon Instinc 加速卡、开放式软件平台 ROCm 等。

（4）谷歌

谷歌在 2016 年宣布独立开发一种专门为机器学习应用而设计的专用 AI 芯片——TPU，采用了 TPU 系列芯片的阿尔法狗在 2016—2017 年间横扫世界围棋顶尖高手李世石和柯洁等人，充分显示了 TPU 芯片算力高、智能化强。目前，已正式发布 TPU 3.0，采用 8 位低精度计算以节省晶体管数量，对精度影响很小但可以大幅节约功耗、加快速度，同时还有脉动阵列设计，优化矩阵乘法与卷积运算，并使用更大容量的片上内存，减少对系统内存的依赖，其峰值速度高达 100PFlops（每秒 1000 万亿次浮点计算）。

2.1.4.2　国内知名机构

整体而言，我国集成电路领域技术基础较薄弱，但在 AI 芯片领域研发起步较早，如中科寒武纪的 AI 芯片于 2014—2016 年间获得创新进展，其研究成果在 2016 年国际计算机体系结构年会得到约 1/6 的论文引用。一方面，寒武纪、中星微、燧原科技、地平线、中天微等初创企业不断加大 AI 芯片领域研发的资源投入力度，AI 芯片性能不断提升；另一方面，华为、百度、阿里巴巴、腾讯等科技巨头则通过投资、收购等手段布局 AI 芯片领域，积极抢位。同时，随着人工智能应用场景的细分市场越来越多，专门为某些应用场景定制的芯片性能优于通用芯片，终端芯片呈现碎片化、多样化的特点，并且目前尚未形成市场垄断，我国公司仍然有较多的机会。

（1）寒武纪

寒武纪成立于 2016 年，总部在北京，创始人是中科院计算所的陈天石、陈云霁兄弟，公司致力于打造各类智能云服务器、智能终端以及智能机器人的核心处理器芯片。阿里巴巴创投、联想创投、国科投资、中科图灵、元禾原点、涌铧投资联合投资，为全球 AI 芯片领域第一个独角兽初创公司。在成长期的 AI 芯片公司中，寒武纪已是中国市场的绝对头部企业，甚至是世界前排，在 Compass Intelligence 发布的 2018 年全球 AI 芯片公司排行榜中，寒武纪排名第 22。寒武纪是全球第一个成功流片并拥有成熟产品的 AI 芯片公司，拥有终端 AI 处理器 IP 和云端高性能 AI 芯片两条产品线。2016 年，寒武纪推出的“寒武纪 1A”处理器，入选第三届世界互联网大会评选的十五项“世界互联网领先科技成果”之一，已应用于数千万智能手机中。2018 年，寒武纪推出的 MLU 100 机器学习处理器芯片，运行主流智能算法时性能功耗比全面超越 CPU 和 GPU。目前，寒武纪公司已与智能产业的各大上下游企业建立了良好的合作关系。

（2）中星微

1999 年，多位来自硅谷的博士企业家在北京中关村科技园区创建了中星微电子有限公司，启动并承担了国家战略项目——星光中国芯工程，致力于数字多媒体芯片的开发、设计和产业化。2016 年初，中星微推出全球首款集成了神经网络处理器（NPU）的 SVAC 视频编解码 SoC，使得智能分析结果可以与视频数据同时编码，形成结构化的视频码流。该技术广泛应用于视频监控摄像头，开启了安防监控智能化的新时代。自主设计的嵌入式神经网络处理器（NPU）采用“数据驱动并行计算”架构，专门针对深度学习算法进行了优化，具备高性能、低功耗、高集成度、小尺寸等特点，特别适合物联网前端智能的需求。

（3）地平线机器人

地平线机器人成立于 2015 年，总部在北京，创始人是百度深度学习研究院前负责人余凯。BPU（Brain Processing Unit）是地平线机器人自主设计研发的高效人工智能处理器架构 IP，支持 ARM/GPU/FPGA/ASIC 实现，专注于自动驾驶、人脸图像辨识等专用领域。2017 年，地平线发布基于高斯架构的嵌入式人工智能解决方案，将在智能驾驶、智能生活、公共安防三个领域进行应用，第一代 BPU 芯片支持 1080P 的高清图像输入，每秒处理 30 帧，检测跟踪数百个目标。地平线的第一代 BPU 采用 TSMC 的 40nm 工艺，相对于传统 CPU/GPU，能效提升 2～3 个数量级（100～1000 倍左右）。

（4）燧原科技

上海燧原科技有限公司于 2018 年 03 月 19 日成立，创始人是曾在硅谷工作超过 20 年的赵立东，是国内第一家同时拥有高性能云端训练和云端推理产品的创业公司。腾讯科技现在持有燧原科技 23.2%的股份，是其第一大股东。腾讯拥有丰富的 AI 业务场景，开发了众多 AI 算法和模型，用 18 个月将技术门槛最高的 AI 训练芯片“邃思”一次性流片成功，于 2019 年 12 月对外发布基于“邃思”的云端训练加速卡“云燧 T10”，直接挑战这个领域处于垄断地位的英伟达 Tesla V100，并于 2020 年 12 月发布首款人工智能推理产品“云燧 i10”。

2.2　机器学习发展概况

机器学习（Machine Learning）是一门多领域交叉学科，涉及概率论、统计学、逼近论、凸分析、算法复杂度理论等多门学科。专门研究计算机怎样模拟或实现人类的学习行为，以获取新的知识或技能，重新组织已有的知识结构使之不断改善自身的性能。机器学习基本过程详见图 2.2.1。

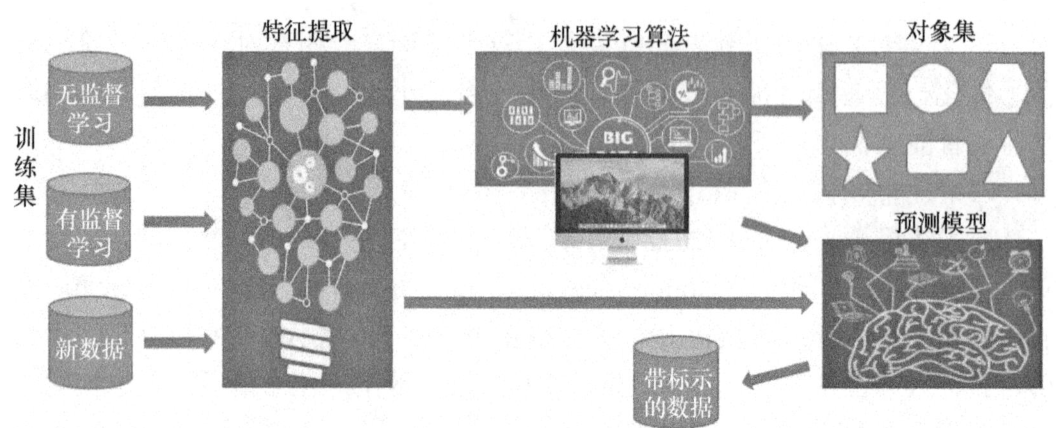

图 2.2.1 机器学习基本过程

机器学习的处理系统和算法主要通过找出数据中隐藏的模式进而做出预测的识别模式，是人工智能的一个重要子领域，而人工智能又与更广泛的数据挖掘和知识发现领域相交叉。人工智能、机器学习、数据挖掘、模式识别、统计、神经计算、数据库和知识发现等概念的关系如图 2.2.2 所示。

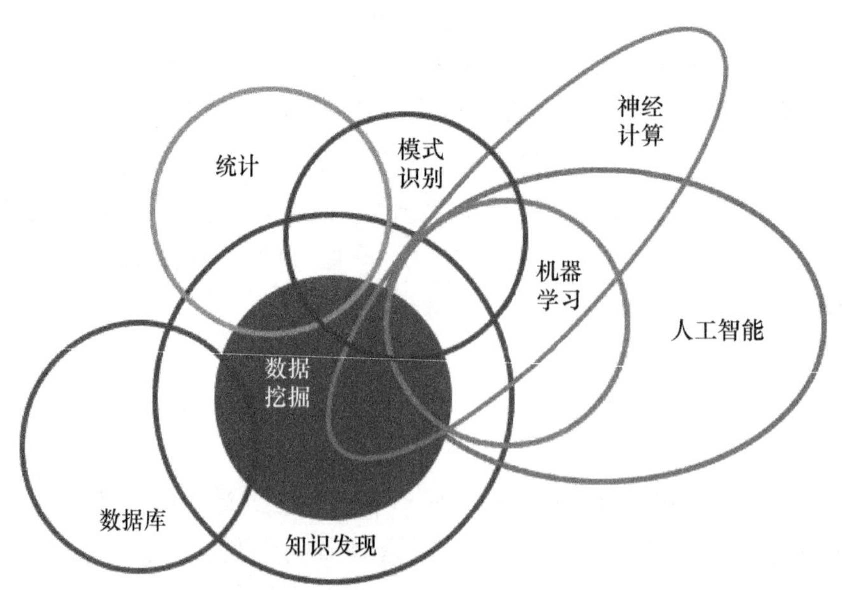

图 2.2.2 机器学习相关概念的辨识

在过去半个多世纪里，机器学习经历了五大发展阶段。

第一阶段是 20 世纪 40 年代的萌芽时期，心理学家 McCulloch 和数理逻辑学家 Pitts 引入生物学中的神经元概念，在分析神经元基本特性的基础上，提出“M-P 神经元模型”，该模型每个神经元都能接收到来自其他神经元传递的信号，这些信号往往经过加权处理，再与接收神经元内部的阈值进行比较，经过神经元激活函数产生对应的输出。

第二阶段是 20 世纪 50 年代中叶至 60 年代中叶的热烈时期。心理学家 Hebb 便提出与神经网络学习机理相关的“突触修正”假设，其核心思想是，当两个神经元同时处于兴奋状态时，两者的连接度将增强，基于该假设定义的权值调整方法被称为“Hebbian 规则”，这属于无监督学习，在处理大量有标签分类问题时存在局限。1957 年，美国神经学家 Rosenblatt 提出了最简单的前向人工神经网络——感知器，开启了有监督学习的先河。1962 年，Novikoff 推导并证明了在样本线性可分情况下，经过有限次迭代，感知器总能收敛，这为感知器学习规则的应用提供了理论基础。在这一时期，感知器被广泛应用于文字、声音、信号识别、学习记忆等领域。

第三阶段是 20 世纪 60 年代中叶至 70 年代中叶的冷静时期。在冷静时期，由于感知器结构单一，并且只能处理简单线性可分问题，机器学习的发展几乎停滞不前。其原因主要在于，理论匮乏制约了人工神经网络发展；现实问题难度提升，单层人工神经网络的应用局限越来越多；计算机有限的内存和缓慢的处理速度使机器学习算法的应用受到限制；数据库的容量相对较小，数据规模的增大也使单一机器学习算法效果失真。由此，以感知器为核心的单层人工神经网络的逐渐衰败。

第四阶段是 20 世纪 70 年代中叶至 80 年代末的复兴时期。在复兴时期，机器学习领域的最大突破是人工神经网络种类的丰富，由此弥补了感知器单一结构的缺陷。1983 年，加州理工学院物理学家 Hopfield 采用新型的全互连神经网络，很好地解决了旅行商问题；1986 年，UCSD 的 Rumelhart 与 McClelland 合著《并行分布式处理：认知微结构的探索》一书，提出了应用于多层神经网络的学习规则——误逆差传播算法（BP 算法），推动了人工神经网络发展的第二次高潮。除了 BP 算法，包括 SOM（自组织映射）网络、ART（竞争型学习）网络、RBF（径向基函数）网络、CC（级联相关）网络、RNN（递归神经网络）、CNN（卷积神经网络）等在内的多种神经网络也在该时期得到迅猛发展。

第五阶段是 20 世纪 90 年代后的多元发展时期。20 世纪 90 年代，自 1995 年苏联统计学家瓦普尼克在 *Machine Learning* 上发表 SVM（支持向量机）起，以 SVM 为代表的统计学习便大放异彩，并迅速对符号学习的统治地位发起挑战。与此同时，集成学习与深度学习的提出成为机器学习的重要延伸。集成学习的核心思想是通过多个基学习器的结合来完成学习任务，最著名的是 Schapire（1990）提出的 Boosting 算法，Freund 和 Schapire（1995）提出的 AdaBoost 算法，Breiman（1996）提出的 Bagging 算法，以及 Breiman（2001）提出的随机森林算法。2006 年，Hinton（2006）提出深度学习，其核心思想是通过逐层学习方式解决多隐含层神经网络的初值选择问题，从而提升分类学习效果。当前，集成学习和深度学习已经成为机器学习中最为热门的研究领域。

2.2.1　开源算法框架和机器学习领域投融资情况

2.2.1.1　开源算法框架

人工智能产业算法框架与平台是相关算法、库、工具的集合，为人工智能产业技术层、应用层的发展提供平台、资源和算法，是人工智能产业发展的基础支撑和重要动力。全球知名的主要 AI 算法框架（平台）示于表 2.2.1 中，美国 AI 算法框架（平台）数量最多、应用最广，如谷歌的 TensorFlow 和 Theano、脸书的 Torch/PyTorch，微软的 CNTK 等。

表 2.2.1　主流开源算法框架与社区

框架（平台）	维护组织	国别	简介
TensorFlow	谷歌	美国	深度学习的一个基础类库
Torch/PyTorch	脸书	美国	机器学习算法开源框架
Caffe	BVLC	美国	卷积神经网络开源框架
PaddlePaddle	百度	中国	深度学习开源平台
CNTK	微软	美国	深度学习计算网络工具包
Keras	谷歌	美国	模块化神经网络库 API

（续表）

框架（平台）	维护组织	国别	简介
Theano	蒙特利尔大学	加拿大	深度学习库
DL4J	Skymind	美国	分布式深度学习库
MXNet	DMLC 社区	美国	深度学习开源库

（1）TensorFlow

TensorFlow 是一个基于数据流编程的符号数学系统，从神经网络算法库 DistBelief 的基础上发展而来，并于 2015 年 11 月开放源代码。在谷歌 Brain 团队支持下，其已成为最大的活跃社区，被 Dropbox、eBay、英特尔、Twitter 和 Uber 等厂商广泛使用，成为目前维护最好、使用最广泛的机器学习框架。TensorFlow 可用于 Python、C++、Haskell、Go、Rust 以及 Java 等，是较低级别的符号库（比如 Theano）和较高级别的网络规范库（比如 Blocks 和 Lasagne）的混合；灵活的架构可以在多种平台上展开计算，支持在多 GPU（或 CPU）上运行深度学习模型，为高效的数据流水线提供使用程序，并具有用于模型的检查，可视化和序列化的内置模块。

（2）Torch 和 PyTorch

Torch 是一个机器学习库，2002 年就发布了 Torch 的初版，一直聚焦于大规模的机器学习应用，尤其是图像或者视频应用等领域。Torch 的一些主要功能包括 N 维数组、线性代数例程、数值优化例程。高效 GPU 支持以及对 iOS 和 Android 平台的支持。PyTorch 在 Torch 基础发展起来，于 2017 年正式推出，是一个基于 Python 的可续计算包，不仅能够实现强大的 GPU 加速，还支持动态神经网络，已经被 Twitter、卡内基梅隆大学和 Salesforce 等著名机构采用。

（3）Caffe

Caffe 是是一种常用的深度学习框架，于 2013 年发布，主要应用在视频、图像处理方面。Caffe 用 C++编写，附带一个 Python 接口，具有很好的 CNN 建模能力，但 RNN 资源少，所以它更多的是面向图像识别、推荐引擎和自然语言识别等方向的应用，不面向其他深度学习应用诸如语音识别、时间序列预测、图像字幕和文本等其他需要处理顺序信息的任务。

（4）飞桨（PaddlePaddle）

飞桨是百度自主研发的集深度学习核心框架、工具组件和服务平台为一体的技术领先、功能完备的开源深度学习平台，有全面的、官方支持的工业级应用模型，涵盖自然语言处理、计算机视觉、推荐引擎等多个领域，开放多个预训练中文模型（于 2016 年对外开放），已经被中国企业广泛使用，形成活跃的开发者社区生态。飞桨同时支持稠密参数和稀疏参数场景的大规模深度学习并行训练，拥有多端部署能力，支持服务器端、移动端等多种异构硬件设备的高速推理，预测性能有显著优势。

（5）CNTK

微软认知工具集（CNTK）将深层神经网络描述为一系列通过有向图的计算步骤，是一个统一的计算网络框架，预定义了很多主流的计算网络结构，用户可以轻松地在开源许可证下扩展节点类型，并于 2016 年开源。微软认知工具集的一些重要功能包括高度优化的组件，能够处理来自 Python、C++或 Brain 的数据，提供高效的资源使用，轻松与微软 Azure 集成以及与 NumPy 进行互操作。

总体而言，美国的大公司抓住了深度学习算法兴起的机会，率先开源其人工智能算法软件、工具和平台，形成 AI 开源社区。全球 AI 从业者借助社区开源算法软件和资源高效工作，同时贡献自身开发的大量应用，这类先发的 AI 开源社区对全球 AI 从业者具有非常强的“黏性”，构筑了稳定、丰富、完善的开发者社区生态。我国领先的 AI 机构错过了上轮机会，但现在国内领先的 AI 研发机构也积极拥抱开源，各机构都积极开源其最新的算法、工具、应用等。

2.2.1.2　机器学习领域投融资情况

深度学习算法的兴起推动本轮人工智能产业发展高潮，随之涌现了众多以机器学习相关技术研发、应用为主要业务的初创公司，它们极大推动了机器学习技术的进步和落地应用。一般情况下，大型科技公司通过并购或投资这些初创公司获得其相应机器学习技术或招揽机器学习技术人才，也有专业投资机构注资这些初创公司促使其发展壮大。2011 年以来，DeepMind、Dark

Blue Labs、Vision Factory、Atlas ML、九章云极等多家公司被收购或获得融资，详情示于表 2.2.2 中。

表 2.2.2　机器学习领域主要投融资情况

序号	机构	最新融资时间	投资方	投资金额
1	CleverSense	2011 年 12 月	谷歌收购	未披露
2	DNNresearch	2013 年 3 月	谷歌收购	未披露
3	DeepMind	2014 年 1 月	谷歌收购	6 亿美元
4	Dark Blue Labs	2014 年 10 月	谷歌收购	5 亿美元
5	Vision Factory	2014 年 10 月	谷歌收购	未披露
6	DataRobot	2017 年 3 月	NEA	5400 万美元
7	Halli Labs	2017 年 7 月	谷歌收购	未披露
8	ABEJA	2018 年 12 月	谷歌收购	未披露
9	Data Artisans	2019 年 1 月	阿里巴巴收购	9000 万欧元
10	Splice Machine	2019 年 2 月	GPV、Accenture Ventures	1600 万美元
11	Labelbox	2019 年 4 月	Gradient Ventures、Kleiner Perkins	1000 万美元
12	Aera	2019 年 4 月	DJF	8000 万美元
13	Algorithmia	2019 年 5 月	Norwest Partners、Madrona、Gradient Ventures	2500 万美元
14	Atlas ML	2020 年 2 月	脸书收购	4000 万美元
15	九章云极	2020 年 4 月	中关村前沿基金、广发乾和等	1.2 亿元人民币
16	Robust AI	2020 年 10 月	Jazz Venture Partners、Playground Global	1600 万美元
17	创新奇智	2020 年 12 月	中金甲子、国和投资等 C 轮	未披露

谷歌在深度学习和神经网络兴起初期就连续收购了多家在深度学习算法方面有核心技术和发展潜力的初创公司，在机器学习研发方面取得先发优势，并借此建立丰富完善的机器学习生态，成为人工智能产业领域领先企业。

2.2.2　近五年 SCI 论文统计（2016—2020 年）

2.2.2.1　主要国家（地区）研究能力及与中国大陆合作情况统计分析

以机器学习领域基础层关键技术“Deep Learning or Neural Network”为检

索条件，通过 Web of Science 数据库检索 2016—2020 年发表的 SCI 期刊论文。结果显示，机器学习领域共收录 SCI 论文 136931 篇，中美两国研究实力最强，发文量分别高达 52238 篇和 29292 篇，印度、英国、韩国、伊朗、德国、加拿大、澳大利亚等国家处于世界前列。全球在机器学习领域研究实力前 10 位的国家（地区）具体情况如图 2.2.3 所示。

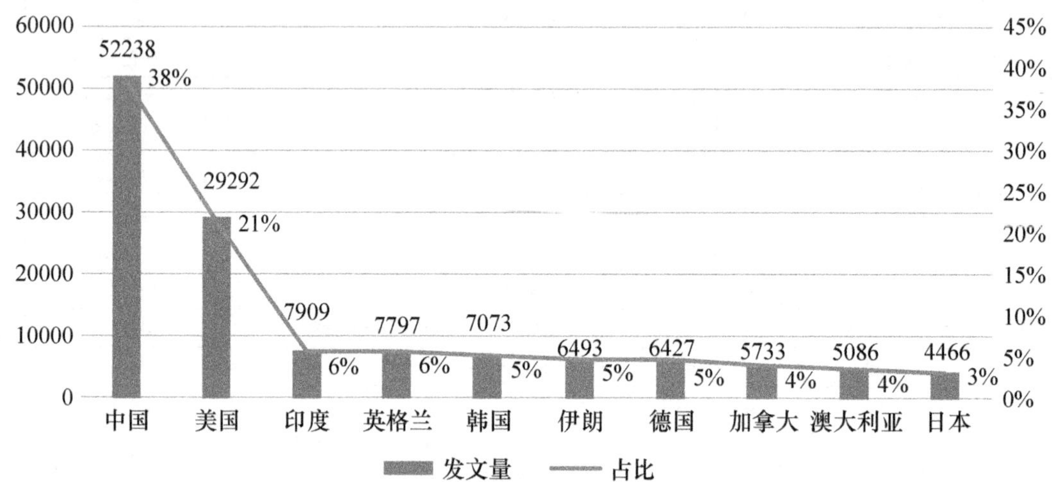

图 2.2.3　2016—2020 年机器学习领域主要国家（地区）SCI 期刊发文量

统计分析机器学习领域 2016—2020 年中国发表 SCI 期刊论文情况显示（图 2.2.4），中国大陆与美国合作发文量多达 6394 篇、合作率 22%，与新加坡合作发文量 931 篇、合作率高达 46%，其次与英国合作发文 1925 篇、合作率 25%，与加拿大合作发文 1463 篇、合作率 26%，和澳大利亚合作发文 1712 篇、合作率 34%，与日本、德国、韩国、印度、法国等国家（地区）均有较好的合作。

2.2.2.2　主要研究机构研究能力及与中国大陆合作情况统计分析

对机器学习（AI 芯片）领域 2016—2020 年 SCI 期刊发文量前 20 名研究机构的情况进行分析，显示中国研究机构占 16 家，美国占 2 家，伊朗、新加坡各占 1 家，详情如图 2.2.5 所示。

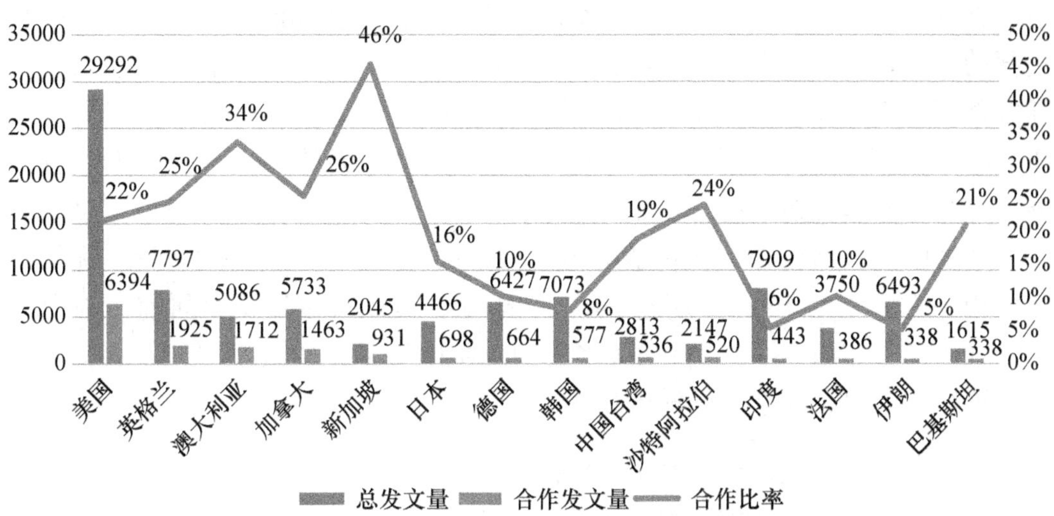

图 2.2.4　2016—2020 年机器学习领域主要实体发文量及与中国大陆合作情况

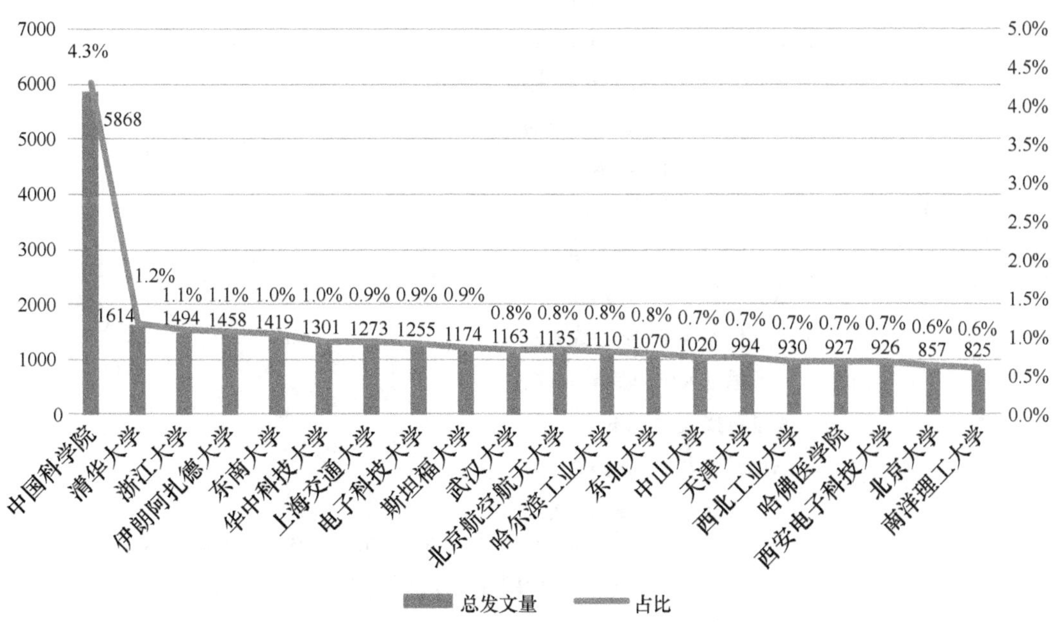

图 2.2.5　2016—2020 年机器学习领域主要机构发文量

统计 2016—2020 年机器学习领域与中国大陆合作发表论文的研究机构显示（图 2.2.6），与香港地区研究机构合作发文量最多，合作发文前 8 的机构中，香港地区占 4 家，且合作率较高。其次，新加坡和澳大利亚均与中国有较强的合作，而美国加州大学系统、得克萨斯大学系统、佐治亚大学系统、麻省理工学院、哈佛大学、斯坦福大学、哈佛医学院、密歇根大学、哥伦比亚大学和伊利诺伊大学等机器学习领域研究实力强大的机构与中国大陆也保持了良好的合作关系，但合作率较低。

通过以上数据可知，在机器学习领域，中国在 SCI 期刊发文量、优势研究机构等方面均处于领先地位，美国、印度、英国等国发文量居前；与中国大陆合作发表 SCI 论文的机构大多集中于中国香港、中国澳门，而欧美优势研究机构与中国大陆合作的比例很小。

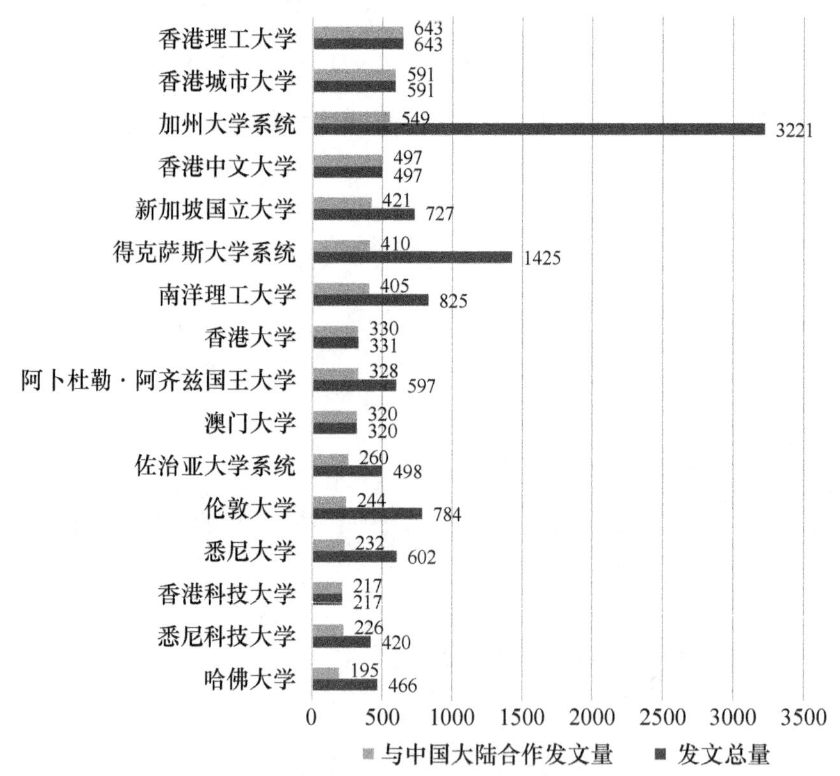

（a）与中国大陆合作发文量前 16 名的研究机构

图 2.2.6　2016—2020 年机器学习领域与中国大陆合作发表论文的研究机构

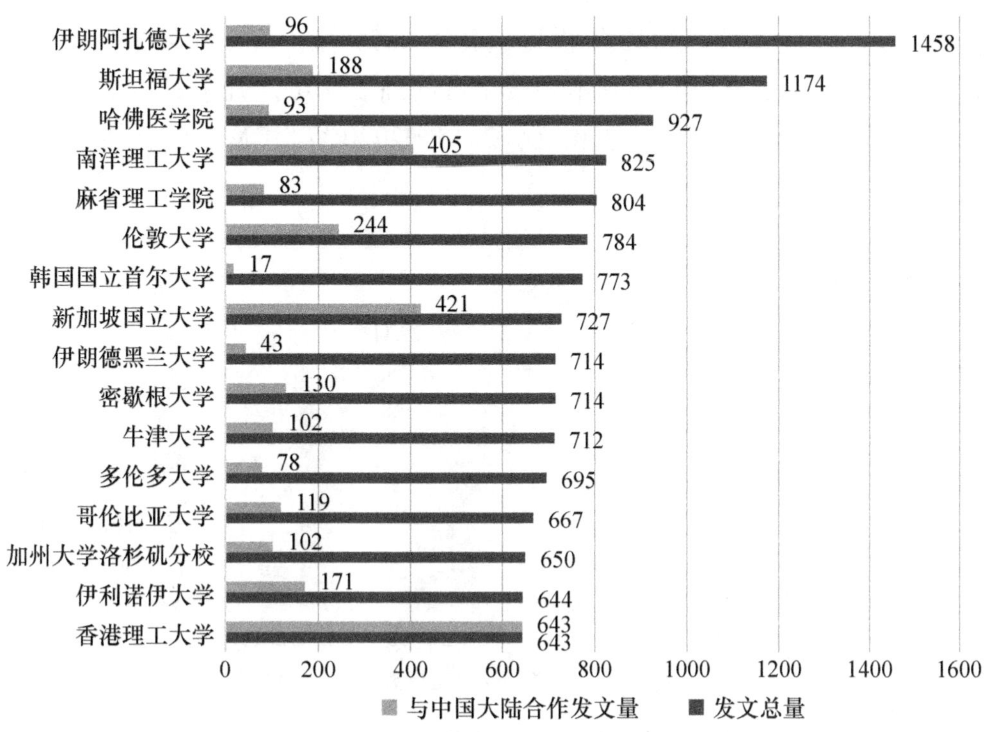

（b）发文量前 16 名研究机构与中国大陆合作情况

图 2.2.6　2016—2020 年机器学习领域与中国大陆合作发表论文的研究机构（续）

2.2.3　顶级会议统计情况

本节以计算机领域的 ICML（International Conference on Machine Learning，国际机器学习会议）和 NeurIPS（指的是 Conference and Workshop on Neural Information Processing Systems，神经信息处理系统研讨会）两个顶级会议为例，分析 2015 年以来全球各国家（地区）研究机构投稿情况，并据此分析机器学习领域的发展趋势。

2.2.3.1　ICML

国际机器学习会议（ICML）是由国际机器学习学会（IMLS）主办的年度机器学习领域的国际顶级学术会议，每年一届，皆会吸引全球研究机构、科技公司的高质量学术论文，其审查非常严格，近几年投稿论文一直大幅增长，而接受率逐年走低，2020 年投稿量高达 4999 篇、接受率降低至 21.8%，ICML 论文的高含金量使其得到本领域学者的高度认可，几乎每一个世界级的“技术大牛”都会在 ICML 发表论文。2015—2020 年 ICML 论文接受情况见图 2.2.7。

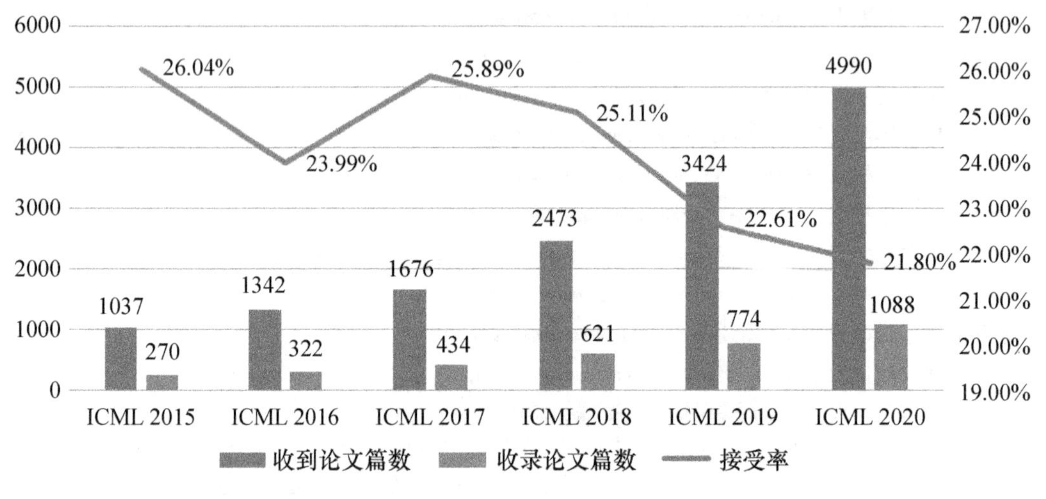

图 2.2.7　2015—2020 年 ICML 论文接受情况

（1）国家（地区）投稿 ICML 情况统计分析

统计 ICML 会议 2015—2019 年接受论文情况显示：美国承包了将近一半的论文，大约占总数的 47%，与其他国家（地区）相比具有绝对的优势；中国发文量占比 17%，仅次于美国，大幅领先其他国家；其他如英国、加拿大、印度、以色列、日本、法国和德国等发文量占比在 2.87%～5.24%，2015—2019 年 ICML 发文量前 20 位的国家（地区）详情在图 2.2.8 中给出。

（2）研究机构投稿 ICML 情况统计分析

使用 AMiner 大数据平台挖掘 ICML 会议 2015—2019 年接受的论文，统计论文第一作者所在研究机构情况显示，论文接受数量排前 14 名的研究机构中美国独占 9 家，加拿大、英国、印度、法国和新加坡各占 1 家，其中谷歌以 161 篇领先，详情如图 2.2.9 所示。

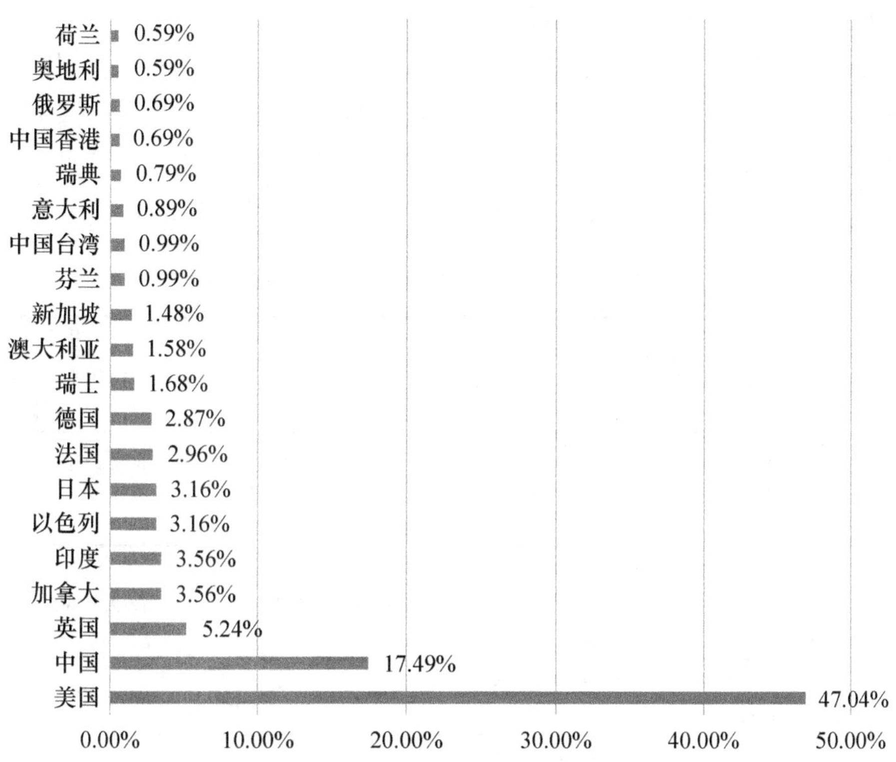

图 2.2.8　2015—2019 年 ICML 发文主要国家（地区）

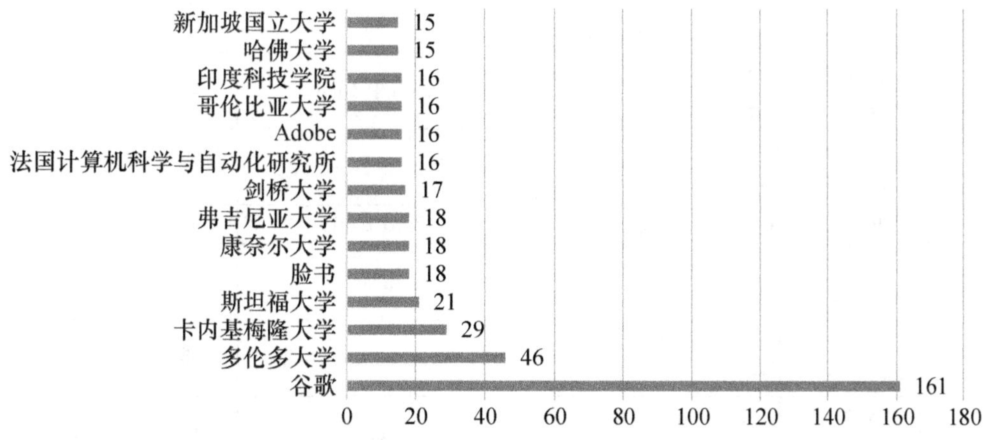

图 2.2.9　2015—2019 年 ICML 发文主要研究机构

（3）ICML 最佳会议论文情况分析

如表 2.2.3 所示，2015—2020 年 ICML 会议最佳论文共 12 篇，其中 10 篇的第一作者为美国机构学者，另外各 1 篇最佳论文第一作者为英国和中国机构学者；同时，ICML 会议 12 篇最佳论文中 4 篇来自企业，8 篇来自高校。ICML 会议成为机器学习领域科研机构和科技企业学术交流的重要平台。

表 2.2.3　2015—2020 年 ICML 会议最佳论文

年份	论文标题	作者	机构
2020	On Learning Sets of Symmetric Elements	H. Maron, O. Litany, G. Chechik, E. Fetaya	NAVIDA 实验室，斯坦福大学，巴伊兰大学
	Tuning-free Plug-and-Play Proximal Algorithm for Inverse Imaging Problems	K. Wei, A.A.-Rivero, J. Liang, Y. Fu, C. Schönlieb, H. Huang	北京理工大学，剑桥大学
2019	Challenging Common Assumptions in the Unsupervised Learning of Disentangled Representations	F. Locatello, et al.	谷歌 Brain
	Rates of Convergence for Sparse Variational Gaussian Process Regression	D.R. Burt, et al.	剑桥大学
2018	Delayed Impact of Fair Machine Learning	L.T. Liu, et al.	加州大学伯克利分校
	Obfuscated Gradients Give a False Sense of Security: Circumventing Defenses to Adversarial Examples	A. Athalye, et al.	麻省理工学院
2017	Understanding Black-box Predictions via Influence Functions	P. W. Koh, P. Liang	斯坦福大学
2016	Dueling Network Architectures for Deep Reinforcement Learning	Z. Wang, et al.	谷歌
	Pixel Recurrent Neural Networks	A. V. Oord, et al.	谷歌
	Ensuring Rapid Mixing and Low Bias for Asynchronous Gibbs Sampling	C. D. Sa, et al.	斯坦福大学
2015	Optimal and Adaptive Algorithms for Online Boosting	A. Beygelzimer, et al.	雅虎
	A Nearly-Linear Time Framework for Graph-Structured Sparsity	C. Hegde, et al.	麻省理工学院

数据表明，美国机构在 ICML 国际顶级会议论文接受数量和质量方面均遥遥领先，其中，谷歌公司综合研究实力大幅度领先于其他机构。

（4）ICML 近五年高被引学者分析

ICML 在人工智能领域国际会议中排第四，其 H5 指数为 151，2015—2019 年接受论文引用量显示，谷歌的两篇优质论文的引用量大幅领先于其他论文，高被引学者前 10 名榜单如表 2.2.4 所示。

表 2.2.4　2015—2019 年 ICML 高被引学者

序号	姓名	所在单位	总引用量
1	Christian Szegedy	谷歌	18967
2	Sergey Ioffe	谷歌 AI	18955
3	Ruslan Salakhutdinov	卡内基梅隆大学	7374
4	Yoshua Bengio	蒙特利尔大学	7172
5	Richard S. Zemel	多伦多大学	6174
6	Aaron C. Courville	蒙特利尔大学	6148
7	Michael I. Jordan	加州大学伯克利分校	5905
8	Kyunghyun Cho	纽约大学	5817
9	Pieter Abbeel	加州大学伯克利分校	5808
10	Ryan Kiros	多伦多大学	5755

（5）ICML 近五年企业作者论文情况分析

统计分析 2015—2019 年 ICML 会议收录论文显示，高被引排名前 20 的论文中有企业作者参与的共 13 篇，其中谷歌参与 6 篇、脸书和 DeepMind 参与各 2 篇，OpenAI、英伟达、苹果、百度等公司参与各 1 篇。美国企业参与度非常高，达 8 家之多，中国仅百度 1 家参与了 1 篇 ICML 高被引论文。引用数量最多的热点文章主要关注以下几方面的问题：通过规格化层输入解决内部协变量移位问题，以提高深度神经网络学习速率；研究基于注意的模型以自动学习描述图像的内容；研究一种可以替代传统的 GAN 训练的替代算法，称为 Wang 算法；研究具有保证单调改进的优化控制策略的方法（称为信赖域策略优化 TRPO）；研究将 Dropout 训练作为贝叶斯模型近似，以表示深度学习中的模型不确定性。

2.2.3.2 NeurIPS

神经信息处理系统研讨会（Conference and Workshop on Neural Information Processing Systems，以 NeurIPS 代之）是由神经信息处理系统（NIPS）协会主办的机器学习和计算神经科学的国际顶级会议，每年一届，近年投稿论文量大幅增长，而接受率处于下降趋势。2020 年投稿量达 9454，接受率为 20.10%（见图 2.2.10）。早期 NeurIPS 会议主要关注解决纯粹工程问题和使用计算机模型作为理解生物神经系统的工具，近期 NeurIPS 会议主要关注机器学习、人工智能和统计学等方面主题。2018 年 11 月 17 日，神经信息处理系统基金会董事会决定将会议的官方缩略词从 NIPS 更改为 NeurIPS。

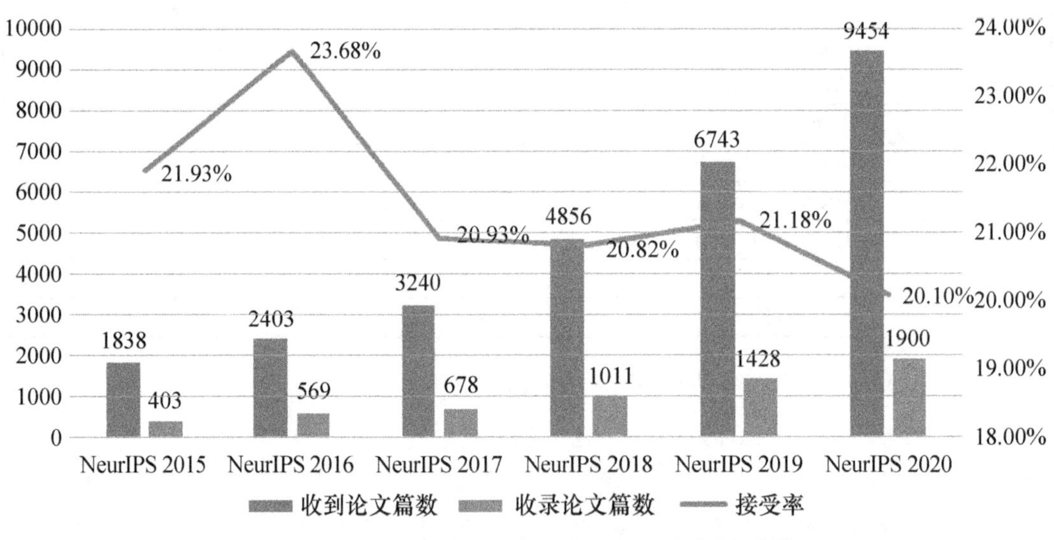

图 2.2.10　2015—2020 年 NeurIPS 论文接受情况

（1）主要国家（地区）投稿 NeurIPS 情况统计分析

统计 NeurIPS 会议 2015—2020 年论文接受情况显示，美国承包了将近一半的论文，约占总数的 50%，与其他国家（地区）相比具有绝对的优势；中国发文量占比 16.92%，仅次于美国，大幅领先其他国家；英国、以色列、加拿大、日本、印度、法国、瑞士、德国、澳大利亚在接受论文数量上相差无几，占总论文篇数的 2%～5%。2015—2020 年 NeurIPS 发文量前 20 位的国家（地区）详情示于图 2.2.11 中。

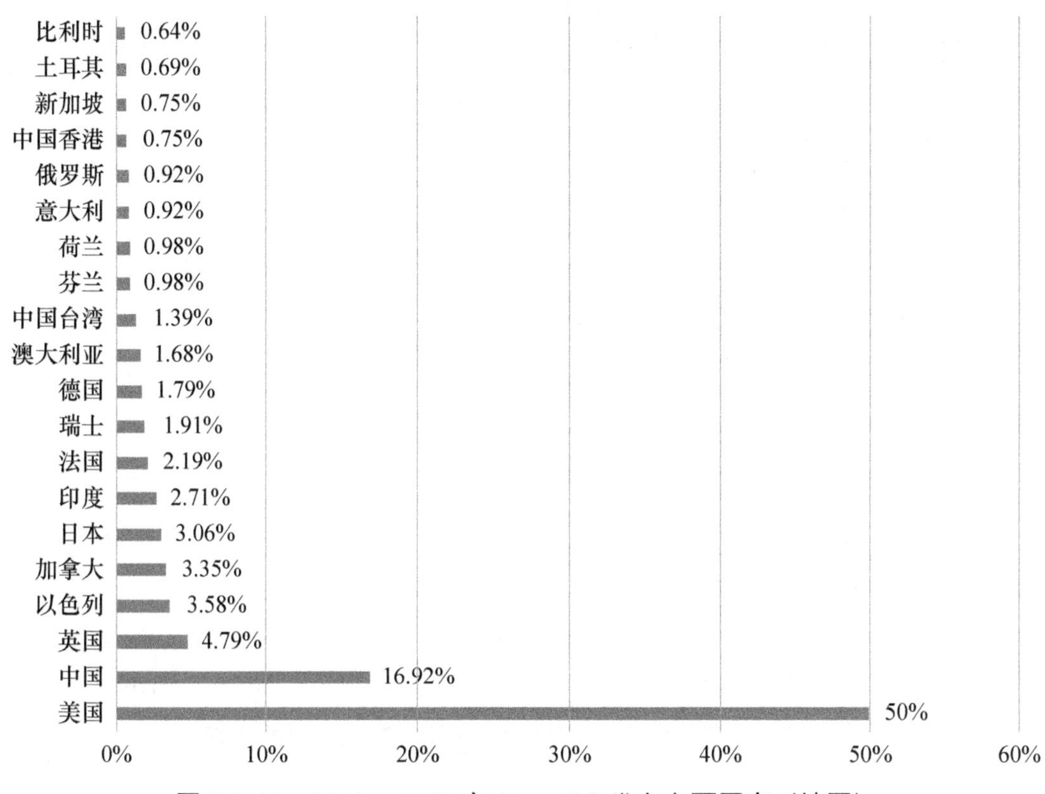

图 2.2.11　2015—2020 年 NeurIPS 发文主要国家（地区）

（2）研究机构投稿 NeurIPS 情况统计分析

使用 AMiner 大数据平台挖掘 NeurIPS 会议 2015—2019 年接受的论文，统计论文第一作者所在研究机构情况显示，论文接受数量排名前 20 的研究机构中美国独占 14 家，英国占 3 家排名第二，加拿大、以色列和中国各占 1 家。卡内基梅隆大学、麻省理工学院和谷歌在发文量方面形成第一梯队，详情如图 2.2.12 所示。

（3）NeurIPS 最佳会议论文情况分析

如表 2.2.5 所示，2015—2020 年 NeurIPS 会议最佳论文共 15 篇，其中 10 篇的第一作者为美国机构学者，另外有 2 篇最佳论文第一作者为加拿大机构学者，各有 1 篇最佳论文第一作者为中国、英国和意大利机构学者。NeurIPS 会议 15 篇最佳论文中 4 篇来自企业，11 篇来自高校。NeurIPS 会议成为机器学习领域科研机构和科技企业学术交流的重要平台。

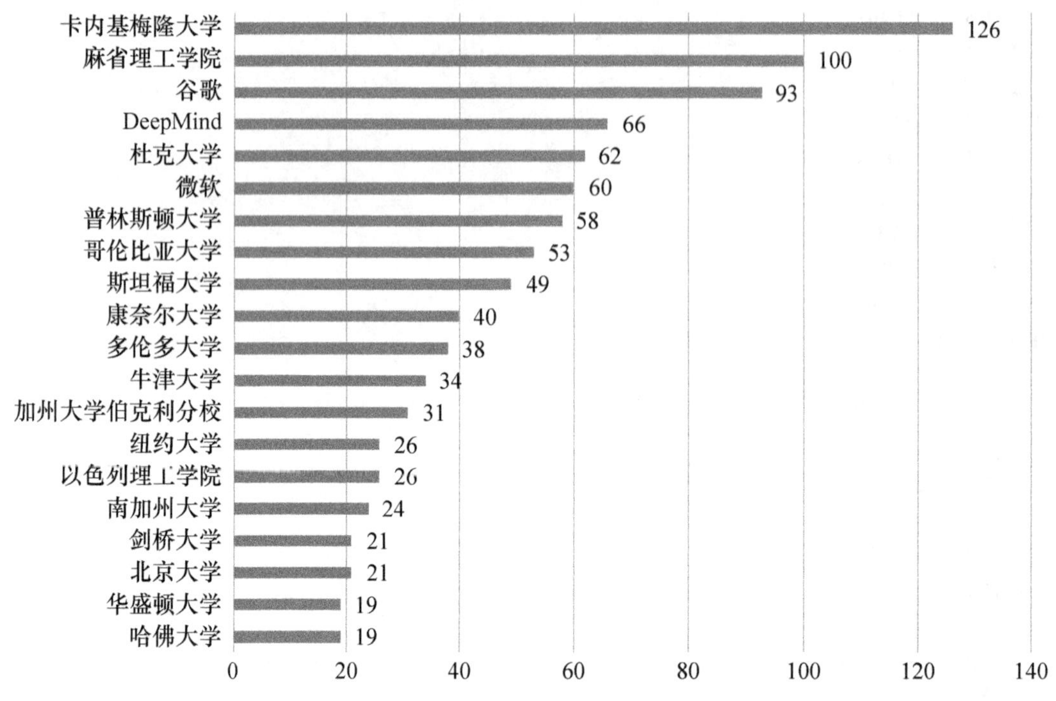

图 2.2.12　2015—2019 年 NeurIPS 发文主要研究机构

表 2.2.5　2015—2020 年 NeurIPS 最佳会议论文

NeurIPS（Conference and Workshop on Neural Information Processing Systems）			
年份	论文标题	作者	机构
2020	Language Models are Few-Shot Learners	T. Brown, et al.	OpenAI
	No-Regret Learning Dynamics for Extensive-Form Correlated Equilibrium	A. Celli, et al	米兰理工大学
	Improved guarantees and a multiple-descent curve for Column Subset Selection and the Nystrom method	M. Dereziński, R. Khanna, M. W. Mahoney	加州大学伯克利分校
2019	Distribution-Independent PAC Learning of Halfspaces with Massart Noise	I. Diakonikolas, T. Gouleakis, C. Tzamos	威斯康星大学麦迪逊分校、马克斯·普朗克研究所
	Uniform convergence may be unable to explain generalization in deep learning	V. Nagarajan, J. Z. Kolter	卡内基梅隆大学，博世 AI 中心

（续表）

NeurIPS（Conference and Workshop on Neural Information Processing Systems）			
年份	论文标题	作者	机构
2018	Non-delusional Q-learning and Value-iteration	T. Lu, D. Schuurmans, C. Boutilier	谷歌 AI
	Optimal Algorithms for Non-Smooth Distributed Optimization in Networks	K. Scaman, Y. Lee, et al	华为诺亚方舟实验室，微软
	Nearly Tight Sample Complexity Bounds for Learning Mixtures of Gaussians via Sample Compression Schemes	H. Ashtiani, et al	麦克马斯特大学
	Neural Ordinary Differential Equations	T. Chen, et al	多伦多大学
2017	Safe and Nested Subgame Solving for Imperfect-Information Games	N. Brown, T. Sandholm	卡内基梅隆大学
	Variance-based Regularization with Convex Objectives	H. Namkoong, J. Duchi	斯坦福大学
	A Linear-Time Kernel Goodness-of-Fit Test	W. Jitkrittum, et al.	伦敦大学学院
2016	Value Iteration Networks	A. Tamar, et al.	加州大学伯克利分校
2015	Competitive Distribution Estimation: Why is Good-Turing Good	A. Orlitsky, A. Suresh	加州大学圣迭哥分校
	Fast Convergence of Regularized Learning in Games	V. Syrgkanis, et al.	微软

数据表明，美国机构在 NeurIPS 国际顶级会议论文接受数量和质量方面均遥遥领先，其中，卡内基梅隆大学、麻省理工大学、谷歌公司综合研究实力处于第一梯队。

（4）NeurIPS 近五年高被引学者分析

NeurIPS 在人工智能领域国际会议中排第二，其 H5 指数为 192，2015—2019 年论文高被引学者前 10 名榜单如表 2.2.6 所示。

（5）NeurIPS 近五年企业作者论文情况分析

统计分析 2015—2019 年 NeurIPS 会议收录论文显示，高被引前 20 名的论文有企业作者参与的共 14 篇，其中 Momenta 和脸书公司研究人员各参与 6 篇，谷歌公司研究人员参与 3 篇，OpenAI、苹果、DeepMind、Covariant.ai 和旷视科技等公司研究人员各参与 2 篇，商汤科技和虎博科技研究人员各参与 1 篇。美中两国企业参与度高，美国有 6 家、中国有 4 家企业参与 NeurIPS 高被引论文。引用数量最多的热点文章主要关注以下几方面问题：基于 Faster R-CNN 的实时目标检测方法；研究一种与监测网络共享全图像卷积特征的区域建议网络（RPN），对 RPN 进行端对端的检测，以生成高质量的区域提议，快速 R-CNN 使用这些提议进行检测；研究可以用于生成对抗网络（GAN）框架的结构特征和训练程序；研究允许对网络内的数据进行空间操作的可学习模块，空间转换器；基于有效网络权值和连接的学习方法。

表 2.2.6　2015—2019 年 NeurIPS 高被引学者

序号	姓名	所在单位	总引用量
1	Jian Sun	旷视科技	22113
2	Kaiming He	脸书 AI	22057
3	Ross B. Girshick	脸书 AI	19397
4	Shaoqing Ren	Momenta	19387
5	Noam Shazeer	谷歌	19379
6	Ashish Vaswani	谷歌 Brain	19358
7	Lukasz Kaiser	谷歌 AI	19351
8	Jakob Uszkoreit	谷歌	19329
9	Koray Kavukcuoglu	DeepMind	6818
10	Xi Chen	纽约大学	6052

2.2.4　专利申请情况（2006—2020 年）

本节统计分析机器学习领域专利情况，揭示近年全球机器学习技术的专利布局态势和竞争格局。

2.2.4.1　主要国家（地区）专利申请态势分析

（1）主要国家（地区）专利申请趋势分析

机器学习是人工智能产业的关键核心技术，从 1980 年开始就作为一支独立的力量登上历史舞台，经过约 40 年的持续创新和应用，已成为支撑人工智能产业发展的核心动力，发展势头迅猛。根据数据统计，将机器学习全球专利申请趋势大致分为萌芽阶段、发展阶段、应用阶段、成熟阶段 4 个阶段，详情如图 2.2.13 所示。

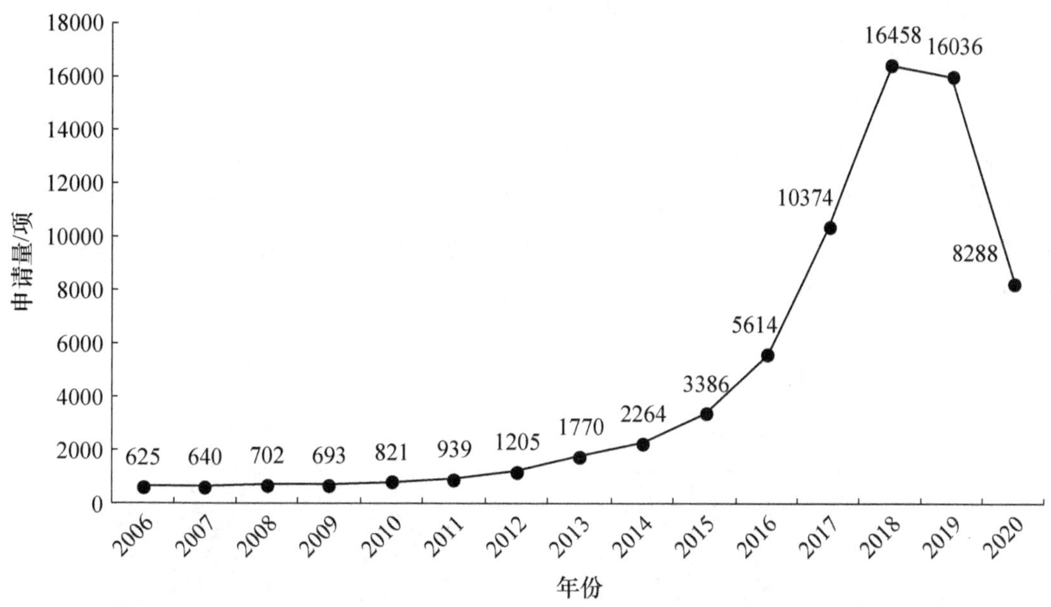

图 2.2.13　机器学习领域主要国家（地区）专利申请趋势图

萌芽阶段（2006—2011 年）：主要国家（地区）专利申请数量从 625 项增长至 2011 年的 939 项，其中 2009 年申请量略有减少，整体而言，该阶段申请量变化趋势较为缓慢，但整体呈现上升趋势。

发展阶段（2012—2015 年）：主要国家（地区）专利申请数量年均增长明显，2015 年专利申请数量达到 3386 项，为 2011 年的 3.6 倍。

应用阶段（2016—2018 年）：主要国家（地区）专利申请增长加速，达年均约 60%，2018 年专利申请数量达到 16458 项，约为 2015 年 5 倍。

成熟阶段（2019 年至今）：该阶段主要国家（地区）专利申请数量持续保持高位，2019 年申请量分别为 16036，略少于 2018 年，2020 年已公开专利申请量为 8288 项；总体而言，机器学习仍是热点研究领域，众多机器学习算法还需要不断完善和创新。

（2）主要国家（地区）专利申请情况分析

如图 2.2.14（a）所示，中美两国是机器学习技术创新大国，其全球专利申请量分别为 32944 项和 20559 项，两国申请量占总申请量的 79.43%；日本、韩国和欧洲专利局相关国家的专利申请量分别占 8.14%、6.94%、5.50%，相较于中美两国有明显差距。

如图 2.2.14（b）所示，中美两国是机器学习技术主要布局的目标市场，在中美两国专利申请量分别为 35478 项和 23678 项，以中美为目标市场的申请量占比约 84.74%；日本、韩国和欧洲专利局的专利申请占比约为 6.89%、6.48%和 1.90%，相较于中美两国的专利布局差距很大。

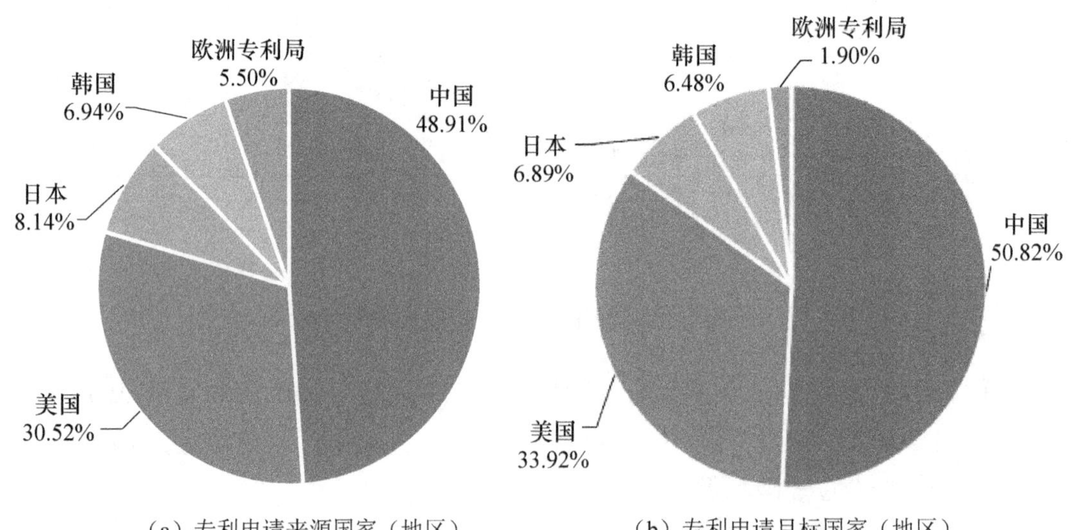

（a）专利申请来源国家（地区）　　（b）专利申请目标国家（地区）

图 2.2.14　机器学习领域主要国家（地区）专利申请情况

人工智能科学技术的快速发展、开放的市场环境、巨大的市场需求和海量的数据资源，使得中美两国既是机器学习技术的来源国，也是机器学习技术专利布局目标国，中美成为机器学习技术创新最活跃的国家。

（3）主要国家（地区）专利申请流向分析

如表 2.2.7 所示，中国的专利绝大部分在本土申请，占比高达 97.7%，在美国、韩国、日本和欧专局的专利申请量仅占所在申请国家（地区）总申请量的 1.89%、0.72%、1.48%、3.89%。美国的专利也大部分在本土申请，占比为 77.07%，在中国、韩国、日本和欧洲专利局的专利申请量占所在申请国家（地区）总申请量的 7.21%、11.11%、18.48%和 39.76%。韩国、日本和欧洲专利局的相关国家的专利首先布局本国（地区）市场，其次皆把美国作为第一重要市场、中国作为第二重要市场进行专利布局。

表 2.2.7　机器学习领域主要国家（地区）专利申请量流向分布

技术来源国家（地区）	技术目标国家（地区）				
	中国	美国	韩国	日本	欧洲专利局
中国	32587	482	39	94	143
美国	2406	19668	602	1174	1461
韩国	272	820	4436	78	185
日本	1099	1714	172	4741	421
欧洲专利局	1197	2535	166	265	1465

总体而言，中美两国是全球专利申请最活跃的国家，但中国专利在海外布局不足，不利于中国企业在海外的发展得到有效保护；相应美国专利全球布局最为完善，在中、日、韩和欧洲等主要市场皆布局了较大比例的专利；韩国、日本和欧洲专利局相关国家则更注重专利的全球布局，尤其重视在美中两国寻求专利保护。

（4）主要国家（地区）专利主要申请人分析

机器学习领域全球前 10 名专利申请人情况如图 2.2.15 所示，IBM 公司以 2115 项专利申请位列第一，微软和腾讯分列第二、第三；前 10 名申请人包含美国 6 家企业、中国 2 家企业和 1 所高校、韩国 1 家企业。总体而言，美国起步早，掌握了领先的关键核心技术，构建了完善的产业生态，拥有最多科技巨头和初创新锐企业，其机器学习技术处于全球领先地位；得益于人工智能产业快速发展，中国近年来在机器学习领域不断取得创新成果、行业落地应用丰富，发展势头迅猛。

2.2.4.2　中国专利申请态势分析

（1）中国专利申请趋势分析

以 2011 年和 2016 年为节点，可大致将机器学习领域中国专利申请分为技术发展、技术增长和技术应用三个阶段，详情如图 2.2.16 所示。

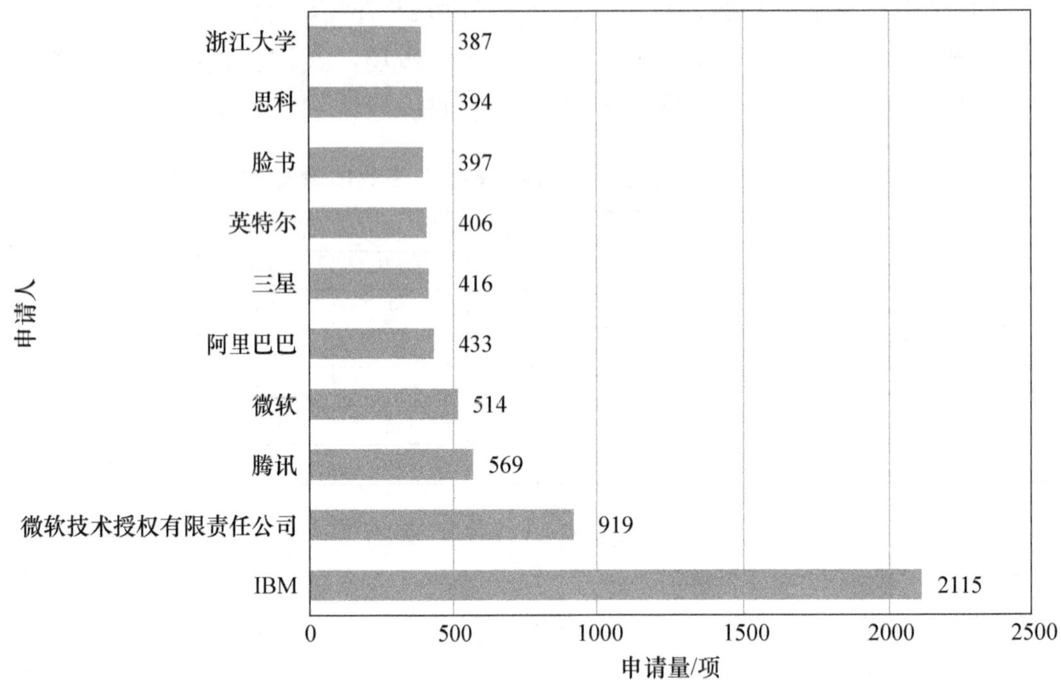

图 2.2.15　机器学习领域专利主要申请人排名

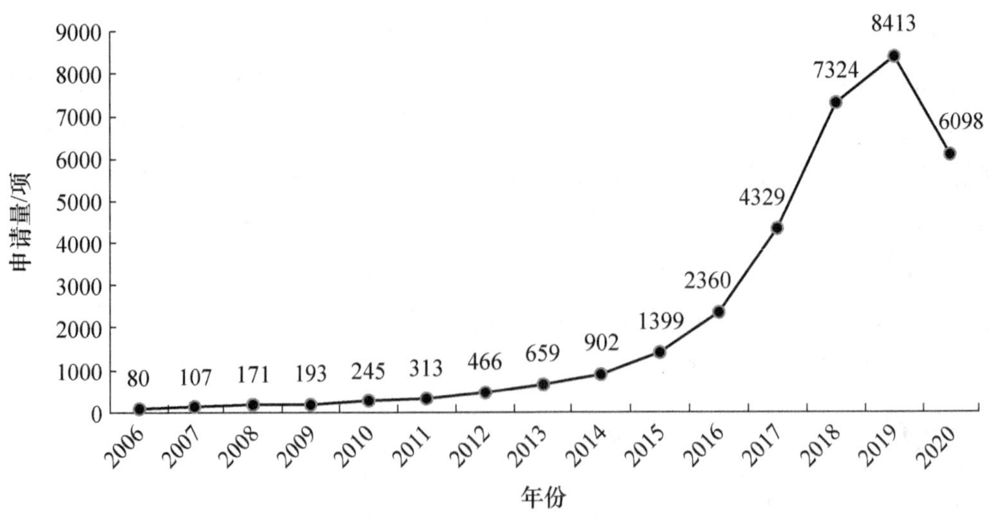

图 2.2.16　机器学习领域中国专利申请趋势图

技术发展阶段（2006—2011 年）：我国机器学习领域专利申请量少，申请量缓慢增长，年均增长量约 49 项。

技术增长阶段（2012—2015 年）：随着人工智能技术的快速升温，我国机器学习领域技术创新速度加快，专利申请量增长速度加快、年均增长量达 217 项。

技术应用阶段（2016 年至今）：随着人工智能产业迅猛发展，人工智能技术落地应用大范围拓展，机器学习领域专利申请量呈指数型增长，截至 2019 年（2020 年专利申请尚未完全公开），年均增长量高达 1753 项。

（2）中国专利主要申请人分析

我国机器学习领域前 10 名专利申请人情况如图 2.2.17 所示，腾讯以 569 件专利位居第一，且具有明显优势；前 10 名申请人包含 5 家企业和 5 所高校，企业分布于互联网、游戏、自动驾驶、能源、家电和金融等行业。总体而言，我国人工智能产业发展的巨大需求推动了机器学习领域技术创新，实现了在多应用场景落地应用，促进了传统产业数字化智能化转型，发展前景值得期待。

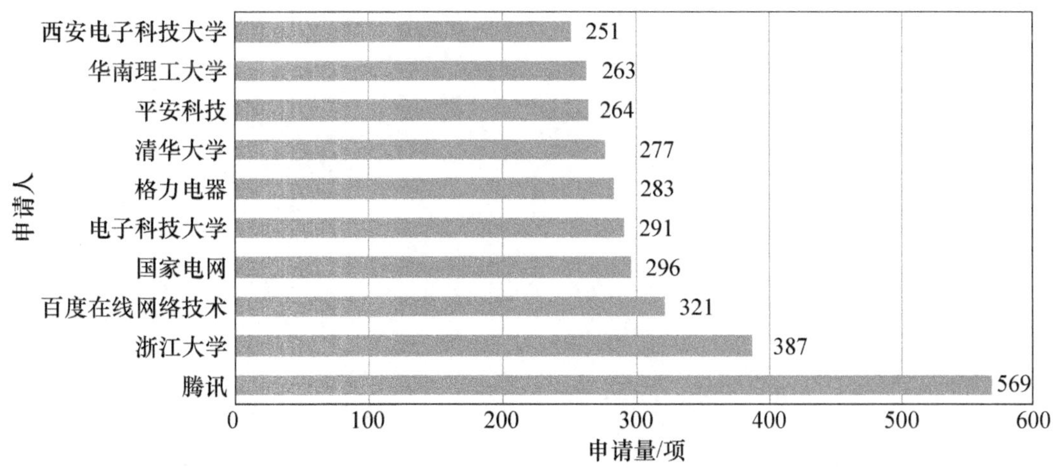

图 2.2.17　机器学习领域中国专利主要申请人排名

2.3 本章小结

通过分析近年来 AI 芯片和机器学习领域的高水平论文和专利，挖掘出相关关键词，研究了该领域全球高水平论文、专利、研究机构、人才等分布情况。

分析发现，美国和欧洲发达国家的研究水平遥遥领先，人工智能领域的发展水平与各地区的科技、经济实力情况大体一致。中国的 AI 芯片行业尚处于起步阶段，机器学习领域虽然取得了阶段性成果，但研究实力与美国相比相差较远，尤其是在机器学习领域顶级会议如 ICML 和 NeurIPS 上发表高水平论文的情况。中国在人工智能基础层的研究和与寻求发达国家之间合作的道路上，任重而道远。

第 3 章 人工智能技术层产业领域发展态势

如前所述，中国电子学会发布的《新一代人工智能发展白皮书（2017年）》将新一代人工智能产业分为基础层、技术层和应用层，其中技术层主要包括计算机视觉、语音识别和自然语言处理三大领域。为进一步了解人工智能技术层产业领域发展态势，本章将分别从市场概况、论文发表、顶级会议统计、专利申请、机构组成和学者分布 6 个方面，对计算机视觉、语音识别和自然语言处理三个领域展开统计和分析。

3.1 计算机视觉产业发展概况

目前，计算机视觉已在光学字符识别（OCR）、人脸检测和识别、物体检测等领域的多个大数据性能测评中超过人眼。具体而言，计算机视觉领域的主要技术包括 5 个方面，分别为图像分类、对象检测、目标跟踪、语义分隔和实例分隔，各项技术已广泛应用于自动驾驶、智能安防、医疗和消费等领域，是人工智能技术中落地最广的技术之一。未来，随着人们对安全和效率需求的不断提升，国家政策对人工智能行业的支持不断加大，计算机视觉技术发展空间巨大。

3.1.1 计算机视觉产业市场规模、投融资情况

3.1.1.1 市场规模

我国计算机视觉技术虽起步较晚，目前产业发展仍处于初创期，但发展空间巨大。前瞻产业研究院发布的《2020—2025 年中国计算机视觉行业市场前瞻与投资规划分析报告》统计数据显示，2016 年，我国人工智能领域的计算机视觉行业市场规模仅为 11.4 亿元。2017 年和 2018 年，我国计算机视觉行业市场规模分别达到 36.1 亿元、101.4 亿元。2019 年，我国计算机视觉行业市场规模达到 219.6 亿元，较 2018 年增长 236.29%。根据艾媒咨询的数据，随着我国人工智能技术的逐渐成熟及应用领域的逐步拓宽，以及英特尔、IBM、商汤科技、云从科技等公司在计算机视觉行业的技术研发和创新，预计 2020 年我国计算机视觉行业市场规模将进一步扩大，有望达到 780 亿元（本书成稿时尚无正式数据），行业未来发展态势良好。

3.1.1.2 投融资情况

前瞻产业研究院的《中国人工智能行业市场前瞻与投资战略规划分析报告》数据显示，2019 年中国科技企业技术研发投入约为 4005 亿元，其中人工智能算法研发投入占比为 9.3%，超过 370 亿元，且大部分投入来自互联网科技公司。其中，计算机视觉领域的研发投入占比为 22.5%，较人工智能技术层产业其他领域（语音识别和自然语言处理）研发投入更大。从国内来看，“AI 四小龙”在计算机视觉领域也获得了大量融资，如表 3.1.1 所示。随着计算机视觉核心技术不断演进，相关应用越来越广泛，应用领域逐渐拓宽，未来计算机视觉领域将吸引更多关注和投资。

表 3.1.1 “AI 四小龙”投融资情况

序号	机构	融资时间	融资轮次	投资方	融资金额
1	商汤科技	2014 年 11 月	天使轮	IDG 资本	数千万美元
2		2016 年 4 月	A 轮	StarVC	千万美元
3		2016 年 12 月	B 轮	万达集团、鼎晖投资、StarVC、IDG 资本	1.2 亿美元

（续表）

序号	机构	融资时间	融资轮次	投资方	融资金额
4	商汤科技	2017 年 7 月	B+轮	著名投资人梁伯韬、东方国际、华融国际、赛领资本、海阔天空创投、盈峰控股、东方证券、中平资本、尚珹投资、光际资本、五源资本、中金公司、基石资本、TCL 创投、招商证券、华兴新经济基金	2.9 亿美元
5		2017 年 11 月	战略融资	高通创投	未披露
6		2017 年 11 月	战略融资	阿里巴巴	15 亿元人民币
7		2017 年 12 月	战略融资	松禾资本	未披露
8		2018 年 4 月	C 轮	阿里巴巴、淡马锡、苏宁易购	6 亿美元
9		2018 年 5 月	C+轮	银湖资本、Tiger Global Management、富达国际、深创投、厚朴投资、自贸区基金、全明星投资 All-Stars Investment、高通创投、保利资本、中银投资	6.2 亿美元
10		2018 年 9 月	D 轮	软银愿景基金	10 亿美元
11	云从科技	2015 年 4 月	天使轮	佳都科技	5000 万元人民币
12		2016 年 12 月	A 轮	杰翱资本	数千万元人民币
13		2017 年 1 月	股权融资	金泉投资	未披露
14		2017 年 11 月	B 轮	顺为资本、元禾原点、普华资本、广州基金、杰翱资本、佳都科技、兴旺投资、星河・领创天下、越秀产业基金	5 亿元人民币
15		2018 年 7 月	股权融资	国新央企、友邦投资、北京易添富	未披露
16		2018 年 10 月	B+轮	粤科金融、中国国新、广州基金、联升资本、渤海产业投资基金、创领资本、元禾原点、前海德昇、刘益谦、张江星河、越秀金控	10 亿元人民币
17		2019 年 3 月	股权融资	盛世景、国新央企、张江浩成、金泉投资、新余卓安投资管理中心（有限合伙）、旺泰恒辉投资基金、粤科鑫泰股权投资基金	未披露

（续表）

序号	机构	融资时间	融资轮次	投资方	融资金额
18	云从科技	2019 年 6 月	股权融资	海尔资本、新鼎资本、中网投、星河湾创投	未披露
19		2019 年 9 月	股权融资	上海国盛集团、众安资本、保运基金	未披露
20		2020 年 5 月	C 轮	中网投、上海国盛集团、南沙金控、长三角产业创新基金、工商银行、海尔金控、信中利资本、工银亚投	18 亿元人民币
21	旷视科技	2011 年 11 月	天使轮	联想之星	数百万元人民币
22		2013 年 4 月	A 轮	联想创投、创新工场	数百万美元
23		2014 年 9 月	战略融资	蚂蚁金服	未披露
24		2015 年 5 月	B 轮	启明创投、创新工场	4700 万美元
25		2016 年 12 月	B+轮	启明创投、富士康、建银国际	1 亿元人民币
26		2017 年 10 月	C 轮	中国国有资本风险投资基金、富士康、蚂蚁金服、中俄投资基金、阳光保险、渤海华美、SK 中国	4.6 亿美元
27		2019 年 5 月	D 轮	工银资管有限公司、阿布扎比投资局、中银投资、麦格理资本、阿里巴巴	7.5 亿美元
28	依图科技	2012 年 9 月	天使轮	真格基金	100 万美元
29		2014 年 11 月	A 轮	红杉资本中国、高榕资本	数百万美元
30		2016 年 6 月	B 轮	云锋基金	数千万美元
31		2017 年 5 月	C 轮	高瓴资本、红杉资本中国、云锋基金、真格基金、高榕资本	3.8 亿元人民币
32		2017 年 12 月	C+轮	众为资本	未披露
33		2018 年 6 月	C++轮	高成资本、工银国际、浦银国际	2 亿美元
34		2018 年 7 月	战略融资	兴业资管	1 亿美元
35		2019 年 5 月	战略融资	联新资本、高榕资本、上海科创基金	未披露
36		2020 年 3 月	战略融资	润诚产业领航基金	3000 万美元
37		2020 年 6 月	战略融资	红杉资本中国、高瓴资本、天壹资本、东方明珠传媒产业基金、科创投集团、张江火炬创投	未披露

3.1.2　近五年 SCI 论文统计（2016—2020 年）

3.1.2.1　主要国家（地区）研究能力及与中国大陆合作情况统计分析

以人工智能领域技术层的关键技术“Computer Vision”为检索条件，使用 Web of Science 数据库对 2016—2020 年发表的 SCI 期刊论文进行检索。经分析，计算机视觉领域共计收录 25030 篇 SCI 论文，其中中国和美国研究实力最强，发文量分别为 7249 篇和 4850 篇，占比分别为 28.96%和 19.38%；印度研究实力居三，SCI 论文发表量为 2052 篇；英国、德国、西班牙、澳大利亚、意大利、韩国、加拿大、法国等国家的研究实力也处于世界前列。计算机视觉领域主要国家（地区）发文量如图 3.1.1 所示。

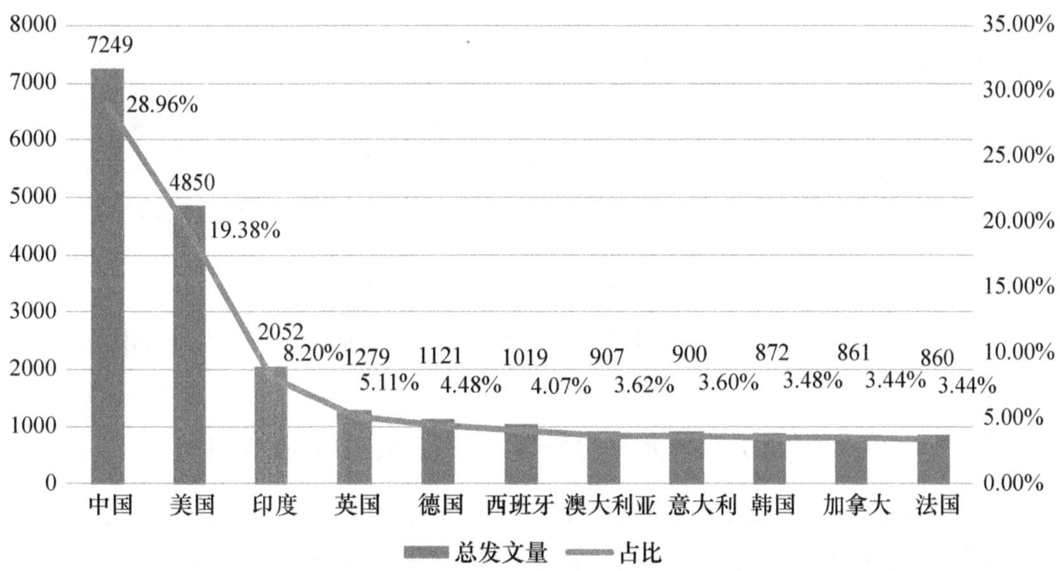

图 3.1.1　2016—2020 年计算机视觉领域主要国家（地区）SCI 期刊发文量

进一步，使用 Web of Science 对计算机视觉领域筛选出 2016—2020 年中国发表 SCI 期刊论文 7249 篇。分析发现，如图 3.1.2 所示，中国大陆与美国合作发文 752 篇，合作率为 15.51%；与新加坡合作发文 152 篇，合作率最高，值为 41.76%；与澳大利亚、爱尔兰合作发文量分别为 271 篇、合作率为

29.88%和 40 篇、合作率 24.69%；与芬兰、加拿大、英国、德国、中国台湾、日本、西班牙、韩国等均有较好的合作。

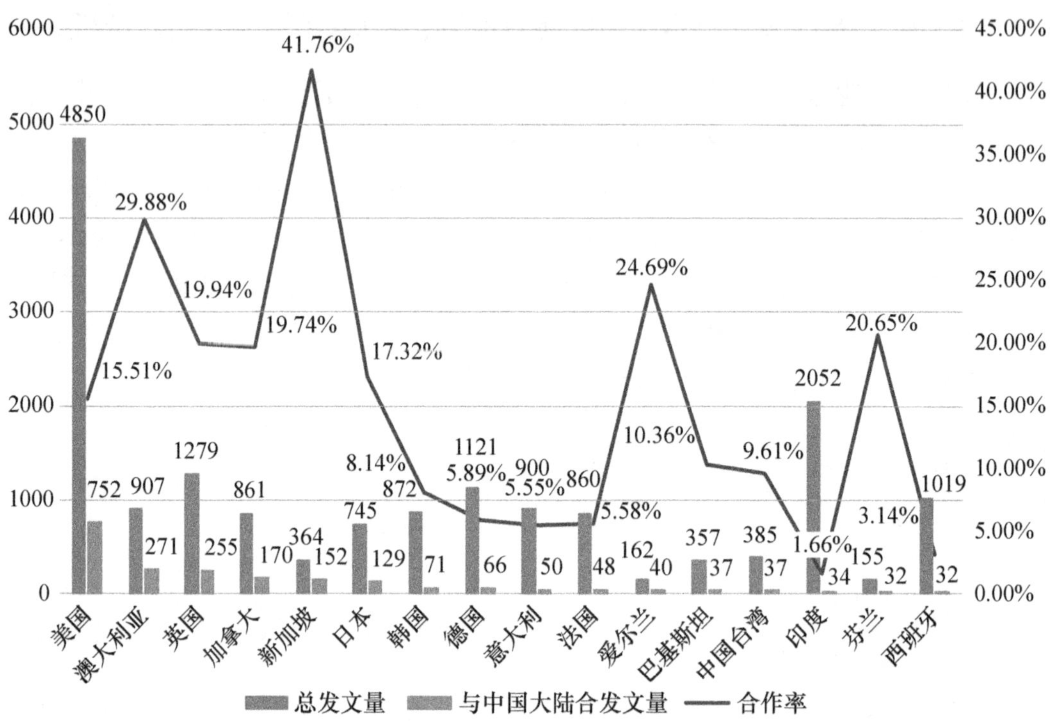

图 3.1.2　2016—2020 年计算机视觉领域主要实体发文量及与中国大陆合作情况

3.1.2.2　主要研究机构研究能力及与中国大陆合作情况统计分析

根据 Web of Science 数据，对计算机视觉领域 2016—2020 年发表的 25030 篇 SCI 期刊论文进行分析，发文量排前 20 名的研究机构中，中国独占 16 家，位居第二的美国占 3 家，新加坡占 1 家。全球计算机视觉领域 SCI 期刊论文发表量排前 20 名的研究机构具体情况示于图 3.1.3 中。

进一步，使用 Web of Science 数据库，筛选出计算机视觉领域 2016—2020 年中国发表 SCI 期刊论文，共计 7249 篇。经分析发现，如图 3.1.4（a）所示，中国香港地区与大陆合作发文量最多，香港中文大学、香港理工大学、香港城市大学分别位于前 3 名；新加坡、美国、澳大利亚等国的高校也与中国大陆有较强的合作；如图 3.1.4（b）所示，卡内基梅隆大学、麻省理工学院、斯坦福大学、慕尼黑工业大学等计算机视觉领域研究实力很强的欧美机构也与中国大陆建立了合作关系，但合作率普遍较低。

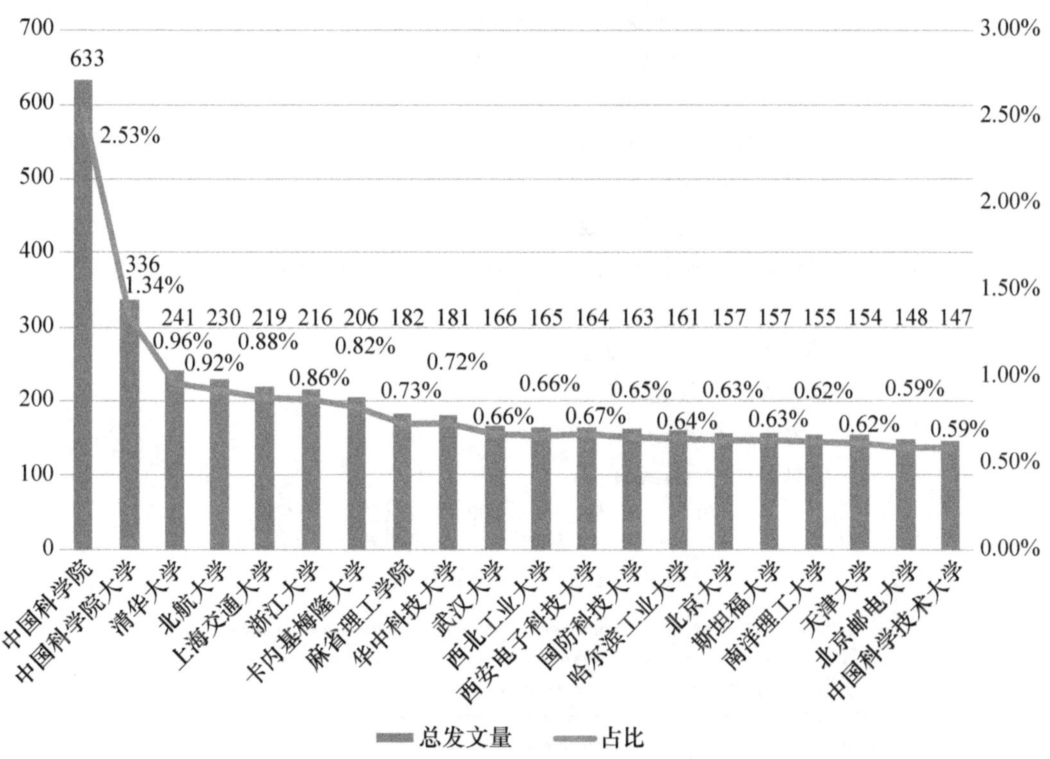

图 3.1.3　2016—2020 年计算机视觉领域发文量前 20 名的机构

通过以上数据可知，在计算机视觉领域，美国 SCI 期刊论文发表数量、优势研究机构等方面均处于领先地位，其研究实力遥遥领先；中国在发表论文数量上略高于美国，但优势研究机构远落后于美国；与中国大陆合作发表 SCI 论文的机构大多集中于香港地区，而欧美优势研究机构与中国大陆合作的比例很小。

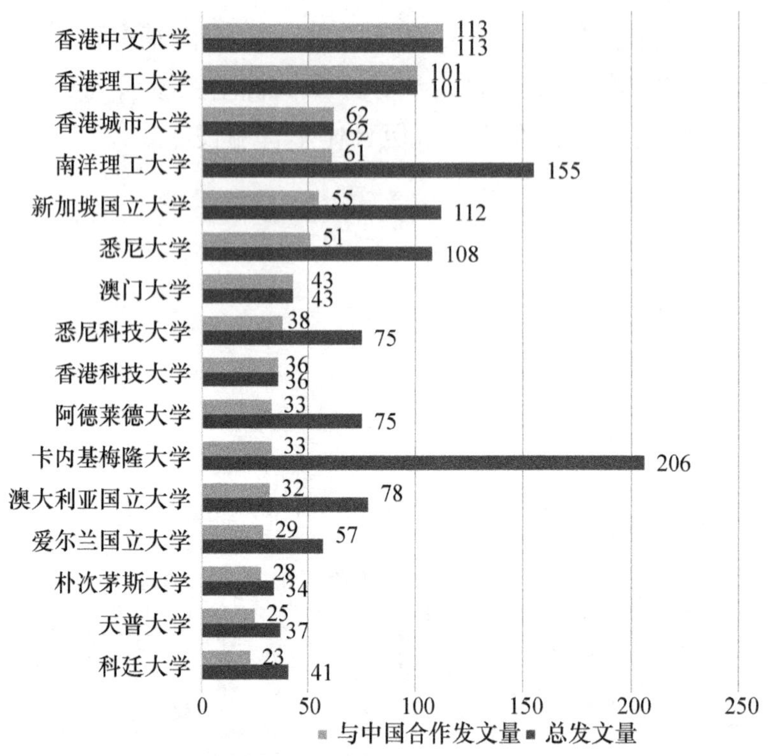

（a）与中国大陆合作发文量前 16 的研究机构

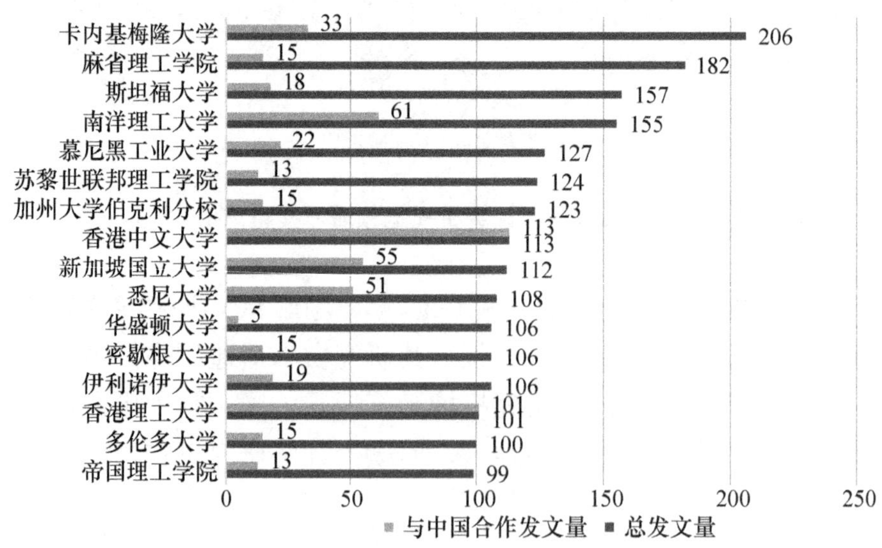

（b）发文量前 16 的研究机构与中国大陆合作情况

图 3.1.4 2016—2020 年计算机视觉领域与中国大陆合作发表论文的研究机构

3.1.3　顶级会议统计情况

以计算机视觉领域的 ICCV 和 CVPR 两个顶级会议为例，分析 2015 年以来主要国家（地区）研究机构投稿情况，并据此分析计算机视觉领域的发展趋势。

3.1.3.1　ICCV

ICCV（IEEE International Conference on Computer Vision，国际计算机视觉大会）是计算机视觉方向的顶级会议之一，通常每两年召开一次，2005 年 10 月在北京召开。会议收录论文的内容包括底层视觉与感知，颜色、光照与纹理处理，分割与聚合，运动与跟踪，立体视觉与运动结构重构，基于图像的建模，基于物理的建模，视觉中的统计学习，视频监控，物体、事件和场景的识别，基于视觉的图形学，图片和视频的获取，性能评估，具体应用等。ICCV 是计算机视觉领域最高级别的会议，会议的论文收录率较低，会议论文集代表了计算机视觉领域最新的发展方向和水平。

（1）主要国家（地区）投稿 ICCV 情况统计分析

使用 AMiner 大数据平台挖掘计算机视觉领域近五年的论文，提取论文中作者所在国家（地区），如图 3.1.5 所示，中国投稿数量最多，占比为 39.42%，

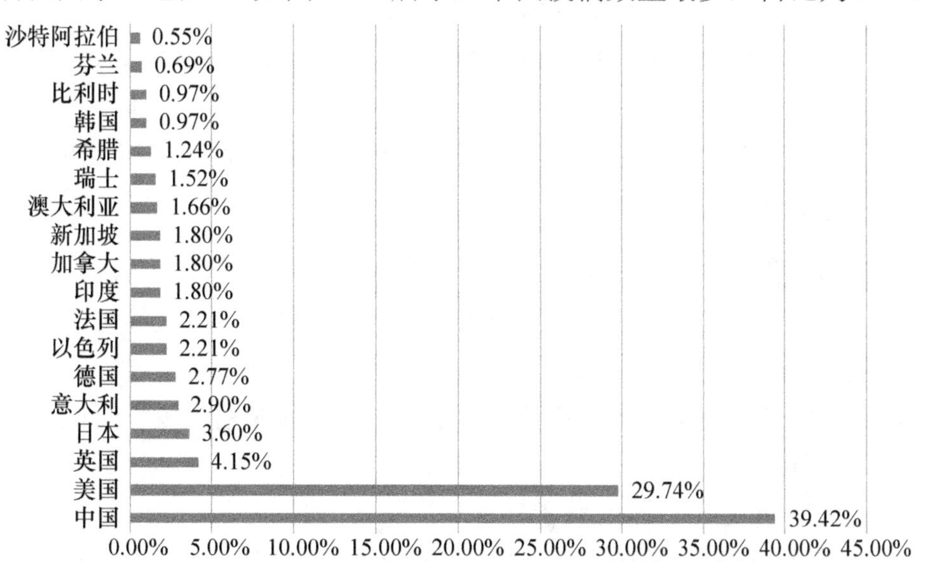

图 3.1.5　2016—2020 年计算机视觉技术 ICCV 发文的主要国家（地区）

美国次之，占比为 29.74%。

（2）研究机构投稿 ICCV 情况统计分析

使用 AMiner 大数据平台挖掘计算机视觉领域近五年的论文，提取论文中作者所在高校/机构，如图 3.1.6 所示，香港中文大学投稿数量最多，为 87 篇；排名第二的苏黎世联邦理工学院投稿数量仅为 32 篇，两者相距甚远。

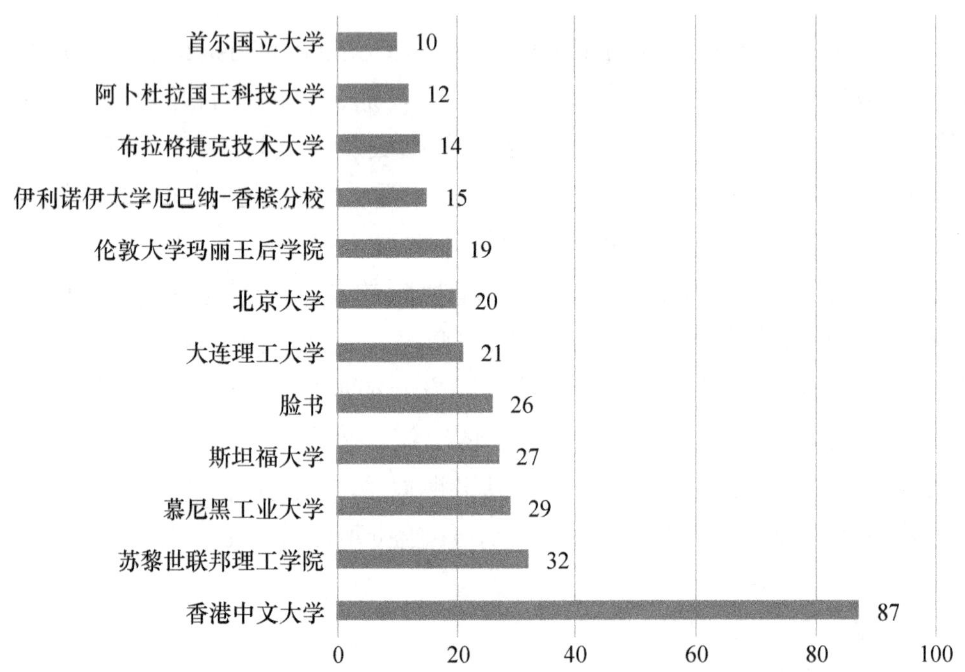

图 3.1.6　2016—2020 年计算机视觉技术 ICCV 发文的主要研究机构

（3）ICCV 最佳会议论文情况分析

如表 3.1.2 所示，2015—2020 年 ICCV 会议共 4 篇最佳论文，均有美国机构参与，其中 3 篇的第一作者为美国机构学者，另外 1 篇最佳论文第一作者为以色列理工学院；同时，ICCV 会议 4 篇最佳论文中 3 篇来自谷歌、脸书、微软等美国知名互联网企业。ICCV 会议成为计算机视觉领域科研机构和科技企业学术交流的重要平台。

（4）ICCV 近五年高被引学者分析

ICCV 近五年排名前 10 的高被引学者中脸书占到 5 位，显示脸书在计算机视觉领域具有明显优势，而中国学者仅有 1 位。高被引学者前 10 榜单如表 3.1.3 所示。

表 3.1.2　ICCV 近五年最佳论文

年份	论文标题	作者	机构
2019	PLMP-Point-Line Minimal Problems in Complete Multi-View Visibility	Timothy Duff, Kathl'en Kohn, Anton Leykin, Tomas Pajdla	佐治亚理工学院、瑞典皇家理工学院、捷克理工大学
	SinGAN: Learning a Generative Model from a Single Natural Image	Tamar Rott Shaham, Tali Dekel, Tomer Michaeli	以色列理工学院、谷歌研究院
2017	Mask R-CNN	何凯明，Georgia Gkioxari，Piotr Dollar，Ross Girshick	脸书 AI 研究院
2015	Deep Neural Decision Forests	Peter Kontschieder, Madalina Fiterau, Antonio Criminisi, Samuel Rota Bulò	微软研究院，卡内基梅隆大学

表 3.1.3　ICCV 近五年高被引学者

序号	姓名	所在机构	总引用量
1	Ross B. Girshick	脸书	17749
2	Kaiming He	脸书	16046
3	Jian Sun	伦斯勒理工学院	9747
4	Xiangyu Zhang	普渡大学	9060
5	Shaoqing Ren	蔚来	8340
6	Georgia Gkioxari	脸书	6847
7	Piotr DollÃ¡R	脸书	6800
8	Alexei A. Efros	加州大学伯克利分校	6315
9	Dhruv Batra	佐治亚理工学院、脸书	5311
10	Phillip Isola	麻省理工学院	5142

（5）ICCV 近五年企业作者论文情况

通过科技情报大数据挖掘与服务系统 AMiner 平台，对 2015—2019 年 ICCV 顶级会议收录的论文进行统计。分析发现，引用次数排前 20 名的会议论文中有高达 15 篇论文均有企业作者参与，分别为脸书 AI 研究院（8 篇）、旷视科技（2 篇），Adobe 研究所、Salesforce 公司、OpenAI、微软研究所、华为诺亚方舟实验室、谷歌、商汤科技、亚马逊、深圳裹动智驾科技有限公司各参与 1 篇。值得提出的是，美国企业占多数（8 家），中国企业居其次（4 家）。另外，引用次数排名前 5 的机器视觉领域的学术论文中，4 篇第一作者均来自脸书 AI 研究院，分别研究基于 Fast R-CNN 和 Mask R-CNN 的目标检测方法，基于整流神经网络的图像分类方法，基于深度三维卷积网络的机器学习算法；一篇来自 Adobe 研究所，提出一种配对训练数据缺乏情况下的图像从源域 X 到目标域 Y 转换的学习方法。

3.1.3.2 CVPR

国际计算机视觉与模式识别会议（International Conference on Computer Vision and Pattern Recognition，CVPR）是计算机视觉方向的顶级会议之一，通常每年召开一次。

（1）主要国家（地区）投稿 CVPR 情况统计分析

使用 AMiner 大数据平台挖掘计算机视觉领域近五年的论文，提取论文中作者所在国家或地区，如图 3.1.7 所示，美国投稿数量最多，占比 34.21%，中国次之，占比 31.14%，两国投稿数量相差不大。

（2）研究机构投稿 CVPR 情况统计分析

使用 AMiner 大数据平台挖掘计算机视觉领域近五年的论文，提取论文中作者所在高校/机构，如图 3.1.8 所示，美国机构投稿数量最多，其中谷歌 73 篇、斯坦福大学 32 篇。上海交通大学 29 篇，排名第五。

（3）CVPR 最佳会议论文情况分析

如表 3.1.4 所示，2016—2020 年 CVPR 会议最佳论文共 8 篇，美国机构参与的有 7 篇，其中 3 篇的第一作者为美国机构学者，2 篇第一作者为加拿大机构学者；中国、瑞士、英国各 1 篇。CVPR 会议成为计算机视觉领域科研

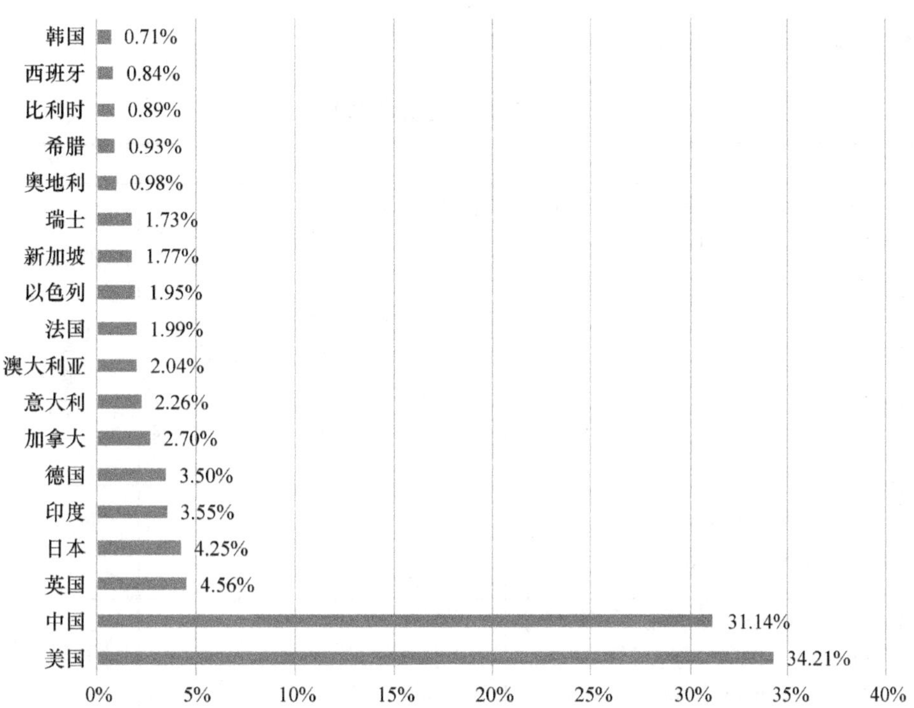

图 3.1.7　2016—2020 年计算机视觉技术 CVPR 发文主要国家

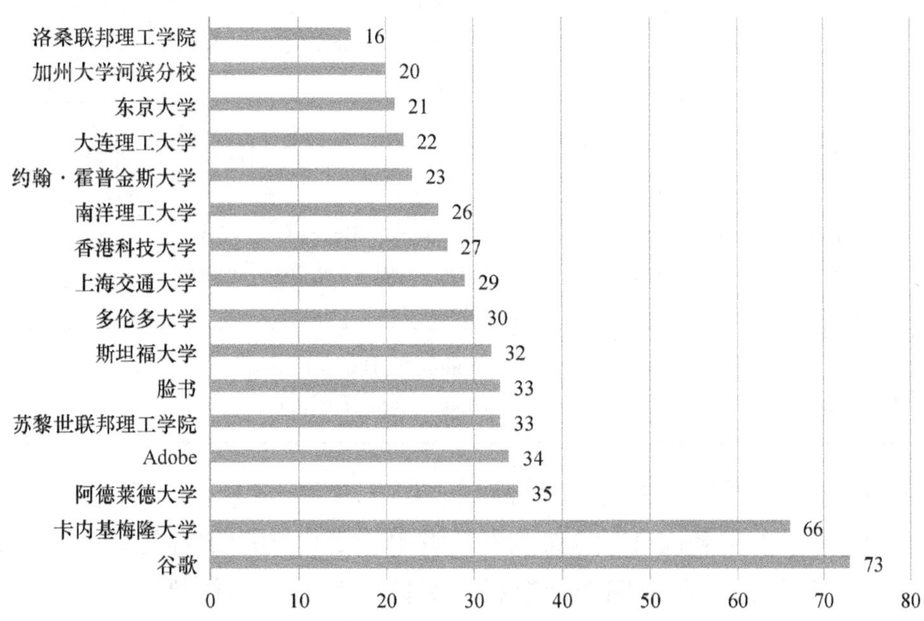

图 3.1.8　2016—2020 年计算机视觉技术 CVPR 发文主要研究机构

机构和科技企业学术交流的重要平台。

表 3.1.4 CVPR 近五年最佳论文

年份	论文标题	作者	机构
2020	DeepCap: Monocular Human Performance Capture Using Weak Supervision	Habermann Marc, Xu Weipeng, Zollhoefer Michael, Pons-Moll Gerard, Theobalt Christian	脸书，马克斯普朗克研究所
2019	A Theory of Fermat Paths for Non-Line-Of-Sight Shape Reconstruction	Shumian Xin, Sotiris Nousias, Kiriakos N. Kutulakos, Aswin C. Sankaranarayanan, Srinivasa G. Narasimhan, Ioannis Gkioulekas	多伦多大学，卡内基梅隆大学
	BSP-Net: Generating Compact Meshes via Binary Space Partitioning	Chen Zhiqin, Tagliasacchi Andrea, Zhang Hao	西蒙弗雷泽大学
	Unsupervised Learning of Probably Symmetric Deformable 3D Objects from Images in the Wild	Wu Shangzhe, Rupprecht Christian, Vedaldi Andrea	牛津大学
2018	Taskonomy: Disentangling Task Transfer Learning	Amir Roshan Zamir, Alexander Sax, William B. Shen, Leonidas J. Guibas, Jitendra Malik, Silvio Savarese	苏黎世联邦理工学院，斯坦福大学，加州大学伯克利分校
2017	Densely Connected Convolutional Networks.	Gao Huang, Zhuang Liu, Kilian Q. Weinberger	清华大学，加州大学伯克利分校，康奈尔大学
	Learning from Simulated and Unsupervised Images through Adversarial Training	Abhishek, Shrivastava, Tomas Pfister, Oncel Tuzel, Josh Susskind, Wenda Wang, Russell Y. Webb	德州仪器，谷歌，苹果
2016	Deep Residual Learning for Image Recognition	Kaiming He, Xiangyu Zhang, Shaoqing Ren, Jian Sun	脸书 AI 研究院，旷视科技，蔚来

（4）CVPR 近五年高被引学者分析

CVPR 近五年排名前 10 的高被引学者中美国机构的学者达到 8 位，而中国学者仅有 2 位，显示美国在计算机视觉领域具有明显优势。高被引学者前 10 榜单如表 3.1.5 所示。

表 3.1.5　CVPR 近五年的高被引学者

序号	姓名	所在单位	总引用量
1	Kaiming He	脸书	58253
2	Jian Sun	伦斯勒理工大学	53431
3	Xiangyu Zhang	普渡大学	49729
4	Shaoqing Ren	蔚来	47559
5	Vincent Vanhoucke	谷歌	30587
6	Christian Szegedy	谷歌	30453
7	Trevor Darrell	加州大学伯克利分校	27768
8	Dumitru Erhan	谷歌	26355
9	Scott E. Reed	密歇根大学安娜堡分校	23037
10	Yangqing Jia	阿里巴巴	22821

（5）CVPR 近五年企业作者论文情况

通过科技情报大数据挖掘与服务系统 AMiner 平台，对 2015—2019 年 CVPR 顶级会议收录的论文进行统计。分析发现，引用次数排前 20 名的会议论文中有高达 16 篇论文均有企业作者参与，分别有微软、旷视科技、Momenta、谷歌、阿里巴巴、DeepMind、Waymo、InsideIQ 公司、Symbio 机器人公司、脸书、Adobe、Twitter、Tesla、腾讯 AI 实验室、戴姆勒公司研发公司和英特尔实验室。值得提出的是，美国企业占大多数（11 家），中国企业其次（4 家）。另外，引用次数排名前 5 名的计算机视觉领域的学术论文分别为：基于深度残差学习的图像识别技术以减轻网络的训练；提出了一种代号为“Inception”的深度卷积神经网络架构；基于“全卷积”网络和密集卷积网络的语义分割方法；一种新的称为“YOLO”的目标检测方法。

3.1.4　专利申请情况（2006—2020 年）

计算机视觉作为人工智能领域的核心技术，目前正处于全球研发的热潮。1953 年，计算机视觉相关专利最早出现于英国，主要内容为三维图像处理技术。经过六七十年的发展，计算机视觉技术在全球发展飞速，2019 年，计算机视觉领域中国、美国、韩国、日本和欧洲专利局发明专利申请数量达到 12971 件。

3.1.4.1 主要国家（地区）专利申请态势分析

（1）主要国家（地区）专利申请趋势分析

根据数据统计，可以将计算机视觉全球专利申请趋势大致分为 3 个阶段，分别为萌芽阶段、发展阶段、应用阶段。

萌芽阶段（2006—2011 年）：计算机视觉技术处于萌芽阶段。2006 年，Hinton 等在《科学》杂志上提出了深度学习的概念，旨在用神经网络来降低数据维数，该研究并未引起产业界和学术界的重视。之后，业界虽对计算机视觉技术进行不断研究和探索，但其发展仍不温不火。如图 3.1.9 所示，在萌芽阶段，计算机视觉全球主要国家（地区）专利年申请数量从 679 项增长至 2011 年的 1562 项，年均增长量大致在 100～250 项。

发展阶段（2012—2016 年）：计算机视觉技术处于发展阶段。2012 年，Hinton 团队参与了 ImageNet 图像识别竞赛，通过深度学习网络 AlexNet 将图像识别错误率降低 10%，证明了深度学习在计算机视觉技术的应用潜力。该事件引发了媒体的宣传，轰动了业界，学术界和产业界相关人员也开始研究深度学习在计算机视觉计算的应用。此外，人工智能技术的热度持续增长，带动了计算机视觉技术的蓬勃发展。如图 3.1.9 所示，2013 年，计算机视觉主要国家（地区）发明专利申请数量突破 2000 项；此外，2012—2015 年期间，计算机视觉领域发明专利申请年均增长量大致维持在 500 项，但在 2016 年，年申请量突破 4000 项，年均增长率达到 27.33%。从整体来看，2012—2016 年期间，借助深度学习的力量，计算机视觉技术在人工智能领域得到爆发式增长和产业化应用。

应用阶段（2017 年至今）：计算机视觉技术处于应用阶段。2017 年，人工智能技术在全球范围内蓬勃发展，应用广泛。同年 12 月，人工智能入选“2017 年度中国媒体十大流行语”。其中，计算机视觉技术也迅猛发展，除了应用于比较成熟的智能安防领域，也逐渐推广至金融领域的人脸识别身份验证、电商领域的商品拍照搜索、医疗领域的智能影像分析等。计算机视觉技术的应用推动了全球专利申请量的高涨，如图 3.1.9 所示，2017 年成为计算机视觉计算专利申请爆发年，主要国家（地区）专利申请量到达 7401 项，之后，计算机视觉领域发明专利申请数量突破 10000 项，年均增长量维持在 2000 项。由于 2020 年的相关专利信息存在延迟公开的情况，所以当年的专利申请数量呈现骤减现象，不作为趋势分析依据。

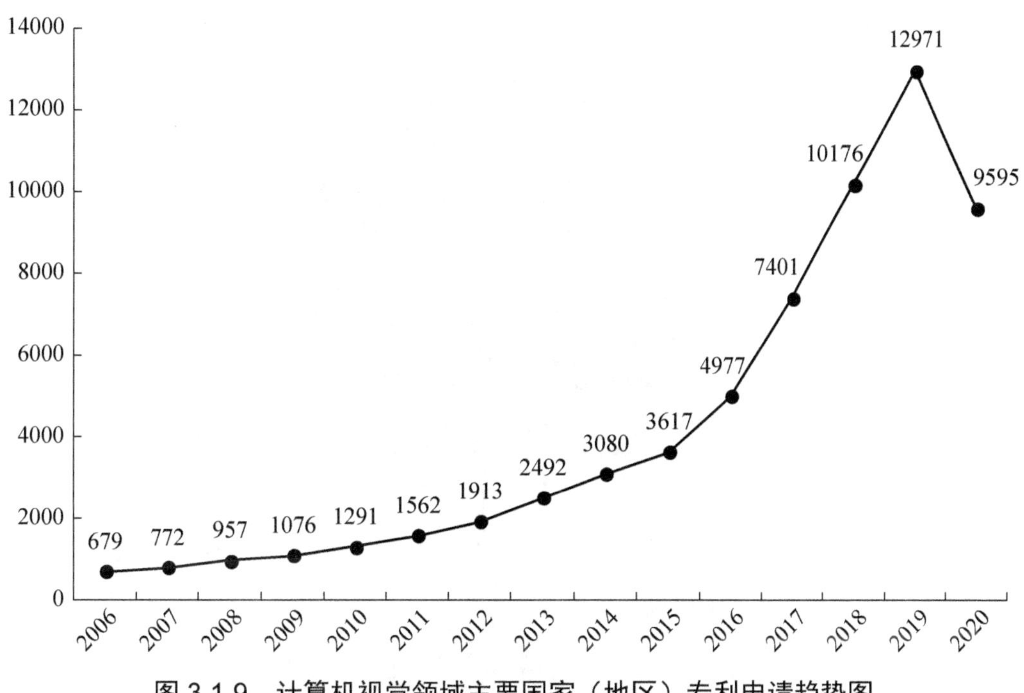

图 3.1.9　计算机视觉领域主要国家（地区）专利申请趋势图

（2）主要国家（地区）专利申请情况分析

图 3.1.10（a）是计算机视觉领域主要国家（地区）专利申请来源分布图。中国和美国是计算机视觉技术创新的中心国家，中国的计算机视觉全球专利申请数量为 46555 项，美国的计算机视觉领域全球专利申请数量为 23405 项，两个国家专利申请量占专利申请总量的 88.45%。其中，58.86%的专利申请来自中国，这一数量是位居第二位美国的近 2 倍，是位居第三位韩国的近 17 倍。欧洲专利局的相关国家和地区、韩国和日本的全球专利申请数量相差不大。

图 3.1.10（b）是计算机视觉领域主要国家（地区）专利布局目标国家（地区）分布图。由图可知，中国的计算机视觉技术专利申请数量为 42398 项，占

总量的 64.88%。而美国、韩国、欧洲专利局和日本的计算机视觉技术专利申请数量占比分别为 28.54%、3.43%、2.49%和 0.65%。开放的市场环境、巨大的市场需求和海量的数据资源使得中国成为吸引各国创新的主体国家。

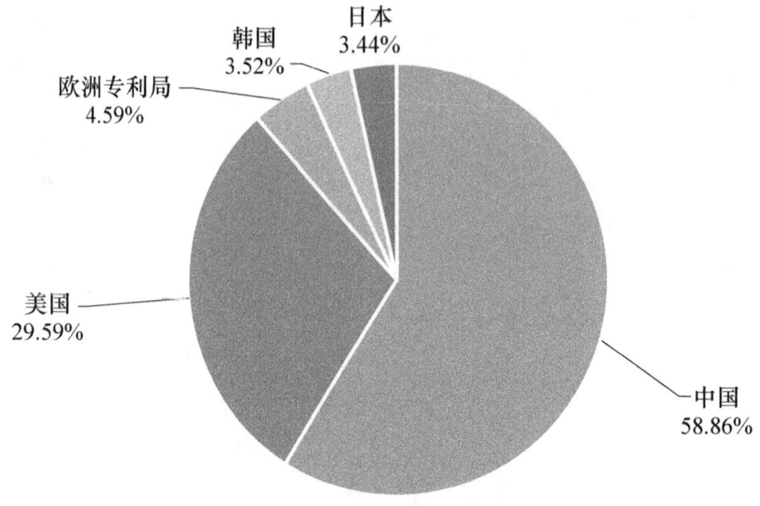

（a）专利申请来源国家（地区）

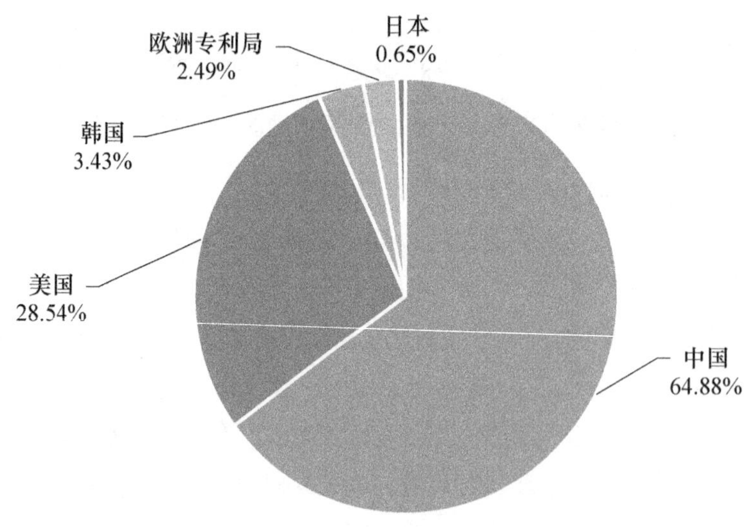

（b）专利申请目标国家（地区）

图 3.1.10 计算机视觉领域主要国家（地区）专利申请情况

（3）主要国家（地区）专利申请流向分析

表 3.1.6 统计了计算机视觉领域主要国家（地区）专利申请流向分布。其中，中国的专利绝大部分来自本土，而美国有 2441 项专利进入中国，但中国仅有 849 件专利进入美国。同样，韩国、日本和欧洲专利局的计算机视觉专利进入中国申请的数量，也远远超过中国进入这些国家（地区）的专利数量。美国在计算机视觉领域全球专利申请量流向分布与中国类似，但进入其他国家的专利数量远多于中国。

表 3.1.6　计算机视觉领域主要国家（地区）专利申请量流向分布

技术来源国家（地区）	技术目标国家（地区）				
	中国	美国	韩国	日本	欧洲专利局
中国	40628	849	86	106	196
美国	2441	22635	883	1026	1652
韩国	158	800	2500	37	187
日本	435	1855	159	644	607
欧洲专利局	748	2866	363	112	1617

由此可见，虽然中国计算机视觉发明专利申请数量众多，但绝大多数都集中在本国，并未及时有效地向海外布局。美国的计算机视觉专利向全球布局的情况也不明显。相反，韩国、日本和欧洲专利局的相关国家或地区更注重计算机视觉技术专利的全球布局，并且高度重视在美国寻求专利保护。

（4）主要国家（地区）专利主要申请人分析

图 3.1.11 是计算机视觉领域的全球前 10 位专利申请人分布。得益于在即时通信、电子商务、在线支付、搜索引擎、信息安全以及游戏方面等多个领域的综合布局，腾讯以 1695 项专利申请量排名第一；英特尔紧随其后，专利申请数量为 1198 项；天津大学和西安电子科技大学的计算机视觉专利申请数量分别位居第三位和第四位，成为计算机视觉领域在全球范围内的领军高校；IBM 也跻身计算机视觉专利申请数量全球前 10 位。之后，中国高校和研究所囊括了计算机视觉技术的主要申请人榜单，分别为电子科技大学、北京航空航天大学、浙江大学、清华大学和中国科学院自动化研究所。

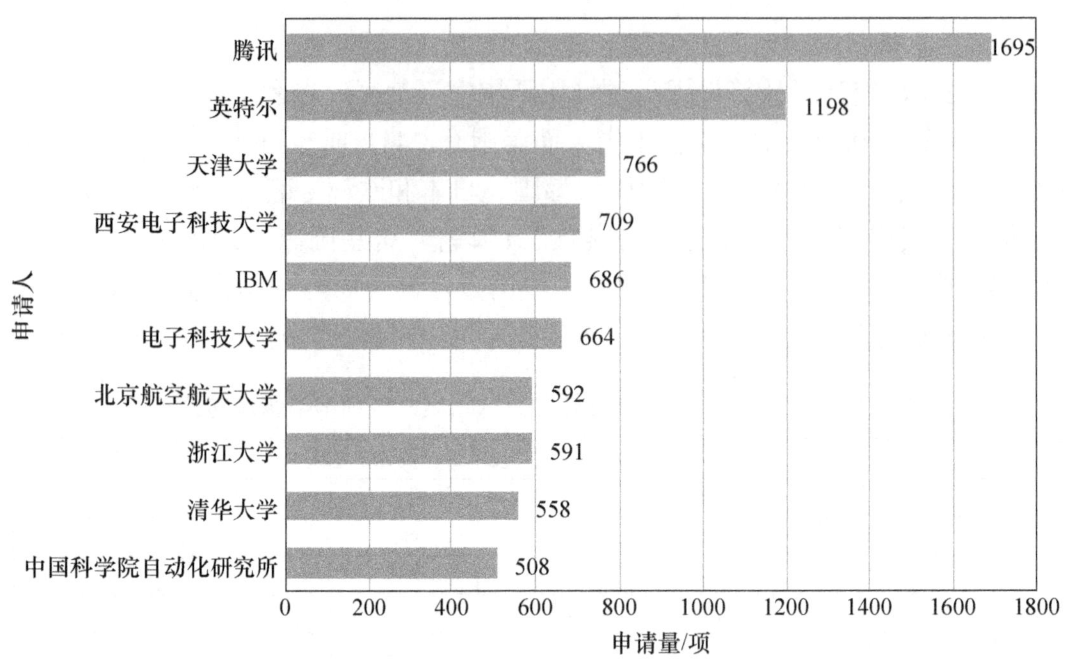

图 3.1.11 计算机视觉领域专利主要申请人排名

总体来看，在前 10 位申请人排名中，中国有 1 家企业、7 家高校和研究院所，美国有 2 家企业。这表明，近年来，中国在计算机视觉技术的综合应用广泛，市场占比很大，并且，产业界和学术界共同努力，不断进行技术研发，技术应用也在持续探索，未来发展潜力强劲。美国在计算机视觉领域技术较为先进，具有大量顶尖企业，掌握着大量核心技术，技术应用也十分广泛。

3.1.4.2 中国专利申请态势分析

（1）中国专利申请趋势分析

图 3.1.12 为计算机视觉领域中国专利申请趋势分析。由图可知，我国计算机视觉技术以 2012 年为节点，可大致将中国专利申请趋势分为两个阶段，分别为技术发展阶段和技术增长阶段。

技术发展阶段（2006—2011 年）：我国计算机视觉技术发展缓慢，相关专利较少，申请数量虽每年有所增加，但专利申请总量不超过 1000 项。

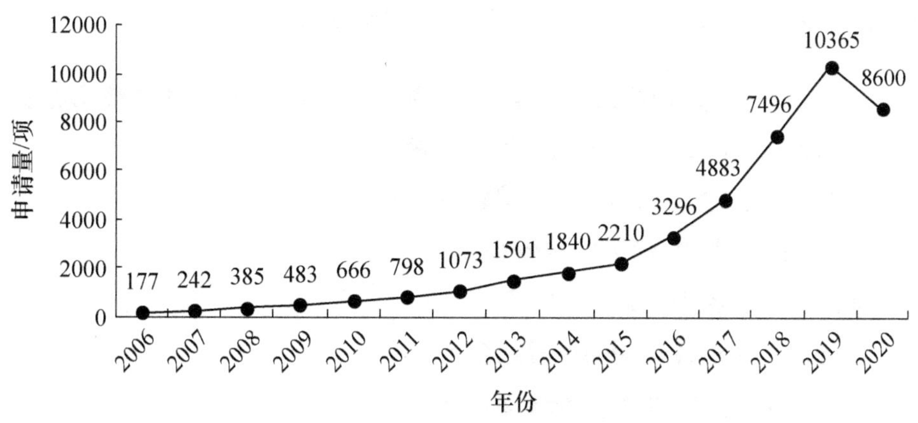

图 3.1.12　计算机视觉领域中国专利申请趋势图

技术增长阶段（2012 年至今）：2012 年，我国计算机视觉领域专利申请量达到 1073 项。之后，随着人工智能技术的快速升温，我国计算机视觉技术相关专利开始大量出现，相关技术研究不断取得新的突破，新理论、新方法的引进进一步推动了计算机视觉的发展。2019 年，我国计算机视觉领域发明专利申请数量到达 10365 件，突破万数量级。由于 2020 年的相关专利信息存在延迟公开的情况，所以当年的专利申请数量呈现骤减现象，不作为趋势分析依据。

（2）中国专利主要申请人分析

如图 3.1.13 所示，我国计算机视觉领域的专利申请人中，腾讯以 1695 件专利位居第一，其研发实力很强，具有绝对的技术优势。天津大学、西安电子科技大学、电子科技大学也具有一定技术实力，专利申请量均在 600 件以上。北京航空航天大学、浙江大学、清华大学、中国科学院自动化研究所、上海交通大学和浙江工业大学在计算机视觉领域也占据一定地位，均跻身前 10 位。

总体来看，我国排名前 10 位的申请人中，腾讯为唯一的企业，高校占据 8 个席位，中国科学院自动化研究所是唯一的科研院所。可见，我国高校对计算机视觉技术研发具有巨大贡献，计算机视觉技术的综合应用较为广泛，市场占比很大；但许多核心技术仍处于研发阶段，产业界和学术界在不断进行技术研发，技术应用尚在持续探索，未来发展潜力强劲。

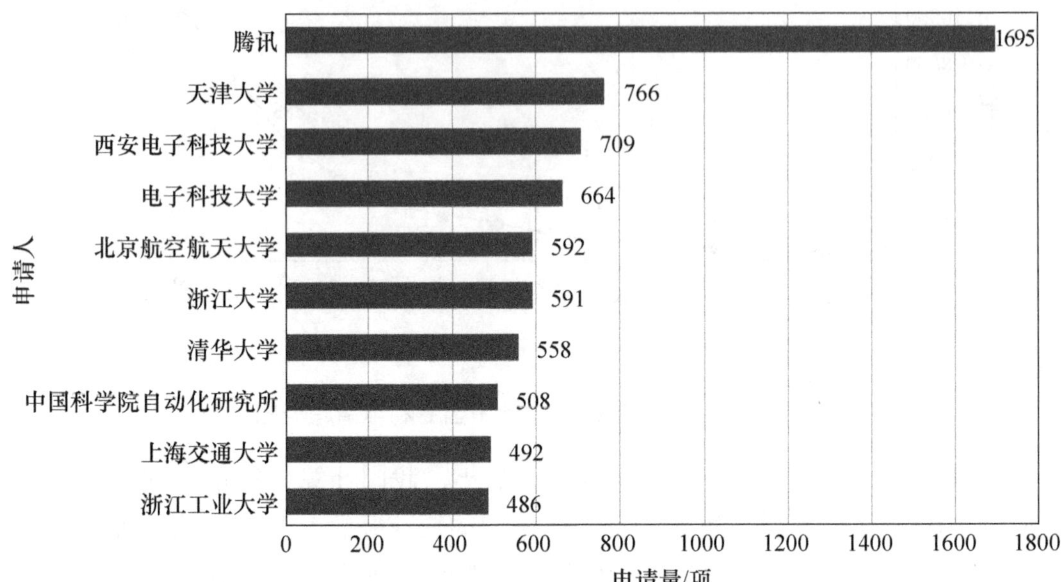

图 3.1.13　计算机视觉领域中国专利主要申请人排名

3.1.5　计算机视觉领域知名机构情况

3.1.5.1　国外知名机构

（1）英特尔

英特尔是美国一家以研制 CPU 为主的公司，是全球最大的个人计算机零件和 CPU 制造商，成立于 1968 年，总部位于美国加州圣克拉拉，具有 52 年产品创新和市场领导的历史。

2016 年 9 月 6 日，英特尔收购了硅谷计算机视觉领域的初创公司 Movidius，该公司主要产品为低功耗视觉处理器——Myriad 系列 VPU。该收购计划使得英特尔公司获得了低能耗、高表现力的系统芯片（SoC）平台，加速了英特尔公司在物联网领域计算机视觉技术的应用，包括智能穿戴设备、无人机和汽车等物联网领域。2017 年 7 月，在夏威夷檀香山举行的计算机视觉与模式识别会议（CVPR）上，英特尔展示了最新颠覆性深度学习与计算机视觉技术，让设备通过视觉观察、理解、互动和学习周围的环境而变得智能化、自主化。英特尔 Movidius 和英特尔实感正在从根本上重新发掘智能设备的真正潜力，使其可以同时执行高度复杂的处理和完成日常活动，从汽车和无人机防撞到协助人们的日常生活。2018 年 11 月，英特尔人工智能大会（AIDC）在北京举办。英特尔公司物联网事业部副总裁 Jonathan Ballon 指出，“在以数据为中心的转型中，边缘是分布式计算的一环，是真正采取行动的地方，而计算机视觉是 AI 落地的重要机会。”计算机视觉技术影响着诸多行业，比如，在零售领域，有库存管理及用户管理等应用方向；在工业领域，则可以应用到产品质检和保护人员安全等方面；在医疗领域，医疗影像呈现与分析是计算机视觉的用武之地；智慧城市及交通运输领域，安全保护技术也依赖着计算机视觉的进步。英特尔在计算机视觉技术的产品应用也十分广泛。例如，百度利用英特尔 OpenVINO 和智能摄像头，改善物流并监控运货卡车性能和安全。微软 Azure 采用英特尔 OpenVINO 和英特尔视觉加速器设计，将工业 PLC、HMI 和视觉应用等工作负载整合到同一个平台上。AWS 通过应用英特尔视觉加速器设计和 OpenVINO 等技术，帮助工人更好地实现安全生产，并实现了约 80%的硬件成本节省。IEI×QNAP 使用英特尔 OpenVINO 等技术诊断眼部黄斑病，准确率超过 95%，性能提高了 10 倍。英泰利用英特尔 OpenVINO 等计算机视觉技术，了解客户在店内零售环节中是如何移动的，并识别哪些是 VIP 客户，了解客户到店的原因并据此充分优化库存。

（2）IBM

IBM（International Business Machines Corporation，国际商用机器公司）1991 年创立于美国，总部在纽约州阿蒙克市，是全球最大的信息技术和业务解决方案公司，拥有全球雇员 31 万多人，业务遍及 160 多个国家和地区。

2016 年，IBM 借助计算机视觉开发了一种新技术，只靠图片就能准确诊断患者是否患有黑色素瘤。这项新技术虽仍存在一些瑕疵以及实战经验的不足，但是，投入使用后，大大提高了医生诊断的效率，并减少误诊率。2018 年 6 月，在美国犹他州首府盐湖城举办的全球计算机视觉和模式识别会议上，IBM 公司研究人员开发了低功耗、高性能的计算机视觉系统。其中，

BlockDrop 将图像分类的平均速度提高了 20%，在某些情况下提升高达 36%，同时保持 76.4%的准确性，与实验的控制相同。基于事件的立体声系统大大减少了带宽和能源消耗。IBM 还推出了 PowerAI Vision，这是一款计算机视觉应用程序，可以协助客户以更简易的方式训练深度学习图像分析。

3.1.5.2 国内知名机构

（1）商汤科技

商汤科技集团有限公司成立于 2014 年，总部在上海，创始人为香港中文大学信息工程系教授汤晓鸥。商汤科技以“坚持原创，让 AI 引领人类进步”为使命和愿景，自主研发并建立了深度学习平台和超算中心，推出了一系列人工智能技术，包括人脸识别、图像识别、文本识别、医疗影像识别、视频分析、无人驾驶和遥感等。

商汤科技是计算机视觉和深度学习领域的算法提供商，其自主研发原创深度学习平台 Sense Parrots，对超深的网络规模、超大的数据学习以及复杂关联应用等支持更具优势。此外，自主搭建了深度学习超算中心，大幅降低了各类人工智能技术的研发成本，缩短了开发深度学习算法模型的时间。2014 年，商汤科技团队发表的 DeepID 系列人脸识别算法击败脸书，全球首次超过人眼识别率。目前，商汤科技主推的产品有 SenseFace 人脸布控系统、SenseID 身份验证解决方案、SenseGo 智慧商业解决方案、SensePhoto 手机全套影像处理解决方案以及 SenseAR 增强现实感特效引擎等。在计算机视觉领域，商业科技综合实力较强，截至 2019 年 9 月，共获得超 30 亿美元总融资，当前估值超过 75 亿美元。

（2）云从科技

云从科技集团股份有限公司简称云从科技（Cloudwalk），由周曦创立于 2015 年，总部位于广州，孵化于中国科学院。其业务涵盖智慧金融、智慧治理、智慧出行、智慧商业等领域，为客户提供个性化、场景化、行业化的智能服务。目前，云从科技的主要产品包括北极星结构光相机、如意支付 Pad、起云商业平台、灵云数据智能风控平台等产品，广泛应用于物联网、移动互联网、银行、安防、交通等场景。

在计算机视觉领域，云从科技不断取得技术创新和重大突破。2018 年、2019 年，云从科技在三大主流跨镜追踪技术数据集 Market-1501、DukeMTMC-reID、CUHK03 上，超过阿里巴巴、腾讯、微软、中科院自动化所等企业与科研机构，两次创新世界纪录。该项技术在中国国际智能产业博览会被评选为十大“黑科技”创新产品，有效推动了计算机视觉算法对相似物体的区分能力，提升对物体类内差异的鲁棒性。2019 年 2 月，云从科技人工智能——“会思考的眼睛 V2.0”发布，首次将识别速度降至毫秒级，仅需 0.05s，性能提升了整整 20 倍。同时突破了识别相机的多个技术瓶颈，是全球首个同时支持动作识别、性别分析、年龄分析、客流计数等功能的 AI 智能相机。

（3）旷视科技

北京旷视科技有限公司由印奇、唐文斌、杨沐三人于 2011 年创办于北京市海淀区中关村，致力于打造服务于各商业领域的 AIoT 操作系统，以及构建具备连接物联网设备能力的生态系统。在北京、上海、深圳、成都、南京、杭州、武汉、宁波、青岛、徐州、美国西雅图等地设有研发中心和运营机构。旷视科技以深度学习为核心竞争力，融合算法、算力和数据，打造出“三位一体”的新一代 AI 生产力平台旷视 Brain++，并开源其核心——深度学习框架“天元”。依托 Brain++，旷视专注于算法能产生极大价值的领域——个人物联网、城市物联网、供应链物联网，提供包括算法、软件和硬件产品在内的全栈式、一体化解决方案。

（4）依图科技

上海依图网络科技有限公司是一家计算机视觉服务提供商，提供基于图像理解的信息获取和人机交互的产品，并从事人工智能创新性研究，致力于将人工智能技术与安防、金融、交通、医疗等行业应用相结合。目前，依图科技人工智能技术的应用领域包括智能安防、依图医疗、智慧金融、智慧城市、智能硬件等。2017 年 7 月，依图科技在由美国国家标准技术局（NIST）主办的全球人脸识别测试（FRVT）中夺得第一，成绩在千万分之一误报下达到识别准确率 95.5%，是当时全球工业界在此项指标下的最好水平。根据 2018 年 6 月的官方报告，依图已将这一指标提升到了接近极限水平，即在千万分之一误报下的识别准确率已经接近 99%。

3.2 语音识别和自然语言处理产业发展概况

语音识别和自然语言处理两大技术为当前人工智能领域的主要研究方向。语音识别主要是利用计算机完成从语音到文字自动转换的任务。目前，语音识别技术所涉及的领域包括信号处理、模式识别、概率论和信息论、发声机理和听觉机理、人工智能等。未来，语音识别技术将进入工业、家电、通信、汽车、医疗等领域。语音识别技术的发展历程主要包括 4 个阶段，分别为：

- 第一阶段（20 世纪 50—60 年代）：计算机的应用推动了语音识别的发展，线性预测分析技术（LP）解决了语音信号产生模型的问题，对语音识别的发展产生了深远影响。
- 第二阶段（20 世纪 70—80 年代）：语音识别研究进一步走向深入，马尔科夫模型（HMM）和人工神经元网络（ANN）在语音识别中的成功应用。
- 第三阶段（20 世纪 90 年代至 21 世纪初）：语音识别系统从实验室走向应用，识别准确度更高、识别速度更快，并投入商业使用。
- 第四阶段（2010 年至今）：深度神经网络的运用使得语音识别技术精度更高，发展更快。

自然语言处理是实现人与计算机之间用自然语言进行有效通信的各种理论和方法。自然语言处理主要应用于机器翻译、舆情监测、自动摘要、观点提取、文本分类、问题回答、文本语义对比、语音识别、中文 OCR 等方面。自然语言处理发展历程主要包括三个阶段，分别为：

- 第一阶段（20 世纪 60—80 年代）：基于规则来建立词汇、句法语义分析、问答、聊天和机器翻译系统。
- 第二阶段（20 世纪 90 年代至 21 世纪初）：采用基于统计的机器学习方法建立机器学习系统。
- 第三阶段（2008 年至今）：采用深度学习方法，并在机器翻译、问答和阅读理解等领域取得进展。

语音识别和自然语言处理两大技术相辅相成，共同促进，在人工智能技术产业领域发展迅速，成为主要研究方向。现从市场概况、论文发表、专利申请、知名机构等几个方面具体分析语音识别和自然语言处理领域产业发展情况。

3.2.1　语音识别和自然语言处理产业市场规模、投融资情况

3.2.1.1　市场规模

目前，随着人工智能产业的持续火热、资本的大量进入，语音识别和自然语言处理领域发展迅速。其中，在语音识别行业，根据前瞻产业研究院的数据，2016 年，全球语音识别技术市场规模为 12.8 亿美元，之后两年，市场规模产值有所下降，分别为 6.58 亿美元和 6.83 亿美元。但经过长期的探索实践，人工智能技术的逐渐成熟，市场需求不断攀升。2020 年 12 月，中国语音产业联盟发布《2020 中国语音产业发展白皮书》指出，全球智能语音及人工智能产业发展方兴未艾，进入规模化发展并保持快速发展态势，智能语音头部企业优势明显，持续发力产业生态构建。2020 年，全球智能语音及人工智能市场规模约 200 亿美元，谷歌、苹果、微软、科大讯飞等头部企业占有 80%以上市场份额。全球智能语音头部企业优势明显，持续发力产业生态构建，市场发展潜力巨大。在自然语言处理行业，中金企信国际咨询公布的《2020—2026 年中国自然语言处理市场竞争策略及投资可行性研究报告》统计数据显示，2016 年，全球自然语言处理市场规模仅为 76.3 亿美元，预计到 2021 年市场规模将增长到 160.7 亿美元，复合年增长率为 16.1%。其中，报告数据显示，2017 年中国人工智能市场规模高达 237 亿元，自然语言处理行业的市场规模为 49.77 亿元，占比 21%。2018 年，我国自然语言处理技术市场规模达到 20.6 亿元，同比增长 52.6%。未来，随着自然语言处理技术的不断进步，将具有大规模的市场需求和可扩展的巨大市场空间。

3.2.1.2　投融资情况

根据前瞻产业研究院发布的《中国人工智能行业市场前瞻与投资战略规

划分析报告》，2019 年，中国科技企业技术研发投入约为 4005 亿元，其中人工智能算法研发投入占比为 9.3%，超 370 亿元，且大部分投入来自互联网科技公司。其中，语音识别、自然语言处理领域的研发投入占比分别为 2.3%、7.1%。从国内来看，科大讯飞、云知声获得的投资为最多，见表 3.2.1 和表 3.2.2。

表 3.2.1　科大讯飞融资情况

序号	融资时间	融资金额	融资轮次	投资方
1	2000 年 11 月 30 日	1700 万元人民币	A 轮	复星集团、复星创富
2	2001 年 8 月 23 日	3200 万元人民币	B 轮	科大控股、君联资本、火炬高新投
3	2002 年 3 月 12 日	400 万元人民币	C 轮	Intel Capital
4	2005 年 7 月 26 日	1500 万元人民币	D 轮	盈富泰克
5	2008 年 5 月 12 日	3.39 亿元人民币	IPO 上市	公开发行
6	2010 年 7 月 12 日	未披露	定向增发	中关村发展集团
7	2011 年 5 月 13 日	5.3 亿元人民币	定向增发	爱信投资、盛世景、科祥股权投资、旺根投资
8	2011 年 8 月 1 日	4000 万元人民币	定向增发	天堂硅谷
9	2017 年 3 月 7 日	3 亿元人民币	定向增发	南京创毅投资管理中心（有限合伙）赛伯乐投资
10	2019 年 1 月 1 日	未披露	股权融资	安徽高新投
11	2019 年 7 月 16 日	29.3 亿元人民币	定向增发	华夏资本、华安证券、安徽省皖投工业投资、诚富嘉实基金、安徽铁投、国新央企
12	2020 年 6 月 30	未披露	定向增发	光大证券
13	2020 年 9 月 17 日	未披露	战略融资	中国移动

表 3.2.2　云知声融资情况

序号	融资时间	融资金额	融资轮次	投资方
1	2012 年 10 月 1 日	1000 万元人民币	天使轮	未披露
2	2013 年 10 月 13 日	1 亿元人民币	A 轮	磐谷创投，启明创投
3	2014 年 12 月 18 日	5000 万美元	B 轮	高通创投，启明创投
4	2016 年 4 月 22 日	数千万美元	B+轮	浙大联创投资

（续表）

序号	融资时间	融资金额	融资轮次	投资方
5	2017 年 8 月 17 日	3 亿元人民币	战略融资	京东智联云、川创投、盈峰控股、奇虎 360、京东数科
6	2018 年 5 月 11 日	1 亿美元	C 轮	中电健康基金、汉富资本、前海梧桐并购基金、奇虎 360
7	2018 年 7 月 19 日	6 亿元人民币	C+轮	中网投、中金佳成、中建投资本、海鲲资本
8	2019 年 1 月 1 日	未披露	股权融智	来宾鑫隆
9	2019 年 4 月 1 日	未披露	D 轮	东方证券、中金浦成、淞银资本

3.2.2　近五年 SCI 论文统计（2016—2020 年）

3.2.2.1　主要国家（地区）研究能力及与中国大陆合作情况分析

以人工智能领域技术层的关键技术“Speech Recognition”为检索条件，使用 Web of Science 数据库对 2016—2020 年发表的 SCI 期刊论文进行检索。经分析，语音识别领域共计收录 14474 篇 SCI 论文，其中，美国和中国研究实力最强，论文发表量分别为 4010 篇和 2158 篇，占比分别为 27.71%和 14.91%，远远高于其他国家论文发表量；印度、德国和英国研究实力次之，SCI 论文发表量分别为 1432 篇、980 篇和 964 篇；其他包括日本、加拿大、法国、韩国、澳大利亚等国家的研究实力均处于世界前列。全球在语音识别领域研究实力前 10 位的国家（地区）具体情况如图 3.2.1 所示。

进一步，使用 Web of Science 对语音识别领域筛选出 2016—2020 年的中国 SCI 期刊论文，共计 2158 篇。分析发现，如图 3.2.2 所示，中国大陆与美国合作发文量多达 335 篇，合作率为 8.35%，与新加坡合作发文量 47 篇，合作强度最高，高达 23.04%，其次与北爱尔兰、中国台湾地区和巴基斯坦合作发文量分别为 3 篇（合作率 14.29%）、37 篇（合作率 13.26%）和 11 篇（合作率 9.73%），均有较好的合作。

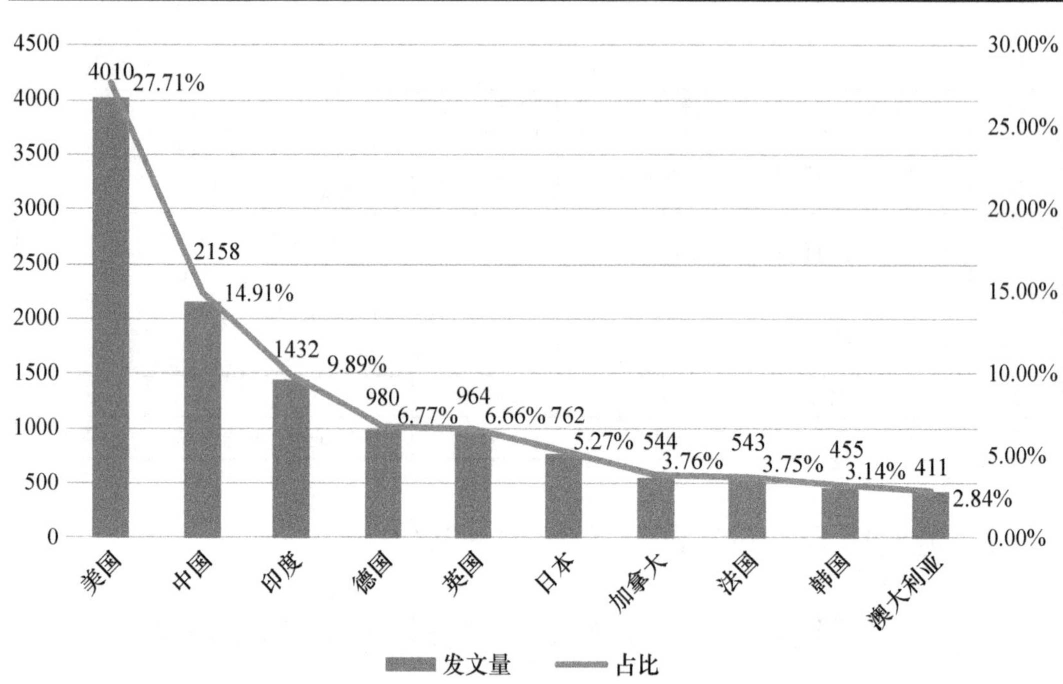

图 3.2.1　2016—2020 年语音识别领域主要国家（地区）SCI 期刊发文量

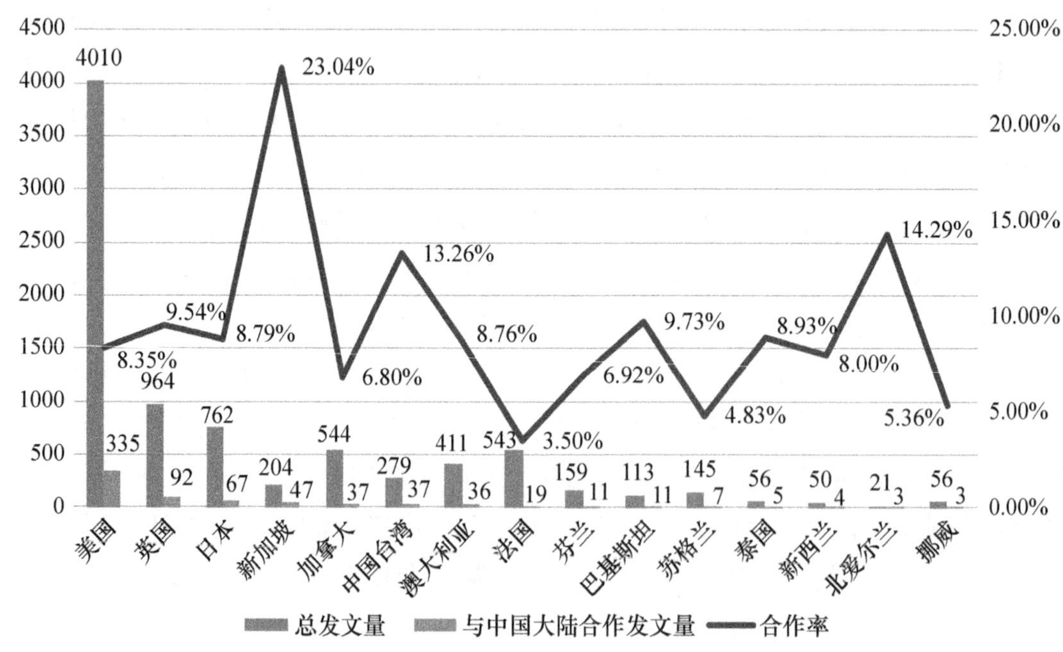

图 3.2.2　2016—2020 年语音识别领域主要实体与中国大陆合作情况

3.2.2.2　主要研究机构研究能力及与中国大陆合作情况分析

根据 Web of Science 论文数据，对语音识别领域 2016—2020 年发表的 14474 篇 SCI 期刊论文进行分析，发文量排前 20 名的机构美国独占 9 家，中国占 5 家，位居第二；英国占 2 家，荷兰、加拿大、德国、日本各占一家。语音识别领域主要研究机构 SCI 期刊论文发表量情况如图 3.2.3 所示。

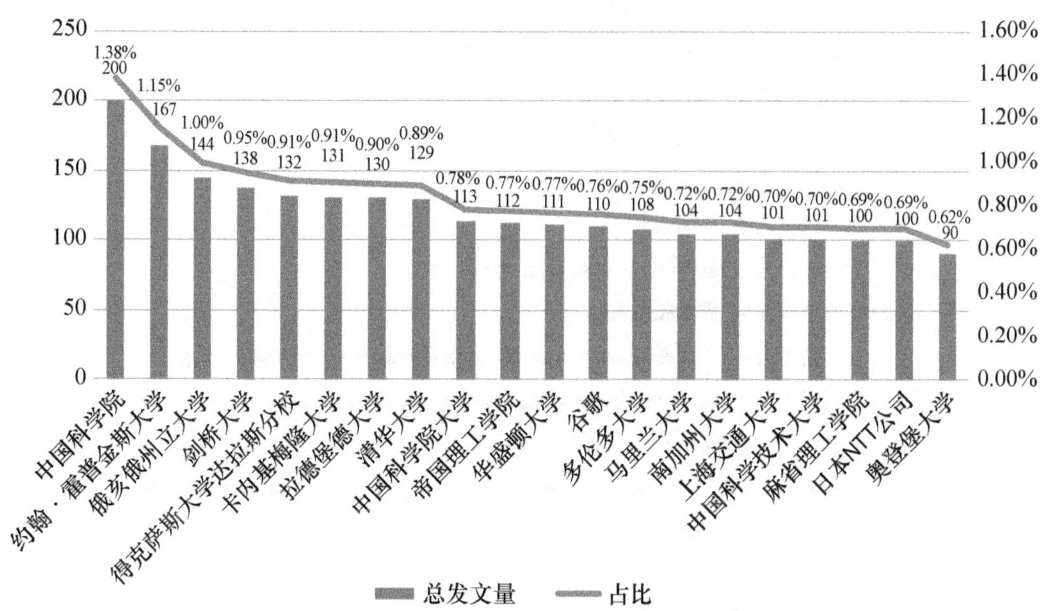

图 3.2.3　2016—2020 年语音识别领域发文量前 20 名的机构

进一步，使用 Web of Science 对语音识别领域筛选出 2016—2020 年中国 SCI 期刊论文，共计 2158 篇。分析发现，如图 3.2.4（a）所示，香港地区与中国大陆合作发文量最多，香港中文大学、香港大学、香港理工大学、香港城市大学、香港科技大学排在前列，新加坡国立大学、日本先进科学技术研究所、剑桥大学等高校与中国大陆合作也较多；如图 3.2.4（b）所示，一些语音识别领域较强高校或研究所，如约翰·霍普金斯大学、俄亥俄州立大学、卡内基梅隆大学、帝国理工学院等机构与中国大陆合作发文量均在 20 篇以下，与中国的合作率较低。

通过以上数据可知，在语音识别领域，美国在 SCI 期刊论文发表数量、优势研究机构等方面均处于领先地位，研究实力遥遥领先，优势研究机构数多于中国；与中国大陆合作发表 SCI 论文的机构大多集中于中国香港地区、中国澳门地区，而欧美优势研究机构与中国大陆合作的比例很小。

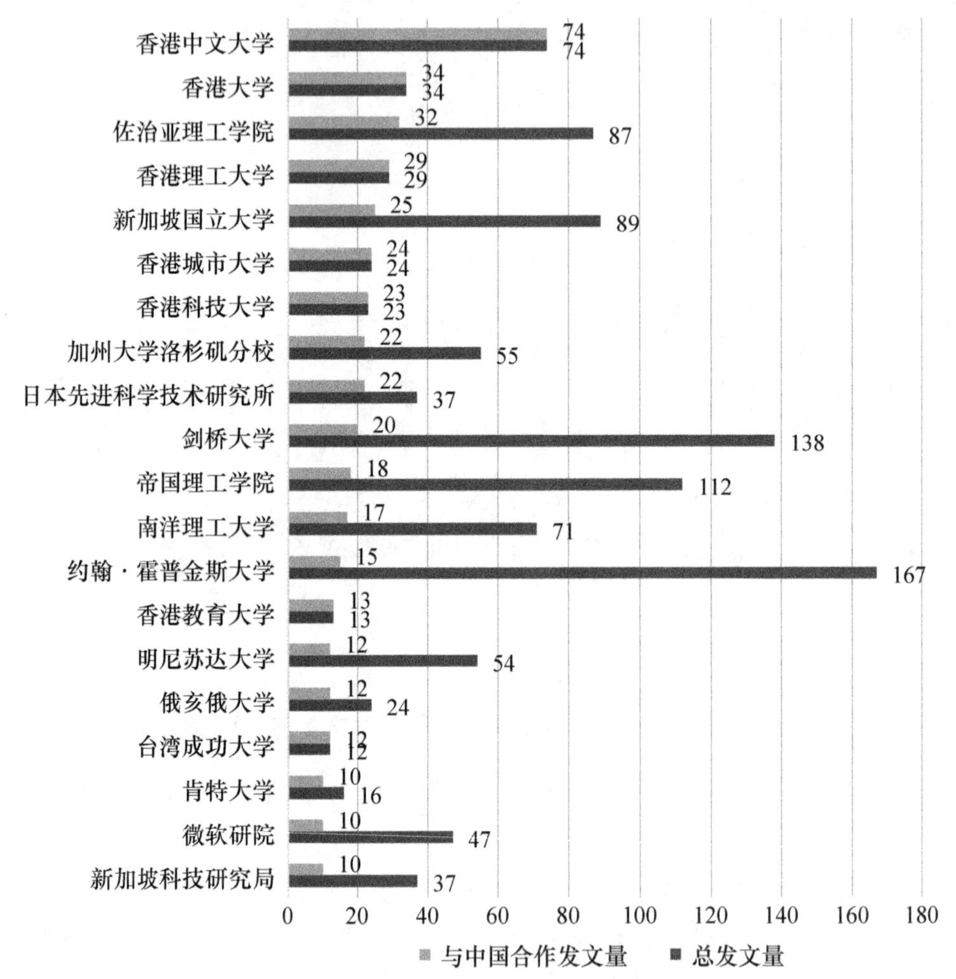

（a）与中国大陆合作发文量前 20 的研究机构

图 3.2.4　2016—2020 年语音识别领域与中国大陆合作情况

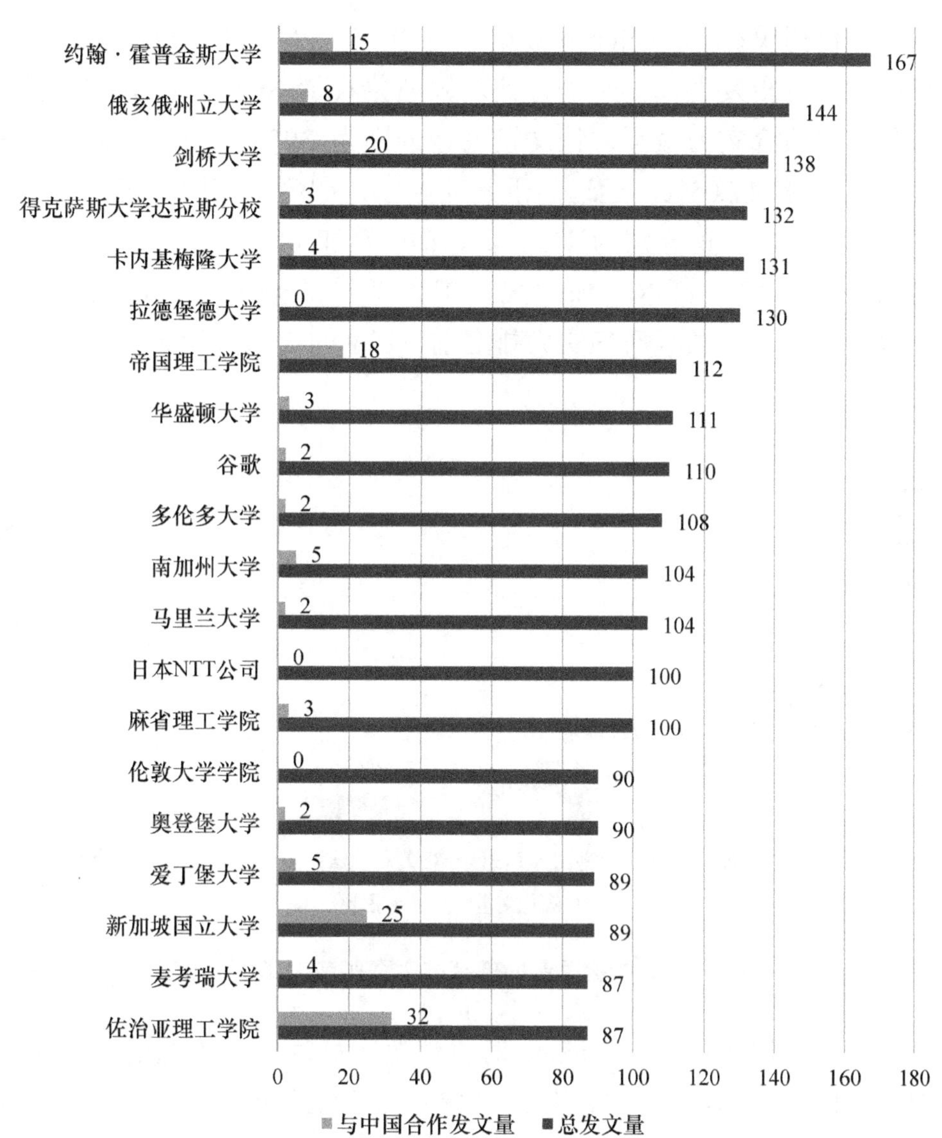

（b）发文量前 20 名的研究机构与中国大陆合作情况

图 3.2.4　2016—2020 年语音识别领域与中国大陆合作情况（续）

3.2.2.3　主要国家（地区）研究能力及与中国大陆合作情况分析

以人工智能领域技术层的关键技术“Natural Language Processing”为

检索条件，使用 Web of Science 数据库对 2016—2020 年发表的 SCI 期刊论文进行检索。分析发现，自然语言处理领域共收录 SCI 论文 14564 篇，其中美国和中国研究实力最强，论文发表量分别为 3953 篇和 2483 篇，占比分别为 27.14%和 17.05%，远远高于其他国家；印度、英国和德国研究实力次之，SCI 论文发表量分别为 1125 篇、840 篇和 687 篇；其他国家如西班牙、意大利、法国、日本、加拿大、俄罗斯等的研究实力均处于世界前列。在自然语言处理领域研究实力排名前 11 位的国家（地区）具体情况如图 3.2.5 所示。

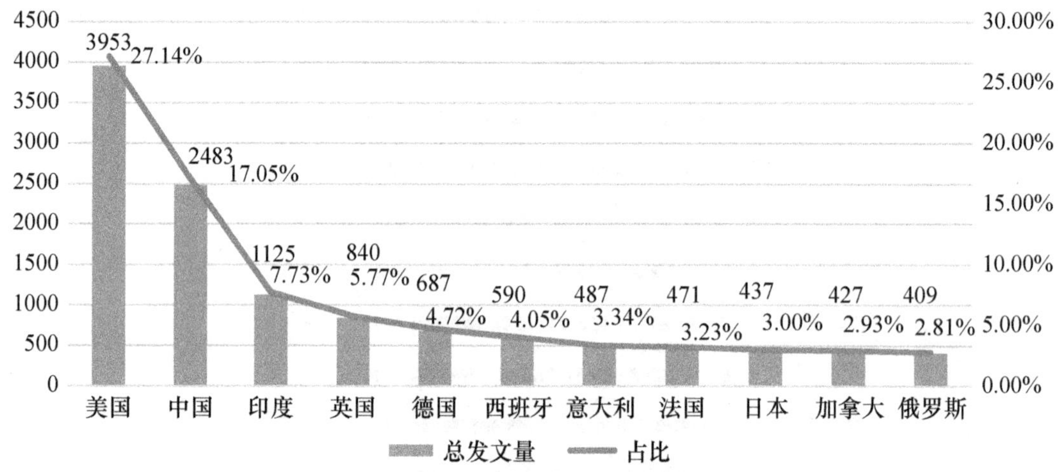

图 3.2.5　2016—2020 年自然语言处理领域主要国家（地区）SCI 期刊发文量

进一步，使用 Web of Science 对自然语言处理领域筛选出 2016—2020 年中国发表的 SCI 期刊论文，共计 2483 篇。经分析发现，如图 3.2.6 所示，中国大陆与美国合作发文量多达 352 篇，合作率为 8.90%，与新加坡合作发文量 59 篇，合作强度最高，达到 31.72%；其次，与澳大利亚、英国、爱尔兰、苏格兰合作发文量分别为 70 篇（合作率 18.28%）、86 篇（合作率 10.24%）、9 篇（合作率 9.47%）和 11 篇（合作率 9.24%），均有较好的合作。

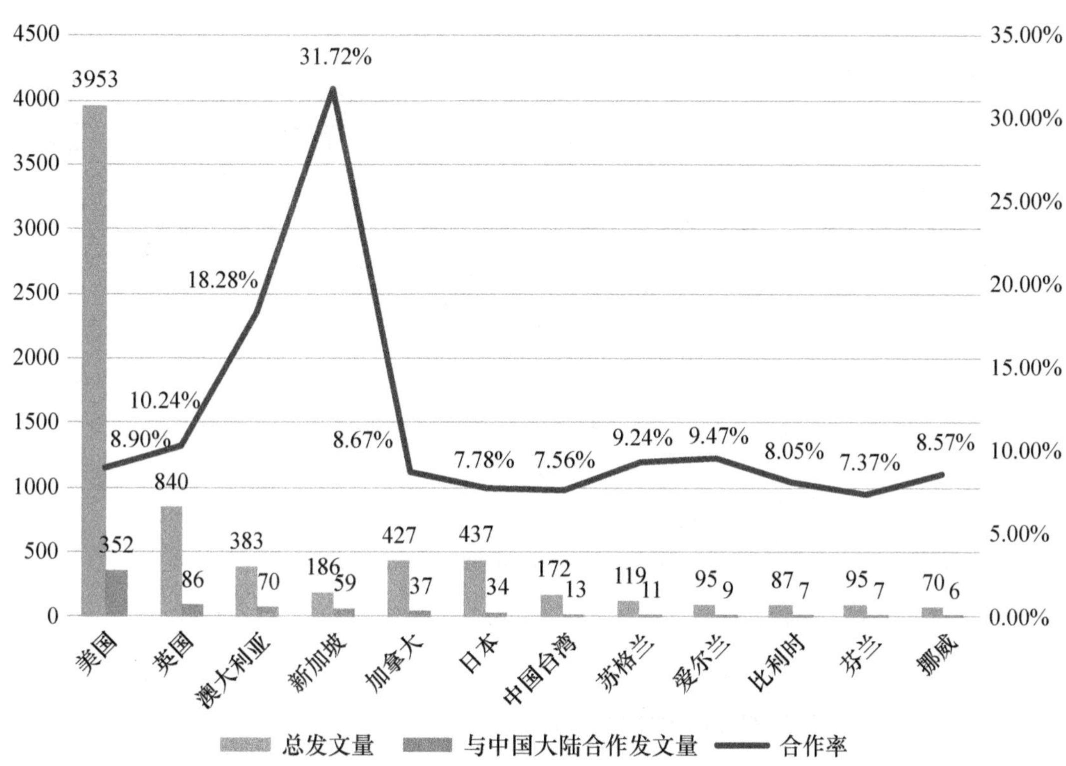

图 3.2.6　2016—2020 年自然语言处理领域主要实体与中国大陆合作情况

3.2.2.4　主要研究机构研究能力及与中国大陆合作情况分析

根据 Web of Science 数据，对自然语言处理领域 2016—2020 年发表的 14564 篇 SCI 期刊论文进行分析，在发文量排前 18 名的机构中，美国独占 12 家，中国占 5 家，位居第二，新加坡占 1 家。自然语言处理领域 SCI 期刊论文发表量排名前 18 的研究机构具体情况如图 3.2.7 所示。

进一步，使用 Web of Science 对自然语言处理领域筛选出 2016—2020 年中国发表的 SCI 期刊论文，共计 2483 篇。分析发现，如图 3.2.8（a）所示，中国香港地区、新加坡与中国大陆合作发文量最多，香港理工大学、南洋理工大学、香港中文大学、香港城市大学、新加坡国立大学、香港科技大学位于前列，微软与中国大陆也有较好的合作关系，合作率为 43.75%。其次，如图 3.2.8（b）

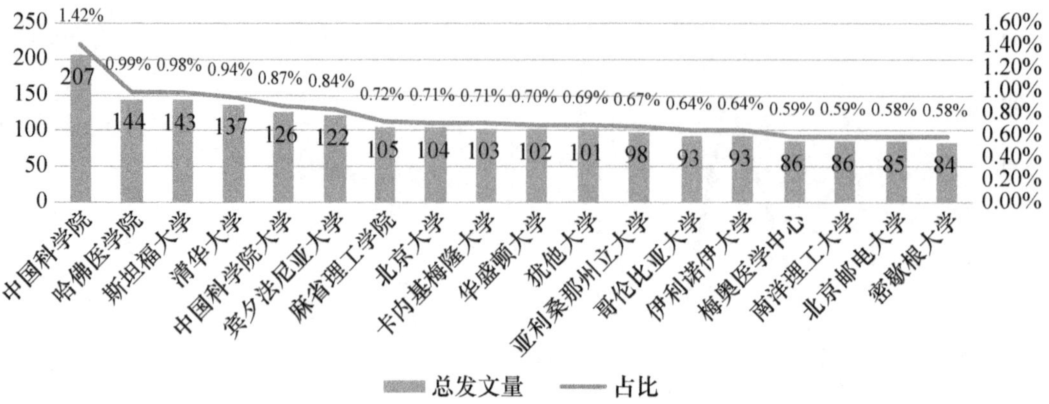
250
200
150
100
50
0
1.60%
1.40%
1.20%
1.00%
0.80%
0.60%
0.40%
0.20%
0.00%
1.42%
0.99% 0.98% 0.94% 0.87% 0.84%
0.72% 0.71% 0.71% 0.70% 0.69% 0.67% 0.64% 0.64% 0.59% 0.59% 0.58% 0.58%
207 144 143 137 126 122 105 104 103 102 101 98 93 93 86 86 85 84
中国科学院
哈佛医学院
斯坦福大学
清华大学
中国科学院大学
宾夕法尼亚大学
麻省理工学院
北京大学
卡内基梅隆大学
华盛顿大学
犹他大学
亚利桑那州立大学
哥伦比亚大学
伊利诺伊大学
梅奥医学中心
南洋理工大学
北京邮电大学
密歇根大学
总发文量
占比

图 3.2.7　2016—2020 年自然语言处理领域发文量前 18 名的机构

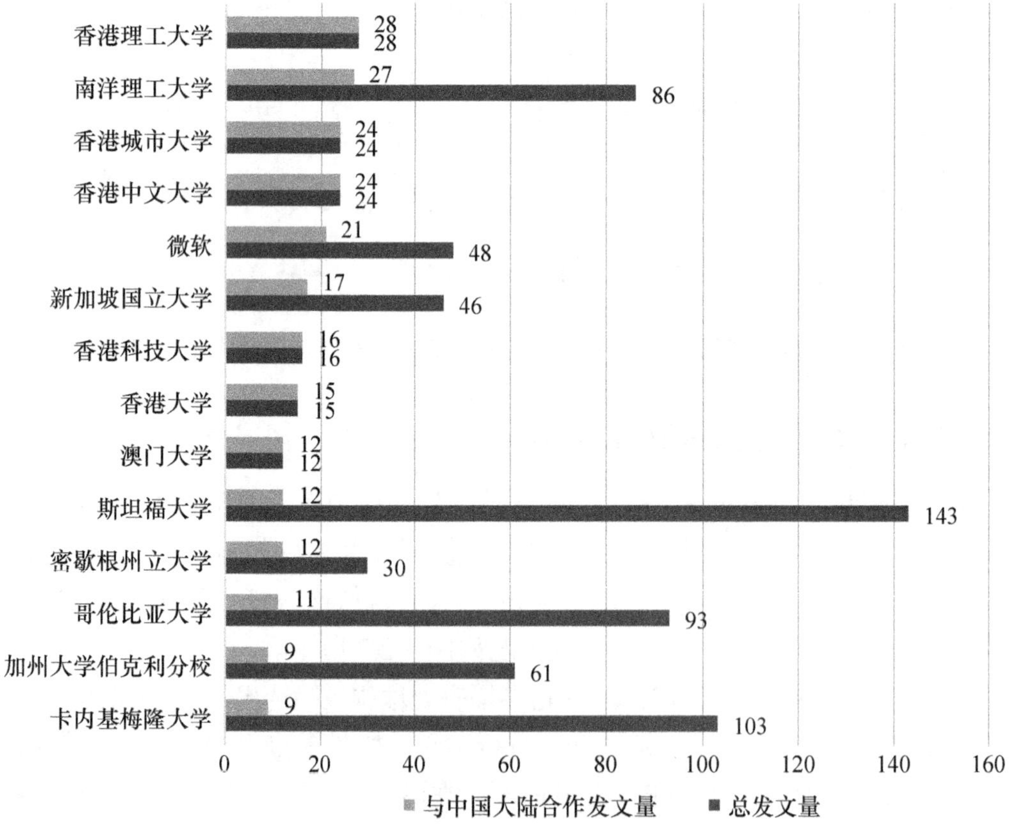
香港理工大学 28 28
南洋理工大学 27 86
香港城市大学 24 24
香港中文大学 24 24
微软 21 48
新加坡国立大学 17 46
香港科技大学 16 16
香港大学 15 15
澳门大学 12 12
斯坦福大学 12 143
密歇根州立大学 12 30
哥伦比亚大学 11 93
加州大学伯克利分校 9 61
卡内基梅隆大学 9 103
0 20 40 60 80 100 120 140 160
与中国大陆合作发文量
总发文量

（a）与中国大陆合作发文量前 14 名的研究机构

图 3.2.8　2016—2020 年自然语言处理领域与中国大陆合作主要研究机构

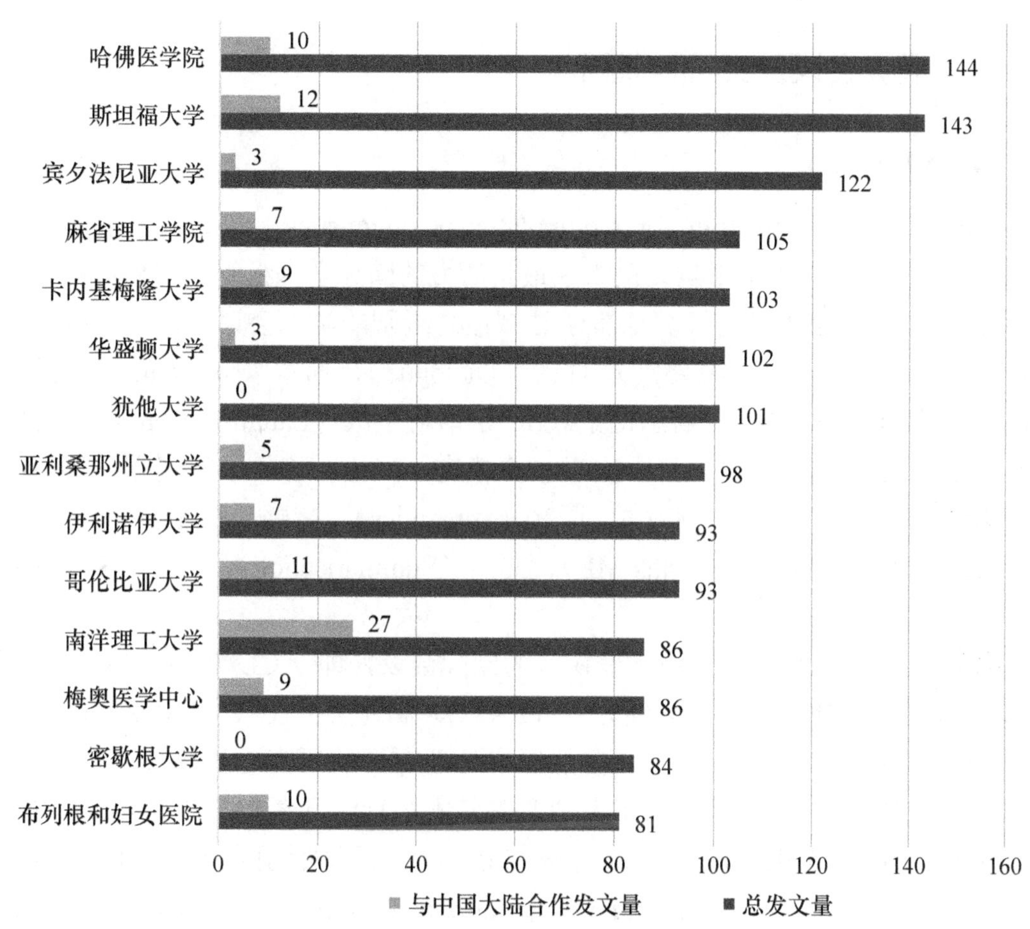

（b）发文量前 14 名研究机构与中国大陆合作情况

图 3.2.8　2016—2020 年自然语言处理领域与中国大陆合作主要研究机构（续）

所示，美国哈佛医学院、斯坦福大学、宾夕法尼亚大学、麻省理工学院、卡内基梅隆大学、华盛顿大学自然语言处理领域研究实力很强的机构与中国大陆也有相关合作，但合作率较低。

通过以上数据可知，在自然语言处理领域，美国在 SCI 期刊论文发表数量、优势研究机构等方面均处于领先地位，其研究实力遥遥领先，优势研究机构也强于中国；与中国大陆合作发表 SCI 论文的机构大多集中于香港地区、澳门地区，而欧美优势研究机构与中国大陆合作的比例很小。

3.2.3 顶级会议发文统计情况

3.2.3.1 ACL

ACL（The Association for Computational Linguistics，计算机语言协会）1962 年成立，是世界上影响力最大、最具活力的国际学术组织，其会员遍布世界各地。自然语言处理与计算语言学领域最高级别的学术会议，由计算机语言协会主办，每年一届。主要涉及对话（Dialogue）、篇章（Discourse）、评测（Eval）、信息抽取（IE）、信息检索（IR）、语言生成（LanguageGen）、语言资源（LanguageRes）、机器翻译（MT）、多模态（Multimodal）、音韵学/ 形态学（Phon/Morph）、自动问答（QA）、语义（Semantics）、情感（Sentiment）、语音（Speech）、统计机器学习（Stat ML）、文摘（Summarisation）、句法（Syntax）等方面。

ACL 主办了 NLP/CL 领域最权威的国际会议，即 ACL 年会。1982 年和 1999 年，ACL 分别成立了欧洲分会（EACL）和北美分会（NAACL）两个区域性分会。近年来，亚太地区在自然语言处理方面的研究进步显著，2018 年 7 月，第 56 届 ACL 年会在澳大利亚墨尔本举行。开幕仪式上，ACL 主席 Marti Hearst 正式宣布成立国际计算机语言协会亚太地区分会（The Asia-Pacific Chapter of Association for Computational Linguistics，AACL）。ACL 亚太分会的成立，将进一步促进亚太地区 NLP 相关技术和研究的发展。

（1）国家（地区）投稿 ACL 情况统计分析

使用 AMiner 大数据平台挖掘语音识别领域近五年的论文，提取论文中作者所在国家或地区，如图 3.2.9 所示，美国投稿数量最多，占比 35.73%，中国其次，占比 25.29%。

（2）研究机构投稿 ACL 情况统计分析

使用 AMiner 大数据平台挖掘语音识别领域近五年的论文，提取论文中作者所在高校/机构，如图 3.2.10 所示，发现美国机构投稿数量最多，其中卡内基梅隆大学 103 篇，微软 69 篇，谷歌 61 篇。中国机构发文量最多的机构是中国科学院，为 46 篇。

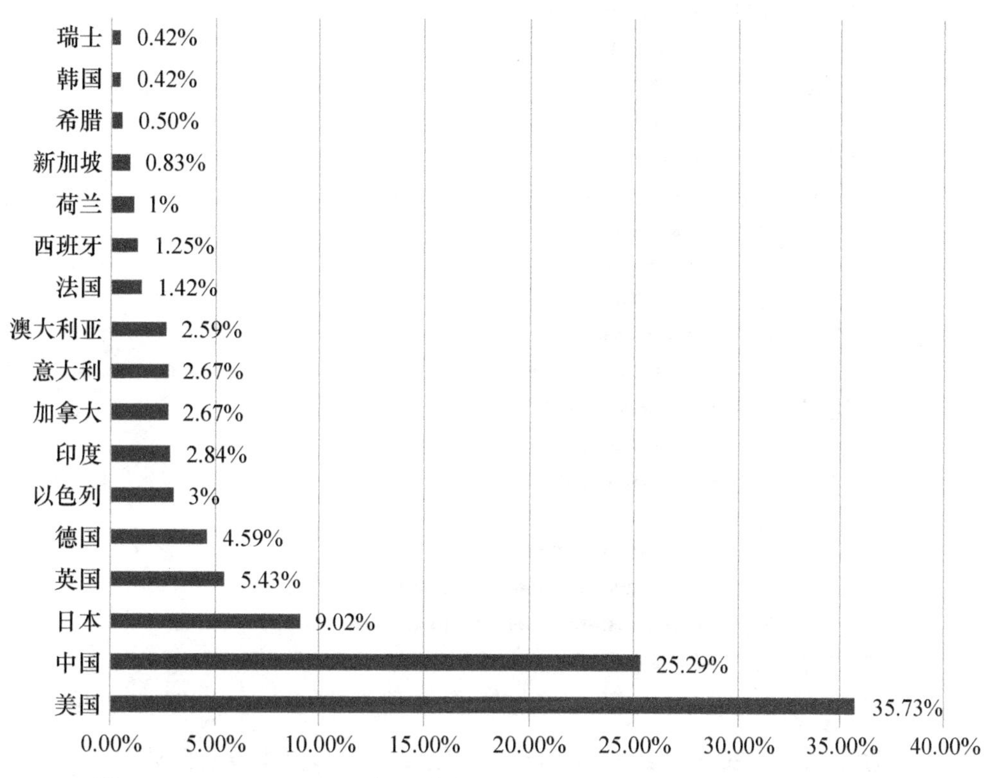

图 3.2.9　2016—2020 年语音识别领域 ACL 发文主要国家（地区）

（3）ACL 最佳会议论文情况分析

如表 3.2.3 所示，2016—2020 年 ACL 会议共 10 篇最佳论文，其中 7 篇的第一作者为美国机构学者，2 篇第一作者为中国研究机构的学者，另外 1 篇第一作者为葡萄牙研究机构的学者。同时，ACL 会议 10 篇最佳论文中高校参与的有 8 篇，高校成为语音识别、自然语言处理的重要力量，ACL 会议成为语音识别、自然语言处理领域科研机构和科技企业学术交流的重要平台。

（4）ACL 近五年高被引学者分析

在 ACL 近五年排名前 10 的高被引学者中，美国机构的学者有 4 位，中国学者有 3 位，苏格兰学者有 2 位，瑞士学者有 1 位，高被引学者前 10 榜单如表 3.2.4 所示。

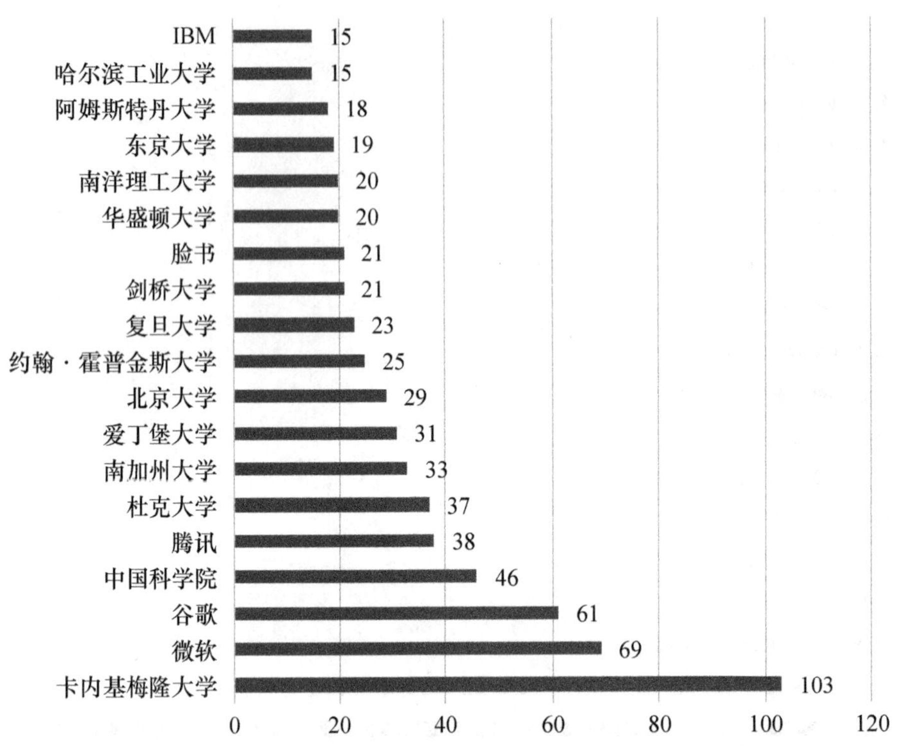

图 3.2.10　2016—2020 年语音识别领域 ACL 发文主要研究机构

表 3.2.3　ACL 近五年最佳论文

年份	论文标题	作者	机构
2020	Climbing towards NLU: On Meaning, Form, and Understanding in the Age of Data	Emily M. Bender, Alexander Koller	华盛顿大学，萨尔大学
	Beyond Accuracy: Behavioral Testing of NLP models with CheckList	Ribeiro Marco Tulio, Wu Tongshuang, Guestrin Carlos, Singh Sameer	微软，华盛顿大学，香港科技大学，加利福尼亚大学
2020	GAIA: A Fine-grained Multimedia Knowledge Extraction System	Manling Li, Alireza Zareian, Ying Lin, Xiaoman Pan, Spencer Whitehead, Brian Chen, Bo Wu, Heng Ji, Shih-Fu Chang, Clare Voss, Daniel Napierski, Marjorie Freedman	哥伦比亚大学

（续表）

年份	论文标题	作者	机构
2019	Bridging the Gap between Training and Inference for Neural Machine Translation	Wen Zhang, Yang Feng, Fandong Meng, Di You, Qun Liu	中国科学院计算技术研究所智能信息处理重点实验室
	Do you know that Florence is packed with visitors? Evaluating state-of-the-art models of speaker commitment	Nanjiang Jiang, Marie-Catherine de Marneffe	俄亥俄州立大学
	Emotion-Cause Pair Extraction: A New Task to Emotion Analysis in Texts	Rui Xia, Zixiang Ding	南京理工大学
	OpenKiwi: An Open Source Framework for Quality Estimation	Fabio Kepler, Jonay Trénous, Marcos Treviso, Miguel Vera, André F. T. Martins	Unbabel
2018	Finding syntax in human encephalography with beam search	Chris Dyer, Adhiguna Kuncoro, John Hale, Jonathan Brennan	卡内基梅隆大学
2017	Probabilistic Typology: Deep Generative Models of Vowel Inventories	Ryan Cotterell, Jason Eisner	约翰·霍普金斯大学
2016	Finding Non-Arbitrary Form-Meaning Systematicity Using String-Metric Learning for Kernel Regression	E. Dario Gutiérrez, Roger Levy, Benjamin Bergen	麻省理工学院，加州大学圣迭哥分校

（5）ACL 企业作者论文情况

通过科技情报大数据挖掘与服务系统 AMiner 平台，对 2015—2019 年 ACL 顶级会议收录的论文进行统计。分析发现，引用次数排前 20 名的会议论文中，高达 9 篇论文均有企业作者参与，分别是脸书 AI 实验室、字节跳动 AI 实验室各 3 篇，谷歌 Brain、OpenAI、谷歌 DeepMind、腾讯各 2 篇，亚马逊、Adobe、华为诺亚方舟实验室各 1 篇。值得提出的是，美国企业占大多数（6 家），中国企业居次（3 家）。另外，引用次数排名前 5 名的自然语言处理领域的学术论文第一作者均来自高校，分别为爱丁堡大学、斯坦福大学、卡内基梅隆大学、剑桥大学和斯特拉斯堡大学。

表 3.2.4　ACL 近五年的高被引学者前 10 榜单

序号	姓名	所在单位	总引用量
1	Alexandra Birch	爱丁堡大学	3375
2	Rico Sennrich	苏黎世大学	3355
3	Barry Haddow	爱丁堡大学	3219
4	Christopher D. Manning	斯坦福大学	2200
5	Eduard H. Hovy	卡内基梅隆大学	1726
6	Xuezhe Ma	南加州大学	1653
7	Maosong Sun	清华大学	1582
8	J Gao	北卡罗来纳州立大学	1493
9	Zhengdong Lu	华为	1310
10	Hang Li	字节跳动	1289

3.2.4　专利申请情况（2006—2020 年）

20 世纪 50 年代，AT&T 贝尔实验室的语音识别研究首次取得成功，该系统可以识别出一到十的英文数字，语音识别作为一颗新星正式在历史舞台现身。经过六七十年的发展，语音识别技术在全球范围内不断创新和应用，2019 年语音识别领域全球专利申请数量达到 5256 件。

3.2.4.1　语音识别领域主要国家（地区）专利申请态势分析

（1）主要国家（地区）专利申请趋势分析

根据数据统计，可以将语音识别全球专利申请趋势大致分为 3 个阶段，分别为萌芽阶段、发展阶段、应用阶段。

萌芽阶段（2006—2010 年）：语音识别技术处于萌芽阶段。如图 3.2.11 所示，2016 年，语音识别领域主要国家（地区）专利申请量为 1663 项，之后，主要国家（地区）专利申请量变化趋势逐年下降。2010 年，语音识别主要国家（地区）专利申请数量降低至 1235 项。

发展阶段（2011—2016 年）：语音识别技术处于发展阶段。如图 3.2.11 所示，2011 年，语音识别领域技术有了新的突破，主要国家（地区）专利申请数量开始增长，为 1369 项；并且在该发展阶段，语音识别领域全球专利研发情况出现两个增长点，分别为 2012 年和 2015 年。2012 年，语音识别领域全球专利申请数量激增，较上年增长了 621 项，之后年增长量开始逐渐下降；2015 年，语音识别领域技术又取得一定突破，年增长量为 659 项。从整体来看，2011—2016 年，借助机器学习领域深度学习研究的发展，以及大数据语料的积累，语音识别技术得到突破性的进展，推动了语音识别专利申请数量的偶发性增长。

应用阶段（2017 年至今）：语音识别技术处于成熟阶段。如图 3.2.11 所示，2016 年，语音识别技术主要国家（地区）专利申请数量达到 3575 项，之后两年，年均增长量均维持在 1000 项左右，增速迅猛。但从 2019 年开始，语音识别技术主要国家（地区）专利申请增长量开始下降。并且，受到新冠疫情与专利数据延缓公开的影响，2020 年的语音识别领域全球专利申请数量骤减，仅为 2906 项。但客观外界因素并不影响语音识别技术的不断创新和发展。综上，随着语音识别技术的发展成熟，该技术在手机、家电、游戏机等嵌入式设备中得到大量的应用，并主要应用于语音的控制以及文本内容的输

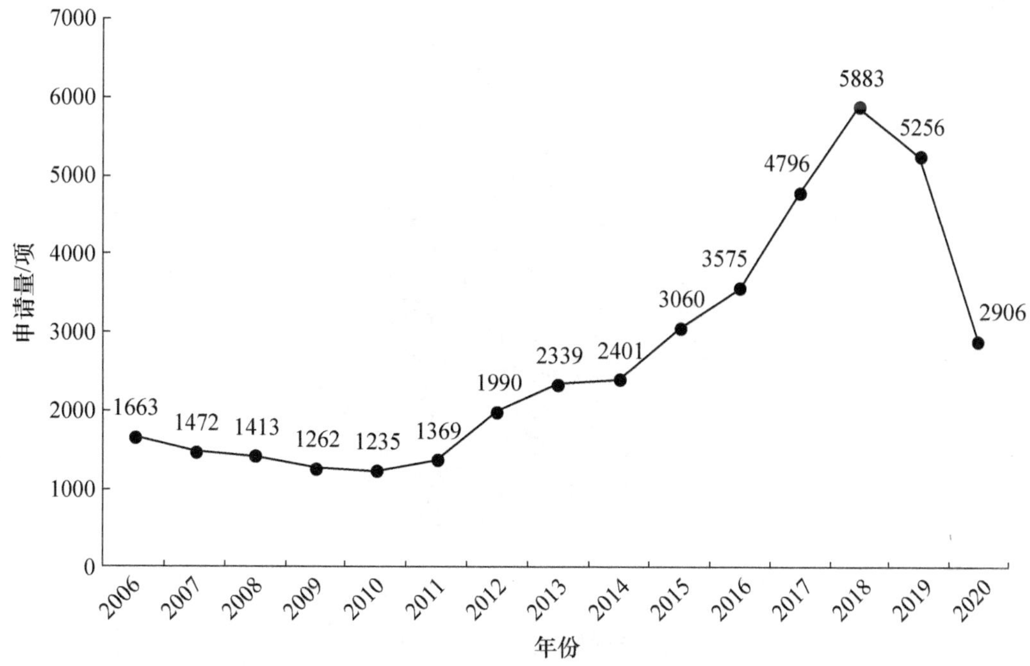

图 3.2.11　语音识别领域全球专利申请趋势图

入中，因此走入人们的日常生活。该技术的创新空间巨大，但核心技术突破存在一定难度，使得近年来主要国家（地区）专利申请数量有所下降。

（2）主要国家（地区）专利申请情况分析

图 3.2.12（a）为语音识别领域全球专利申请技术来源分布图。美国和中国是语音识别技术创新的中心国家，中国的语音识别全球专利申请数量为 19730 项，美国的语音识别全球专利申请数量为 8876 项，两个国家专利申请量占专利申请总量的 72.58%，且两国差距比较明显。其中，50.06% 的专利申请来自中国，这一数量约为位居第二位的美国的 2.5 倍，约为位居第三位的韩国的 3 倍。

图 3.2.12（b）是语音识别领域全球专利布局目标国家（地区）分布图。由图可知，中国的语音识别技术专利申请数量为 20630 项，占总量的 50.79%。而美国、韩国、日本和欧洲专利局地区的语音识别技术专利申请数量占比分别为 25.81%、14.90%、7.21%和 1.29%。美国和中国作为目标国家，全球专利申请数量占总量的 76.60%，与其他国家的专利申请量相比优势明显。

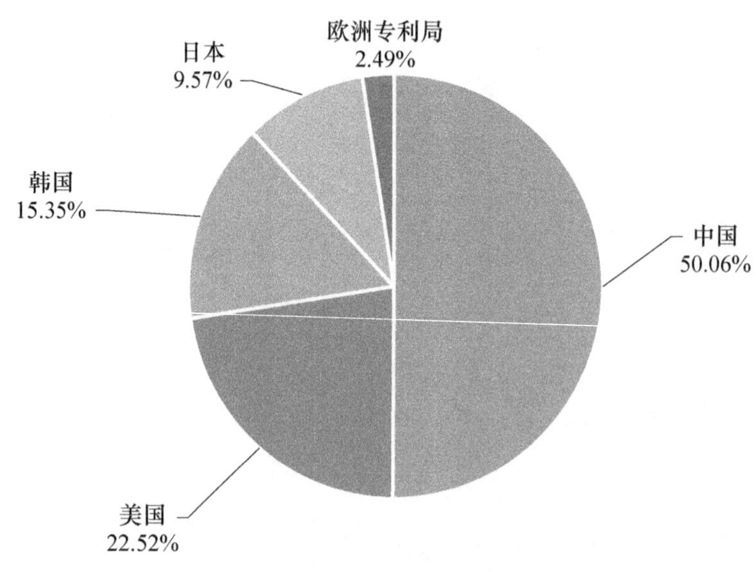

（a）专利申请来源国家（地区）

图 3.2.12 语音识别领域主要国家（地区）专利申请情况

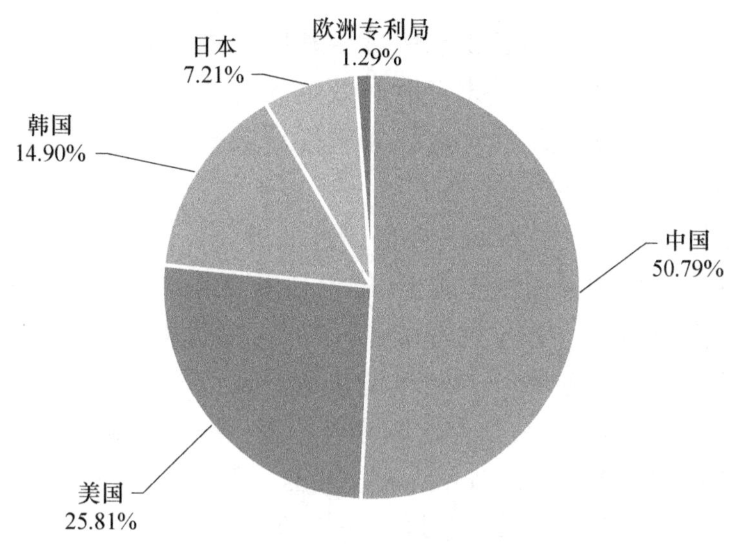

（b）专利申请目标国家（地区）

图 3.2.12　语音识别领域主要国家（地区）专利申请情况（续）

（3）主要国家（地区）专利申请流向分析

表 3.2.5 统计了语音识别领域主要国家（地区）专利申请流向分布。其中，中国的专利绝大部分来自本土，而美国有 898 项专利进入中国，但中国仅有 455 件专利进入美国。同样，韩国、日本和欧洲专利局的语音识别专利进入中国申请的数量也远远超过中国进入这些国家或地区的专利数量。而对于美国，语音识别技术来自本国的专利数量为 8378 项，进入韩国、日本的专利数量远远少于这些国家进入美国的专利数量。

表 3.2.5　语音识别领域主要国家（地区）专利申请量流向分布

技术来源国家（地区）	技术目标国家（地区）				
	中国	美国	韩国	日本	欧洲专利局
中国	19583	455	104	111	129
美国	898	8378	380	370	707
韩国	398	1140	5785	96	336
日本	458	1264	142	2910	290
欧洲专利局	305	718	115	71	400

由此可见，虽然中国语音识别领域专利申请数量众多，位居全球第一，但绝大多数都集中在本国，并未及时有效地向海外布局。美国、韩国、日本和欧洲专利局相关国家或地区注重语音识别领域技术专利的全球布局，并且高度重视在中国和美国寻求专利保护。

（4）主要国家（地区）专利主要申请人分析

图 3.2.13 是语音识别领域的前 10 位专利申请人分布。三星电子以 724 项专利申请排名全球第一，IBM 紧随其后，专利申请数量为 536 项。LG 和百度在线网络技术的语音识别领域专利申请数量分别位居全球第三位和第四位，专利数量都在 400 项左右。微软、韩国电子通信研究院和腾讯的专利申请数量均在 300 项以上，Nuance Communications、平安科技和谷歌在语音识别领域也具有一定实力，专利申请数量均在 200 项以上。

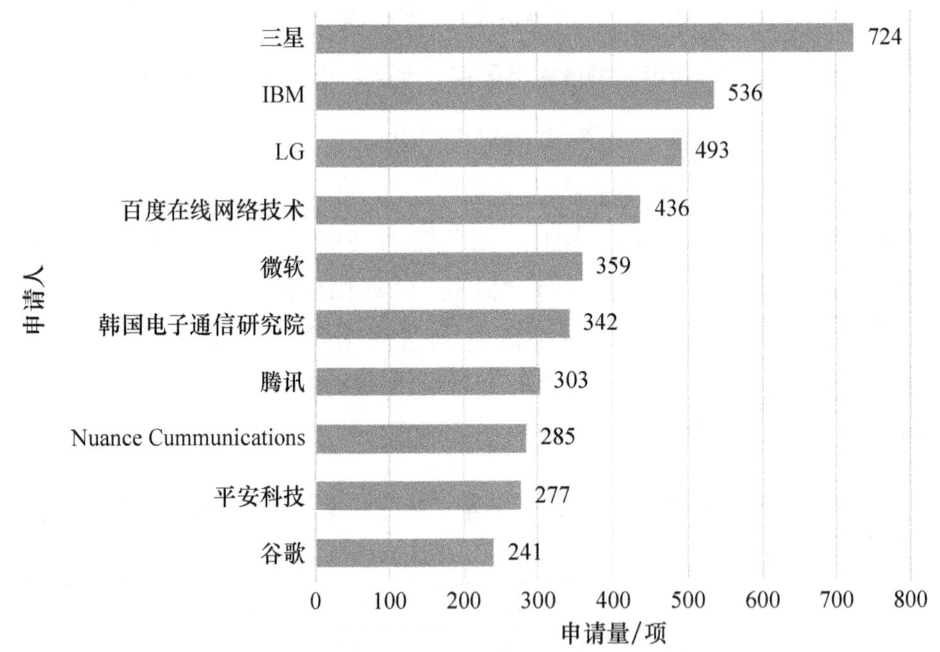

图 3.2.13　语音识别领域专利主要申请人排名

总体来看，在前 10 位申请人排名中，美国企业有 4 家，中国企业有 3 家，韩国企业有 3 家。这表明，美国语音识别领域核心技术更为成熟和领先，具有大量顶尖企业，并且应用领域广泛。韩国的三星电子在语音识别领域具有全球顶级实力，发展势头强劲。近年来，中国也积极开展语音识别领域研究，并且语音识别相关产品在工业、家电、通信、汽车电子、医疗、家庭服务、消费电子产品等各领域都得到广泛应用，技术创新不断取得突破。

3.2.4.2 语音识别领域中国专利申请态势分析

（1）中国专利申请趋势分析

图 3.2.14 为语音识别领域中国专利申请趋势分析。由图可知，我国语音识别技术以 2012 年和 2019 年为节点，可大致将中国专利申请趋势分为三个阶段，分别为技术发展阶段、技术增长阶段和技术应用阶段。

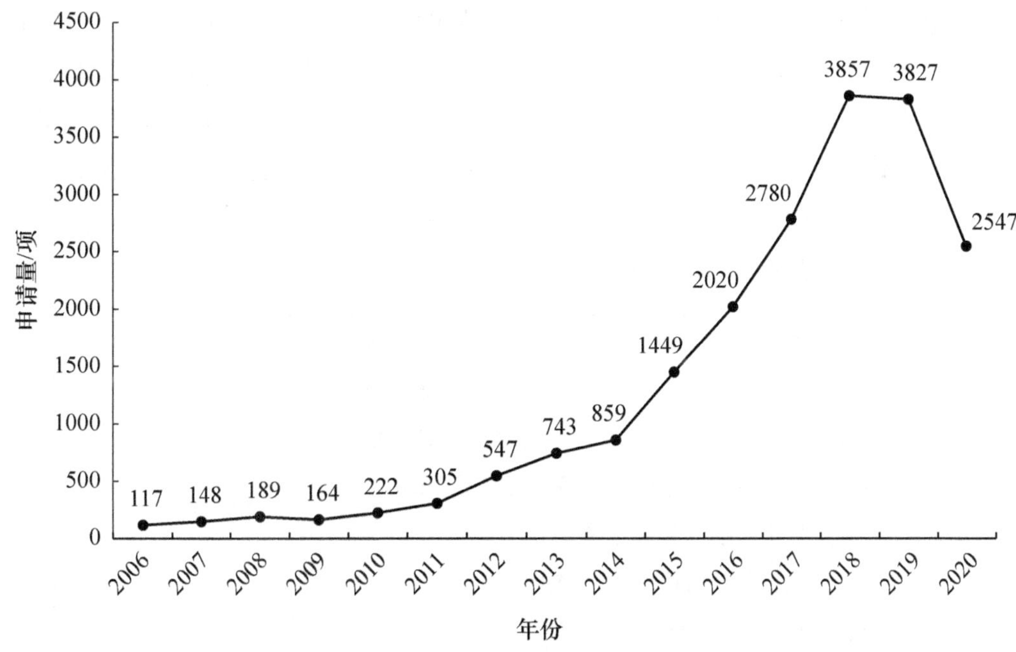

图 3.2.14 语音识别领域中国专利申请趋势图

技术发展阶段（2006—2011 年）：我国语音识别技术发展缓慢，相关专利较少，申请数量虽每年有所增加，但年增长量不稳定，2009 年，年增长量为负。之后两年，我国语音识别领域专利申请量又缓慢增长。

技术增长阶段（2012—2018 年）：2012 年，我国语音识别领域专利申请数量达到 547 项，取得一定进展。之后，随着人工智能技术的快速升温，我国语音识别技术相关专利开始大量出现，相关技术研究不断取得新的突破，新理论、新方法的引进，进一步推动了语音识别的发展。2018 年我国语音识别专利申请数量增长到 3857 项，年增长量突破 1000 项，创历史新高。

技术应用阶段（2019 年至今）：随着语音识别技术的不断发展，其创新空间变小，专利申请数量开始下降。2019 年，我国语音识别专利申请数量为 3827 项，较上年减少 20 项。然而，由于 2020 年的相关专利信息存在延迟公开的情况，所以当年的全球专利申请数量呈现骤减现象，不作为趋势分析依据。

（2）中国专利主要申请人分析

如图 3.2.15 所示，我国语音识别领域技术的专利申请人中，百度系以 609 件专利位居第一，其研发实力很强，具有绝对的技术优势。腾讯以 303 件专利数量位居第二，在语音识别领域也具有一定技术实力。平安科技和珠海格力电器分别位居第三和第四，专利数量分别为 277 件和 226 件。联想、苏州思必驰、科大讯飞、中兴通讯和广东小天才科技也跻身中国前 10 位，但专利数量相对较少，均刚刚超过 100 项。

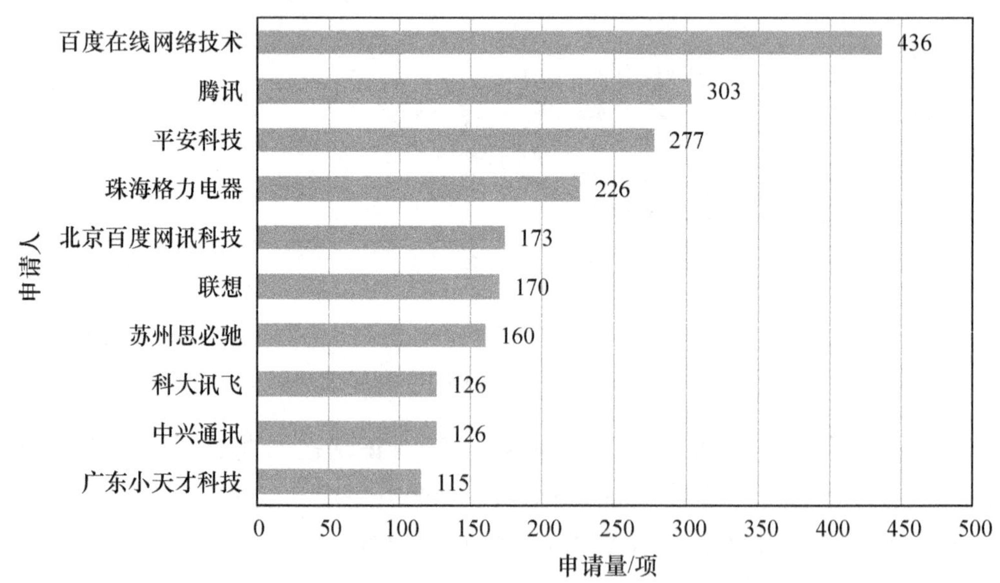

图 3.2.15 语音识别领域中国专利主要申请人排名

总体来看，我国排名前 10 位的申请人中，语音识别技术主要应用于通信、电子设备等领域，我国在语音识别领域有用大量顶尖企业，市场占比很大，发展潜力无限。随着我国大数据、人工智能的不断发展，我国语音识别技术应用将更为广泛。

3.2.4.3　自然语言处理领域主要国家（地区）专利申请态势分析

最早的自然语言理解方面的研究工作是机器翻译。1949 年，美国科学家 Weaver 发布了《翻译备忘录》（*Translation Memorandum*），标志着现代机器翻译概念的正式形成。经过六七十年的发展，自然语言处理技术在全球范围内不断创新和应用，2019 年自然语言处理领域全球专利申请数量达到 10590 件。2020 年的相关专利信息存在延迟公开的情况，所以当年的全球专利申请数量呈现骤减现象，不作为趋势分析依据。

（1）主要国家（地区）专利申请趋势分析

根据数据统计，可以将自然语言处理领域全球专利申请趋势大致分为 3 个阶段，分别为萌芽阶段、发展阶段、应用阶段。

萌芽阶段（2006—2011 年）：自然语言处理技术处于萌芽阶段。如图 3.2.16 所示，自然语言处理主要国家（地区）专利申请数量从 421 项增长至 2011 年的 843 项，该阶段申请量变化趋势较为缓慢，年申请量不超过 1000 项。

发展阶段（2012—2016 年）：自然语言处理技术处于发展阶段。如图 3.2.16 所示，2012 年，自然语言处理技术主要国家（地区）专利申请数量突破 1000 项；2012—2015 年期间，自然语言处理领域全球专利申请数量年均增长量均不超过百的量级。2016 年自然语言处理主要国家（地区）专利申请数量达到 3654 项，专利申请增长势头凸显。从整体来看，在图像识别和语音识别领域的成果激励下，人们也逐渐开始引入深度学习来做自然语言处理研究，将深度学习与自然语言处理的结合推向了高潮，并在机器翻译、问答系统、阅读理解等领域取得一定成功，推动了自然语言处理专利申请数量的突发性增长。

应用阶段（2017 年至今）：2017 年至今，自然语言处理技术处于应用阶段。如图 3.2.16 所示，2017 年，自然语言处理领域主要国家（地区）专利申请数量为 5959 项，与 2016 年申请数量相比增长 63.1%。近三年的自然语言处理技术主要国家（地区）专利申请数量增量都维持在 2000 项以上，增速迅猛。随着大数据、深度学习、云计算三大要素的推动，自然语言处理技术从初步的应用到应用于搜索、聊天机器人，到通过上下文的理解、知识的把握，自然语言处理技术将迎来蓬勃发展的时期，并且，自然语言处理将推动智能硬件、智能家居、物联网的普及，同时与其他人工智能技术融合，带动垂直细分领域更广泛的应用。2019 年，自然语言处理领域主要国家（地区）专利申请数量突破万级。

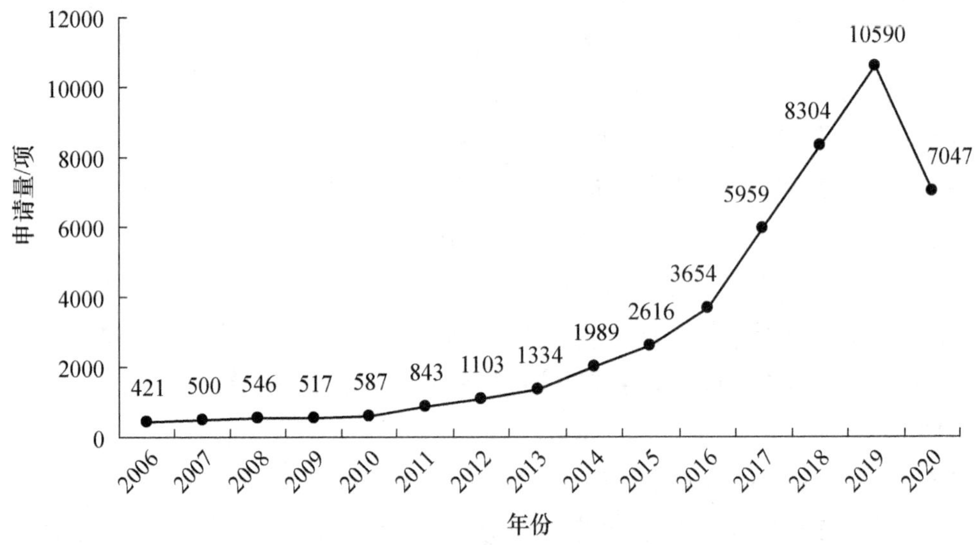

图 3.2.16　自然语言处理领域专利申请趋势图

（2）主要国家（地区）专利申请情况分析

图 3.2.17 是自然语言处理领域主要国家（地区）专利申请技术来源分布图。中国和美国是自然语言处理技术创新的中心国家，中国的自然语言处理全球专利申请数量为 20203 项，美国的自然语言处理全球专利申请数量为 19342 项，两个国家专利申请量占专利申请总量的 84.94%，虽然中国和美国的自然语言处理领域全球专利申请数量的差距不大，但同时是位居第三位的韩国和第四位的日本的约 7 倍。此外，欧洲专利局相关国家和地区自然语言

处理领域全球专利申请数量均不超过 1000 项，占比较小。

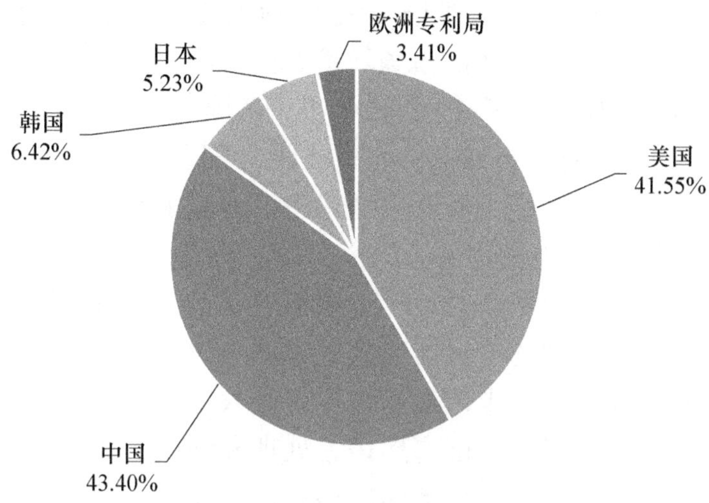

（a）专利申请来源国家（地区）

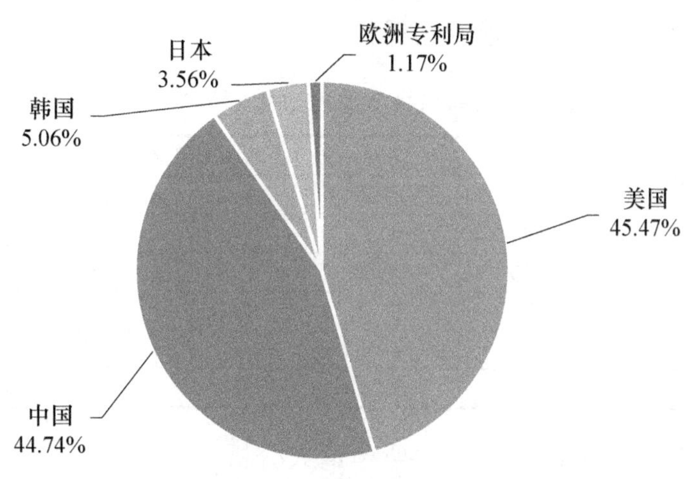

（b）专利申请目标国家（地区）

图 3.2.17　自然语言处理领域主要国家（地区）专利申请情况

（3）主要国家（地区）专利申请流向分析

由自然语言处理领域全球专利布局目标国家或地区分布情况可知，美国的自然语言处理领域专利申请数量为 21908 项，占总量的 45.47%，紧随其后的中国自然语言处理领域专利申请数量为 21557 项，占总量的 44.74%。而韩国、日本和欧洲专利局的自然语言处理领域专利申请数量占比分别为 5.06%、3.56%和 1.17%。开放的市场环境、先进的科学技术、巨大的市场需求和海量的数据资源使得美国和中国成为吸引各国创新的主体。

此外，表 3.2.6 统计了自然语言处理领域主要国家（地区）专利申请流向分布。其中，中国的专利绝大部分来自本土，而美国有 1710 项专利进入中国，但中国仅有 458 件专利进入美国。同样，韩国、日本和欧洲专利局的自然语言处理专利进入中国申请的数量也要远远超过中国进入这些国家或地区的专利数量。然而，美国的自然语言处理领域申请专利全球分布比较均衡，并且，流向其他国家的专利申请数量和美国进入这些国家或地区的专利数量相差明显。由此可见，虽然中国自然语言处理专利申请数量众多，但绝大多数都集中在本国，并未及时有效地向海外布局。与此相反，美国、韩国、日本和欧洲专利局的相关国家或地区更注重自然语言处理技术专利的全球布局，并且高度重视在美国寻求专利保护。

表 3.2.6　自然语言处理领域主要国家（地区）专利申请量流向分布

技术来源国家（地区）	技术目标国家（地区）				
	中国	美国	韩国	日本	欧洲专利局
中国	20099	458	49	92	111
美国	1710	14886	391	569	812
韩国	329	1210	2421	42	263
日本	515	894	51	1737	264
欧洲专利局	343	1105	28	40	387

（4）主要国家（地区）专利主要申请人分析

图 3.2.18 给出了自然语言处理领域的前 10 位专利申请人分布。IBM 以 5179 项专利申请排名第一，腾讯紧随其后，但专利申请数量仅为 1995 项，不足 IBM 专利申请数量的二分之一。之后，百度系和微软系专利申请量分别为 1096 项、965 项，也占据一定地位，专利数量都超过 900 项。LG、三星、平安科技和脸书的专利申请数量均在 300 项以上，跻身全球专利申请前 10 位。

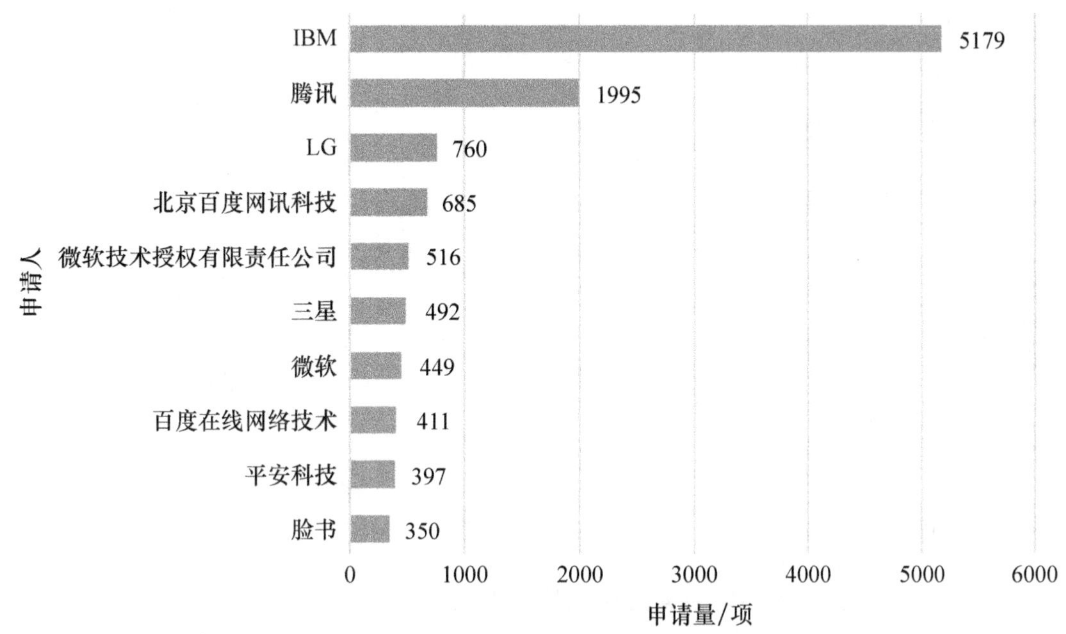

图 3.2.18　自然语言处理领域专利主要申请人排名

总体来看，在前 10 位申请人排名中，美国和中国的企业均为 4 家，韩国企业有 2 家。这表明，美国在自然语言处理领域起步较早，核心技术更为成熟和领先，拥有大量顶尖企业，并且应用领域广泛。韩国 LG 在自然语言处理领域具有强劲的实力，技术创新明显。近年来，中国积极开展对自然语言处理领域的技术研究，专利成果也在不断增加，未来发展势不可挡。

3.2.4.4　自然语言处理领域中国专利申请态势分析

（1）中国专利申请趋势分析

图 3.2.19 给出了自然语言处理领域中国专利申请趋势分析。由图可知，我国自然语言处理技术以 2012 年和 2015 年为节点，可大致将中国专利申请趋势分为三个阶段，分别为技术发展阶段、技术增长阶段和技术应用阶段。

技术发展阶段（2006—2011 年）：2010 年以前，我国自然语言处理技术发展缓慢，相关专利较少，专利申请数量虽每年有所增加，但专利申请总量不超过 100 项。2011 年，自然语言处理技术申请数量突破 100 项，技术有了新的突破。

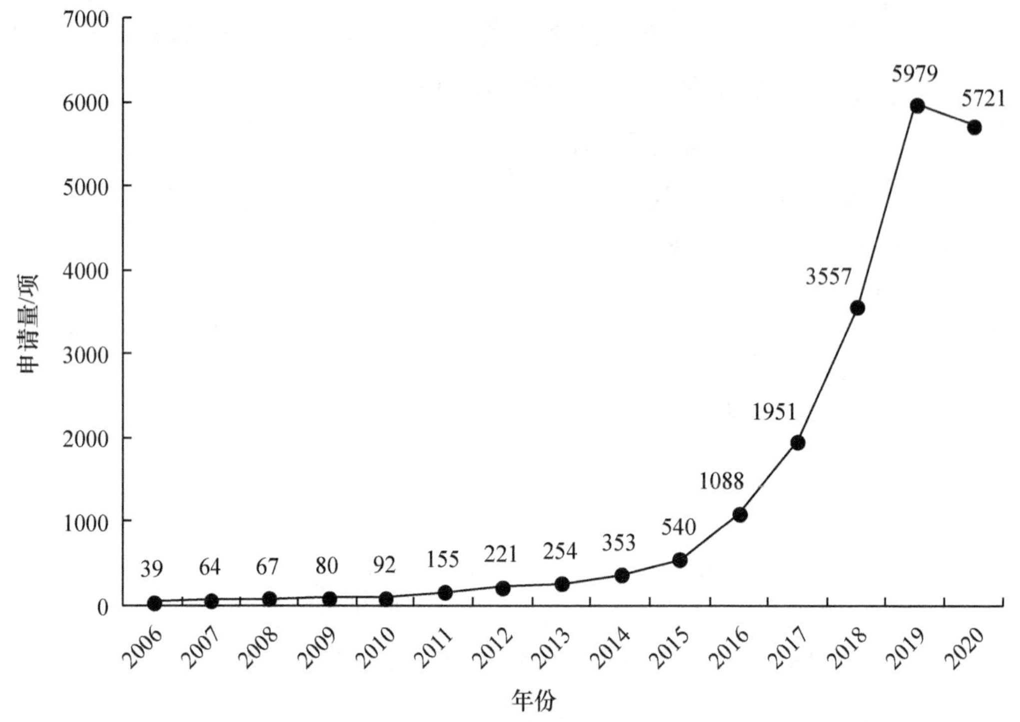

图 3.2.19　自然语言处理领域中国专利申请趋势图

技术增长阶段（2012—2015 年）：随着人工智能技术的快速升温，我国自然语言处理技术也在不断进行探索和创新，相关专利申请数量也在不断增加，但增速仍比较缓慢。

技术应用阶段（2016 年至今）：在人工智能技术受到密切关注以及人工智能产业强烈发展需求的大背景下，2016 年，我国自然语言处理技术专利申请数量超过 1000 项，之后，人工智能自然语言处理技术呈现出指数型上涨态势，2019 年，专利申请数量到达 5979 件。然而，2020 年的相关专利信息存在延迟公开的情况，所以当年的中国专利申请数量呈现骤减现象，不作为趋势分析依据。

（2）中国主要专利申请人分析

如图 3.2.20 所示，我国自然语言处理领域的专利申请人中，腾讯以 1995 件专利数量位居第一，其研发实力很强，具有绝对的技术优势。百度系以 1096 项位居第二，平安科技也具有一定技术实力，专利申请量在 300 件以上，但自然语言处理的技术明显不及排名第一的腾讯，数量差距明显。清华大学、浙江大学、电子科技大学、中山大学和昆明理工大学在自然语言处理领域也占据一定地位，均跻身中国前 10 位。华为在自然语言处理领域起步较晚，专利申请数量仅为 176 项，排名全国第 9。

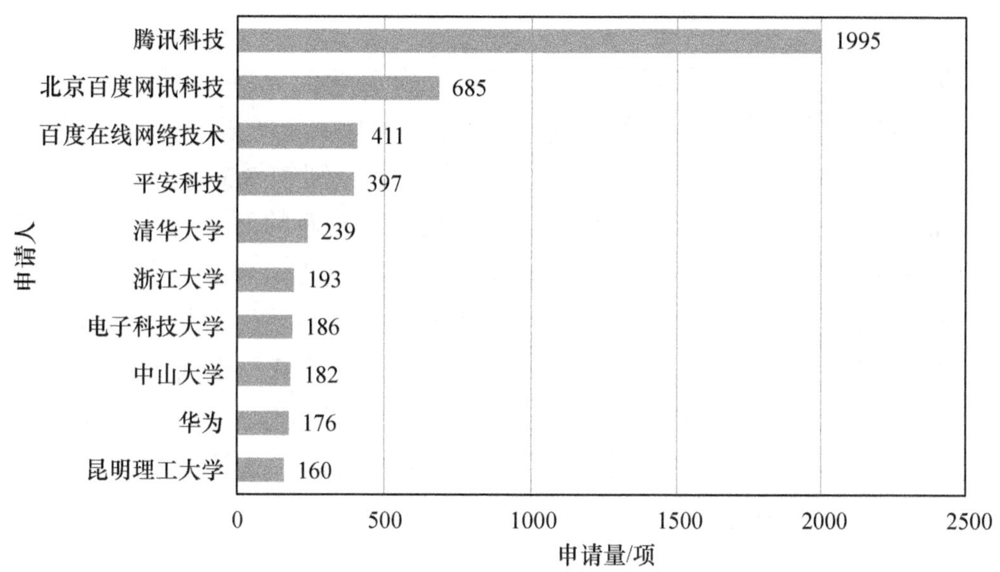

图 3.2.20　自然语言处理领域中国专利主要申请人情况

总体来看，我国排名前 10 位的专利申请人中，企业和高校占比均衡，均为 5 个席位，但企业的专利申请数量是高校申请数量的 4 倍。可见，我国自然语言处理技术研发空间较大，综合应用较为广泛，市场占比很大；但许多核心技术仍处于初步阶段，产业界和学术界在不断进行技术研发，未来发展潜力强劲。

3.2.5　语音识别和自然语言处理领域知名机构情况

在语音识别和自然语言处理两大技术领域，国内外知名机构众多，国外知名机构主要有苹果、谷歌、亚马逊、微软等，而国内知名机构主要有百度、科大讯飞、苏州思必驰、云知声等。下面主要介绍亚马逊、苹果、科大讯飞和云知声四大国内外知名机构。

3.2.5.1 国外知名机构

（1）亚马逊

亚马逊成立于 1995 年，总部位于华盛顿州的西雅图，是美国最大的网络电子商务公司，现已成为全球商品品种最多的网上零售商和全球第二大互联网企业。

2014 年 11 月，亚马逊推出了一款全新概念的智能音箱——Echo，这款产品将智能语音交互技术植入到传统音箱中，从而赋予了音箱人工智能的属性。至此，Alexa 语音服务开启了亚马逊在语音识别领域的大门，致力于将 Alexa 语音服务功能应用到日常设备中，打造一款全新的万能语音计算平台。2015 年 6 月，亚马逊的语音助手 Alexa 面世，其核心竞争要素主要体现在硬件端用户触达能力、远场语音交互、AI 技术能力、后端生态整合能力等；其主要功能分布在各个领域，包括娱乐游戏、新闻、教育、生活、趣味搞笑、效率、天气、音乐影视、智能家居、运动、饮食、财经、当地、旅行交通、电影电视、公共服务、社交、购物、车联网等。目前，在智能语音市场，亚马逊处于全球领先地位。

（2）苹果

苹果公司是美国一家高科技公司。1976 年 4 月，由史蒂夫·乔布斯、斯蒂夫·沃兹尼亚克和罗·韦恩等人创立，命名美国苹果电脑公司，总部位于美国加利福尼亚州的库比蒂诺。2007 年 1 月更名为苹果公司。目前，公司致力于设计、开发和销售消费电子、计算机软件、在线服务和个人计算机。

2010 年 4 月，苹果收购 Siri，该公司主要向苹果用户提供基于语音的个人数字助手服务。2011 年，苹果将 Siri 整合到 iPhone 4S 中，并最终成为其 iOS 移动系统的一部分。Siri 最大的特色在于人机互动，并且整合了大量网络服务，包括 OpenTable、Tickets、Taxi Magic 等。Siri 还支持 11 种语言，其主要功能分布在众多领域，包括娱乐影音、信息查询、生活服务、出行路况查询、个人助手、智能家居控制、发微博、订电影票等。苹果公司对 Siri 语音助手的功能不断进行完善，使其更加智能化，将其应用于电子设备中，推动其在语音识别领域取得突破性进展。

3.2.5.2　国内知名机构

（1）科大讯飞

科大讯飞前身为安徽中科大讯飞信息科技有限公司，成立于 1999 年 12 月，总部位于合肥，2014 年 4 月更名为科大讯飞股份有限公司。科大讯飞专业从事智能语音及语言技术研究、软件及芯片产品开发、语音信息服务及电子政务系统集成；具有语音合成、语音识别、口语评测、语言翻译、声纹识别、人脸识别、自然语言处理等智能语音与人工智能核心技术。目前，科大讯飞主要的产品包括 4 类：

- 讯飞输入法，支持语音输入；
- 咪咕灵犀，中国移动和科大讯飞联合推出的智能语音助手，支持语音打电话、发短信、查天气、搜航班，还能查话费、查流量、买彩票、订彩铃等多项功能；
- 发条，一款基于科大讯飞 AIUI 的智能引擎，通过语音交互，迅速定位用户想要内容的 AI 音乐助手；
- 讯飞电视助手，可以语音播放、换台。

2019 年 10 月，科大讯飞举办全球 1024 开发者节“MORFEI 助力，共创共赢”智能家居分论坛。发布了全屋智能语音面板解决方案。该面板解决方案呈现三大特点：

- 全离线语音交互技术，实现极速、可靠、安全的舒适体验；
- AI 芯片让智能语音技术快速集成；
- 多面板之间分布式语音交互更流畅。

（2）云知声

云知声成立于 2012 年 6 月，是一家拥有自主知识产权的智能语音识别 AI 技术企业，专注于物联网人工智能服务。2018 年 7 月，云知声宣布已完成 6 亿元人民币 C+轮融资，至此，云知声 C 轮系列融资总金额已达 13 亿元人民币。云知声业务主要覆盖智慧生活和智慧服务两大场景，拥有包括家居、车载、医疗、教育、政府、机器人等领域在内的广泛布局。

在语音识别领域，云知声的主要产品包括 2 类：

- 面向物联网的 AI 芯片 UniOne，这是一款拥有自主知识产权和语音解决方案的物联网 AI 芯片，也是面向 AIoT（AI+IoT）的 AI 芯片；
- 基于该款芯片的智慧家居和智能音箱方案，该方案可以帮助客户完成语音项目开发，加速客户 AI 产品落地，同时为客户定制 AI 语音模块，快速量产。

AI 芯片、AI UI、AI Service 三大解决方案支撑起云知声核心技术的落地和实现，已经在家居、车载、医疗和教育等领域有广泛应用，形成了完整的“云端芯”生态闭环。

3.3 本章小结

通过分析近年来计算机视觉、语音识别和自然语言处理领域的高水平论文和专利，挖掘出相关关键词，对该领域全球高水平论文、专利、知名机构、人才分布等情况进行统计和分析。由上述分析可知，美国和欧洲发达国家的研究水平遥遥领先，其在人工智能领域的发展与各地区的科技、经济实力情况大体一致。中国的人工智能计算机视觉产业虽取得一定成绩，但尚处于起步阶段，未来行业发展态势良好；语音识别和自然语言处理产业较计算机视觉产业市场份额占比较少，但发展空间巨大。具体来看，人工智能技术层产业领域与美国相比相差较远，尤其是在语音识别领域顶级会议 ACL 上发表高水平论文的情况。因此，中国在人工智能技术层的计算机视觉、语音识别和自然语言处理产业领域的技术创新和发展任重而道远。

第 4 章　人工智能应用层产业领域发展态势

自动驾驶、智能机器人是人工智能应用的先锋军，融合了计算机视觉、语音识别、自然语言处理、通信、物联网、智能硬件、高精地图、云计算、边缘计算等多领域技术，综合体现人工智能的发展程度。因此，本章主要选择“自动驾驶、智能机器人”来研究人工智能应用层产业领域的发展态势。

4.1　自动驾驶产业发展概况

作为人工智能技术在汽车行业、交通领域的延伸与应用，自动驾驶近几年在世界范围内受到产学研各界甚至国家层面的密切关注。2017 年 7 月，国务院发布《国务院关于印发新一代人工智能发展规划的通知》，将人工智能提升为国家战略的高度，其中就明确强调了自动驾驶技术，为汽车行业的发展指明了方向和要求。

4.1.1　自动驾驶市场规模、投融资情况

（1）市场规模

智能化、网联化成为全球汽车行业发展新方向。在各国顶层设计支持下，多个科技巨头正加快布局自动驾驶领域。《无人驾驶汽车行业发展前景预测与投资战略规划分析报告》显示，预计 2021 年全球无人驾驶汽车市场规模将达 70.3 亿美元；预计到 2035 年，全球无人驾驶汽车销量将达 2100 万辆。

（2）投融资情况

排名靠前的自动驾驶公司都是由人工智能顶级巨头投资的，例如谷歌投资 Waymo，微软对 Cruise 进行投资，Mobileye 被英特尔收购，亚马逊投资 Zoox 等，说明科技巨头都对自动驾驶领域寄予厚望。

国内的自动驾驶市场也异常火爆，小鹏汽车、蔚来汽车、小马智行、文远知行都获得大额融资，股东包括国外的投资集团，甚至达到上亿美元的级别，说明受到国外投资市场的青睐。值得注意的是，投资方中还包括政府机构，如蔚来汽车获得安徽省政府 70 亿元融资，说明政府对自动驾驶方向充满信心。目前，大多数自动驾驶企业都朝着 L4 级自动驾驶技术努力。

自动驾驶公司投融资情况总结列于表 4.1.1 中。

表 4.1.1　自动驾驶领域知名公司投融资情况

序号	机构	投融资时间	投资方	投融资情况	备注
1	Waymo	2020 年 5 月	银湖、加拿大养老金计划投资委员会、Mubadala 投资公司、Magna International、Andreessen Horowitz、AutoNation 和 Waymo 母公司 Alphabet 等	30 亿美元融资	Waymo 是当前估值最高的自动驾驶企业，Waymo 估值仅次于全球市值最高的车企丰田
2	Cruise	2021 年 1 月	微软、通用汽车、本田	20 亿美元融资	估值上升至 300 亿美元
3	Nuro	2020 年 11 月	沐曦集成电路（上海）有限公司	5 亿美元 C 轮融资	专注于在技术、产品开发以及商业部署上取得更多进展
4	Mobileye	2017 年 3 月	英特尔	153 亿美元收购	在疫情严峻、汽车产业遭重创的 2020 年，Mobileye 芯片出货量仍同比增长了 10%

（续表）

序号	机构	投融资时间	投资方	投融资情况	备注
5	Argo AI	2020 年 06 月	大众	26 亿美元投资	公司现在将由大众和福特汽车共同控股，大众汽车与福特汽车形成全球汽车制造业规模最大的企业同盟
6	Aurora	2019 年 2 月	红杉资本（Sequoia Capital）领投，亚马逊、普信集团及壳牌石油等	5 年 3 亿美元 B 轮融资	5.3 亿美元的巨额投资使 Aurora 打破 Zoox 曾创下 5 亿美元融资的记录，成为当时单笔融资量最大的独立自动驾驶企业
7	Zoox	2020 年 6 月	亚马逊	12 亿美元被收购	主要研发 L4 级全自动驾驶网约车整体解决方案，包括定制的“零排放”电动车型，目前在旧金山和拉斯维加斯的公共道路上做测试
8	滴滴	2021 年 1 月	IDG 资本领投，CPE、Paulson、中俄投资基金、国泰君安国际、建银国际等投资机构跟投	8 亿美元融资	L4 级自动驾驶车型的研发与量产已被列为当前内部的重点项目
9	小鹏	2020 年 9 月	广州凯得投资控股有限公司	40 亿元人民币融资	支持小鹏汽车加速拓展业务
10	蔚来	2020 年 4 月	国投创新、安徽高新产投等	70 亿元人民币融资	蔚来美股市值已逼近 950 亿美元

（续表）

序号	机构	投融资时间	投资方	投融资情况	备注
11	小马智行	2020年11月	加拿大安大略省教师退休基金会（Ontario Teachers' Pension Plan，OTPP）旗下教师创新平台（Teachers' Innovation Platform, TIP）领投，还包括Fidelity China Special Situations PLC、五源资本（原晨兴资本）、锴明投资、斯道资本	2.67亿美元C轮融资	公司融资总额超11亿美元，估值超53亿美元，是全球最有价值的自动驾驶公司之一
		2021年2月	文莱主权财富基金文莱投资局和中信产业基金等	1亿美元C+轮融资	
12	智加科技	2021年2月	国泰君安国际、Hedosophia等	1亿美元融资	智加科技与黑莓达成战略合作，有利于在底层系统上进一步加强自动驾驶系统的安全可靠性
13	文远知行	2021年1月	宇通集团是本轮融资的战略领投方，新进投资方还包括CMC资本、国开装备基金、广东恒健、华金资本、创茵资本等。同时，启明创投、创新工场、昆仲资本等原有股东方继续跟投	3.1亿美元融资	中国L4级自动驾驶出行公司

（续表）

序号	机构	投融资时间	投资方	投融资情况	备注
14	赢彻科技	2020 年 11 月	由宁德时代领投，原有股东包括普洛斯、G7、蔚来资本参与跟投	1 亿美元股权融资	赢彻科技自主研发全栈自动驾驶系统，核心算法在超长距 3D 感知精度等方面达到全球第一，全自研的车载计算平台算力高达 245Tops，功能安全设计领先于行业，并最早支持应用国产 AI 芯片
15	驭势科技	2021 年 1 月	国开制造业转型升级基金	超 10 亿元人民币融资	作为工信部“新一代人工智能产业创新重点任务”的揭榜企业，驭势科技牵头展开 L4 级自动驾驶技术攻关，着力打造更为安全可靠，且支持“全场景、真无人、全天候”落地运营的自动驾驶平台
16	魔视智能	2020 年 5 月	盛世金濠、睿鲸资本和博信基金联合投资	1 亿元人民币融资	继续投入自动驾驶核心技术及产品的研发，巩固当前核心客户和市场的合作关系，同步促进大规模量产
17	零跑汽车	2019 年 7 月	金华中车基金	3.6 亿元人民币 A2 轮融资	长续航智能纯电小车零跑 T03 车型
		2021 年 1 月	合肥市政府、国投创益、浙大九智和涌铧资本	43 亿元人民币 B 轮融资	
18	智加科技	2020 年 11 月	满帮集团金沙江、红杉、华创、光速、Mayfield、上汽、国泰君安国际、CPE、万向汽车技术风险投资	新一轮 2 亿美元融资	自动驾驶重卡初创公司，实现 L4 级别自动驾驶重卡的规模化量产

4.1.2　近五年 SCI 论文统计（2016—2020 年）

4.1.2.1　主要国家（地区）研究能力及与中国大陆合作情况分析

以人工智能应用层关键技术“Automatic Drive”为检索条件，通过 Web of Science 数据检索库检索 2016—2020 年发表的 SCI 期刊论文，结果显示，自动驾驶领域共收录 SCI 论文 15713 篇，其中中国和美国研究实力最强，其发文量分别为 5338 篇、3511 篇，英国、韩国、加拿大、德国、澳大利亚、西班牙、意大利、法国等国家的研究实力也处在世界前列。自动驾驶领域 SCI 期刊发文量排名前 10 位的国家（地区）具体情况如图 4.1.1 所示。

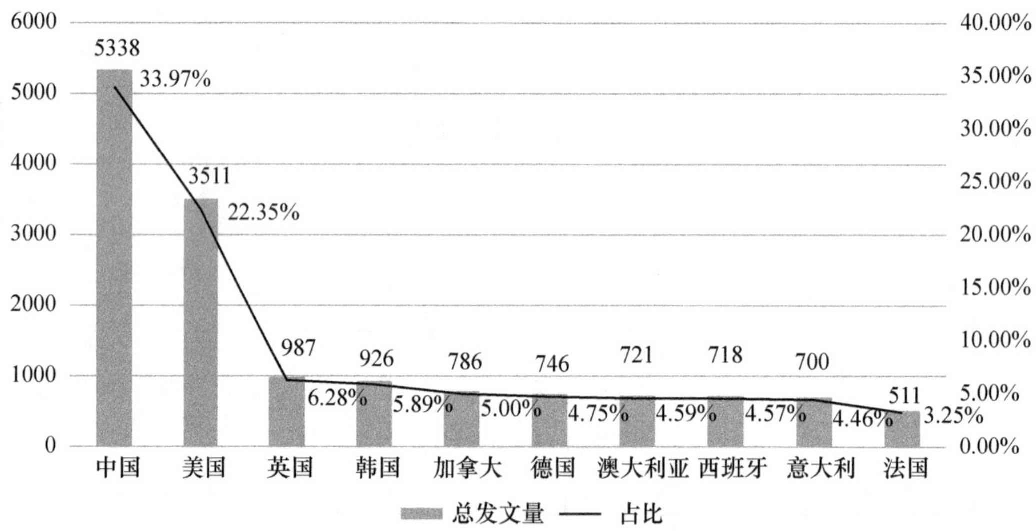

图 4.1.1　2016—2020 年自动驾驶领域主要国家（地区）SCI 期刊发文量

统计分析自动驾驶领域 2016—2020 年中国发表 SCI 期刊论文情况显示：中国大陆与新加坡合作发文量最高，138 篇，占比高达 45%，加拿大其次，231 篇，占比 29%，接着澳大利亚 178 篇和英国 249 篇，均占比 25%，与美国、日本、法国、荷兰、德国、韩国等国家均有良好的合作，如图 4.1.2 所示。

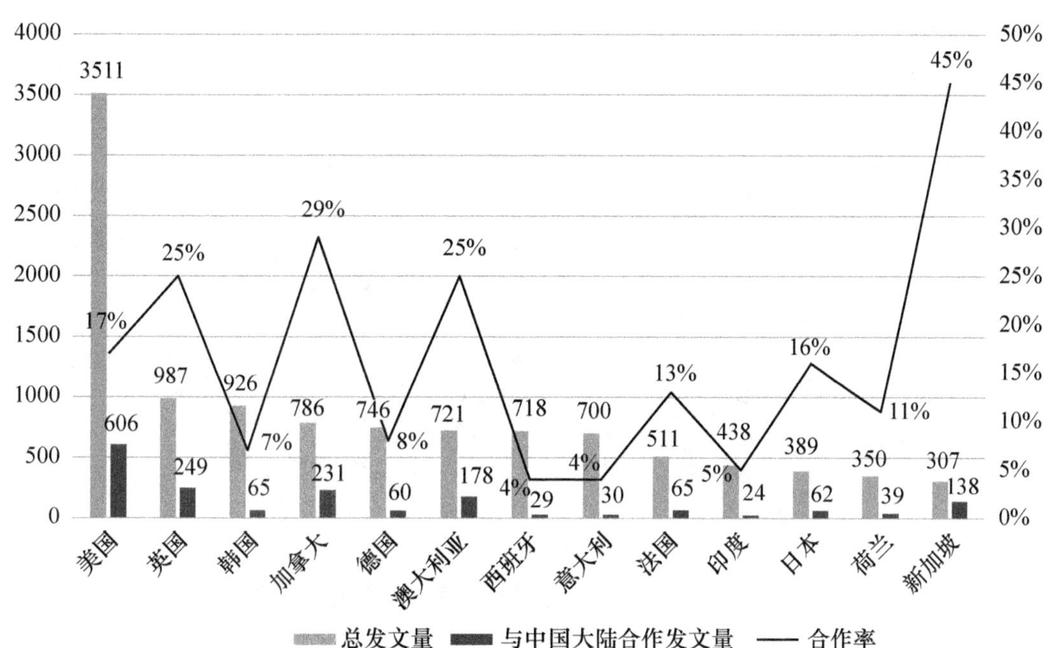

图 4.1.2　2016—2020 年自动驾驶领域主要国家（地区）与中国大陆合作情况

4.1.2.2　主要研究机构研究能力及与中国大陆合作情况分析

对 2016—2020 年自动驾驶领域 SCI 期刊发文量前 20 名研究机构的情况进行统计发现，中国研究机构占 12 家、美国占 4 家，德国、法国、新加坡、英国各占 1 家，详细情况如图 4.1.3 所示。

对 2016—2020 年自动驾驶领域与中国大陆合作发表 SCI 期刊论文的国（境）外研究机构进行统计发现，如图 4.1.4（a）所示，美国机构与中国大陆合作发文量最多，与中国大陆合作发文量前 15 的国外机构中，美国有 8 家研究机构上榜。英国有 3 家、新加坡有 2 家、澳大利亚和加拿大各一家机构与中国大陆合作较为密切；其中，与新加坡南洋理工大学合作发文量最多，达 68 篇，与英国伦敦大学玛丽王后学院合作最为密切，合作率为 58%，但美国 8 家机构合作率几乎都在 20%左右，仅美国威斯康星大学系统与中国大陆合作率达 43%。

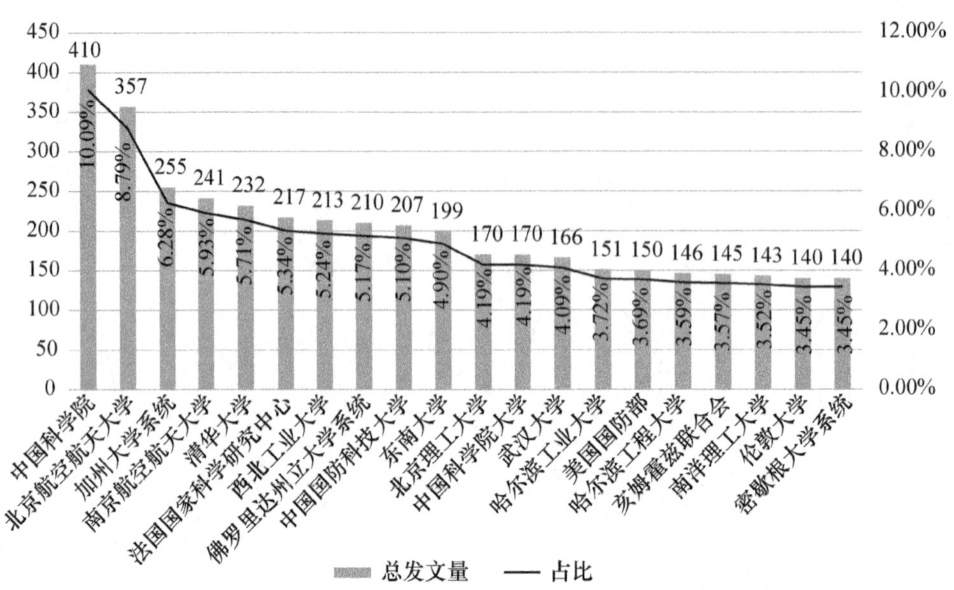

图 4.1.3　2016—2020 年自动驾驶领域发文量前 20 名的机构

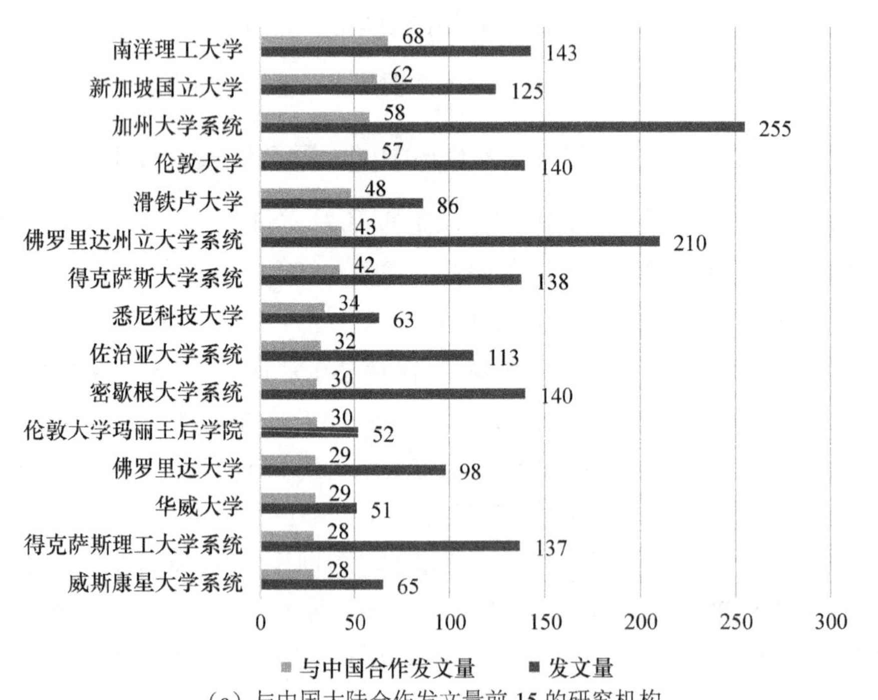

（a）与中国大陆合作发文量前 15 的研究机构

图 4.1.4　2016—2020 年语音识别领域与中国大陆合作发表论文的研究机构

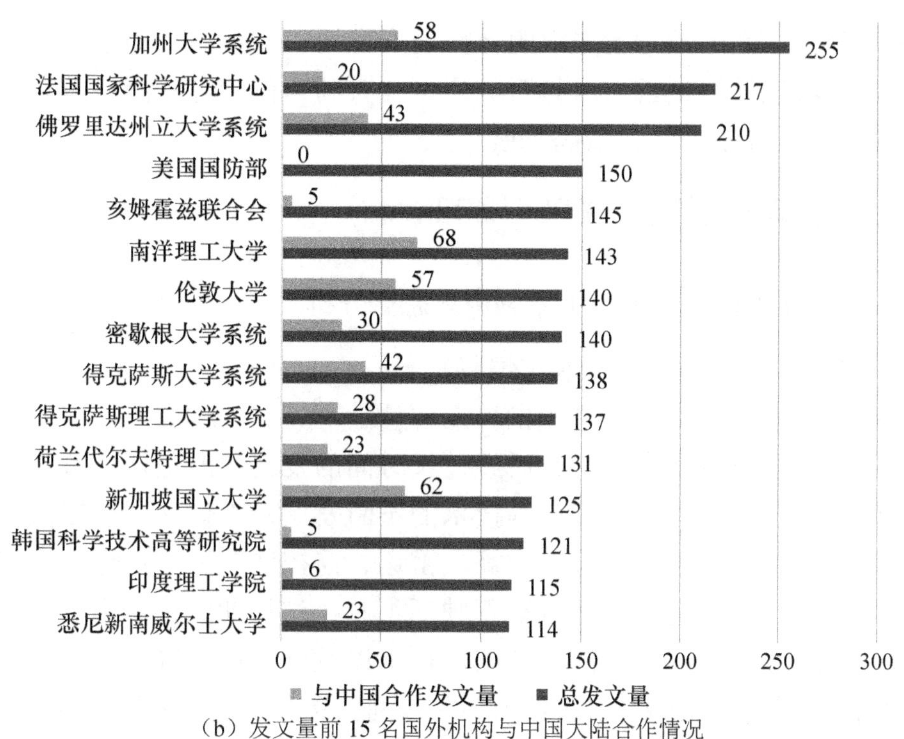

（b）发文量前 15 名国外机构与中国大陆合作情况

图 4.1.4　2016—2020 年语音识别领域与中国大陆合作发表论文的研究机构（续）

如图 4.1.4（b）所示，法国国家科学研究中心、美国国防部、韩国科学技术高等研究院、印度理工学院等自动驾驶领域研究实力很强的机构与中国大陆合作发文量合作率仅为 5%左右，特别是美国国防部发表的 150 篇文章，均未与中国进行合作。发文量前 15 名国外机构中，新加坡国立大学与中国大陆合作率最高，达到 50%。

通过以上数据可知，中国和美国在自动驾驶领域高水平期刊论文发表优势明显，遥遥领先于其他世界各国；随着人工智能各项关键技术的发展，中国加大自动驾驶领域基础研究与应用开发，在论文发表、优势机构国际地位等方面稳步提升。目前，中国已超越美国在论文发表数量、优势机构保有量方面位居世界第一；国际合作方面，与美国、加拿大、日本、英国、澳大利亚、新加坡、德国、韩国、法国、印度、意大利、荷兰、丹麦、土耳其、瑞士、瑞典、挪威、西班牙、新西兰、以色列、沙特阿拉伯、墨西哥等展开广泛交流与合作，其中，与新加坡的合作最为密切，与英国、加拿大、澳大利亚、美国交流也较为频繁，而与西班牙、意大利、荷兰等欧洲各国和印度、韩国等亚洲国家的合作率还有待加强。

4.1.3 专利申请情况（2006—2020 年）

4.1.3.1 主要国家（地区）专利申请态势分析

（1）主要国家（地区）专利申请趋势分析

1886 年，卡尔·奔驰制造出世界上首辆三轮汽车；1888 年，奔驰生产出世界上第一辆供出售的汽车，此后经过长时间的发展与改进，成就了今天的汽车。随着人工智能、机器视觉等技术的不断发展，人们又开始在汽车上探索新的可能，将人工智能、视觉计算、雷达、监控装置和全球定位系统等技术应用于汽车升级改造，于是自动驾驶诞生。经过长期的探索和发展，2019 年，自动驾驶领域中国、美国、韩国、日本以及欧专局地区专利申请数量达到 12053 件。其中，由于 2020 年的相关专利信息存在延迟公开的情况，所以当年的全球专利申请数量呈现骤减现象，不作为趋势分析依据。

根据数据统计，可以将自动驾驶领域主要国家（地区）专利申请（见图 4.1.5）趋势大致分为 3 个阶段，分别为萌芽阶段、发展阶段、应用阶段。

萌芽阶段（2006—2012 年）：自动驾驶技术处于萌芽阶段。自动驾驶领域主要国家（地区）专利申请数量从 414 项增长至 2012 年的 638 项，该阶段申请量变化趋势较为缓慢，年均增长量不超过 100 项。

发展阶段（2013—2016 年）：自动驾驶技术处于发展阶段。2013 年，自动驾驶领域全球专利申请数量达到 913 项；此间，自动驾驶领域全球专利申请数以每年超过 50%的速度增加，到 2016 年，自动驾驶领域主要国家（地区）专利申请数量达到 3630 项，年增长量为 1596 件，专利申请量增长势头凸显。

应用阶段（2017 年至今）：2017 年至今，自动驾驶技术处于应用阶段。2017 年，自动驾驶领域主要国家（地区）专利申请数量为 8104 项，专利申请数量约为前一年的 2.2 倍。并且，2018 年自动驾驶领域主要国家（地区）专利申请数量达到 12312 项，突破万级。2019 年，自动驾驶领域主要国家（地区）专利申请数量仍然保持在万级，有小幅的下降。此外，由于 2020 年的相关专利信息存在延迟公开的情况，所以该年的专利申请数量呈现骤减现象，不作为趋势分析依据。

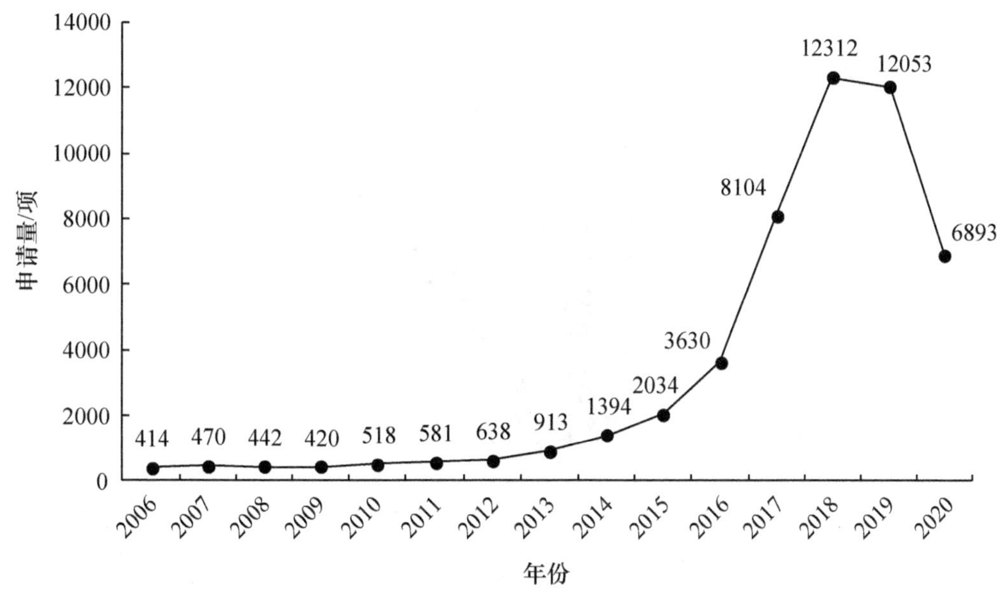

图 4.1.5　自动驾驶领域主要国家（地区）专利申请趋势图

（2）主要国家（地区）专利申请情况分析

如图 4.1.6（a）所示，中国和日本是自动驾驶领域技术创新的中心国家，中国的自动驾驶领域全球专利申请数量为 24180 项，日本的自动驾驶领域全球专利申请数量为 11632 项，两个国家专利申请量占专利申请总量的 71.59%，中国在自动驾驶领域全球专利申请数量是日本申请量的 2 倍。同时，中国的自动驾驶领域专利申请数量是位居第三的美国的近 3 倍、是位居第四的韩国的近 10 倍。此外，除了德国，欧洲专利局的其他国家和地区自动驾驶领域全球专利申请数量均不超过 1000 项，占比最小。

如图 4.1.6（b）所示，中国的自动驾驶领域专利申请数量为 30497 项，占总量的 60.01%，紧跟其后的美国自动驾驶领域专利申请数量为 10175 项，占总量的 20.02%。而日本、韩国和欧洲专利局的自动驾驶领域专利申请数量占比分别为 14.97%、3.41%和 1.58%。虽然美国研发自动驾驶起步较早，但中国赶超的速度很快，特别是以百度 Apollo 为代表的中国自动驾驶企业，正在逐步成为国际领导者。开放的市场环境、先进的科学技术、巨大的市场需求和海量的数据资源，使得中国成为吸引各国创新的主体国家。

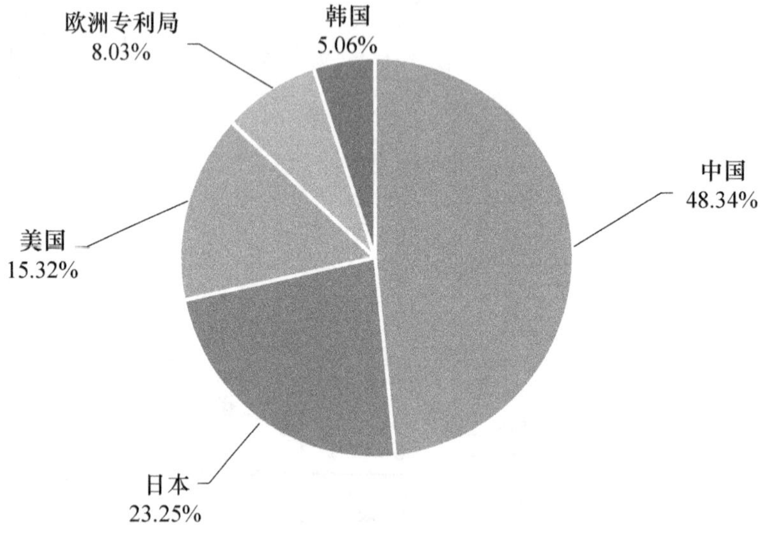

（a）专利申请来源国家（地区）

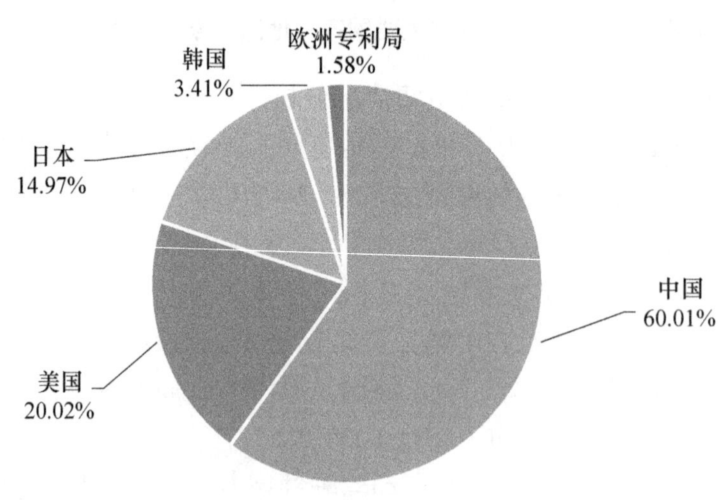

（b）专利申请目标国家（地区）

图 4.1.6　自动驾驶领域主要国家（地区）专利申请情况

（3）主要国家（地区）专利申请流向分析

如表 4.1.2 所示，中国的专利绝大部分来自本土，美国有 2693 项专利进入中国，但中国仅有 423 件专利进入美国。同样，韩国、日本和欧洲专利局地区的自动驾驶专利进入中国申请的数量，也远远大于中国进入这些国家或地区的专利数量。而美国的自动驾驶领域专利大多数来自本国，但流向其他国家的专利申请数量明显少于其他国家进入美国的专利数量。

表 4.1.2 自动驾驶领域主要国家（地区）专利申请量流向分布

技术来源国家（地区）	技术目标国家（地区）				
	中国	美国	韩国	日本	欧洲专利局
中国	24073	423	17	156	196
美国	2693	5952	168	434	941
韩国	789	556	1433	11	140
日本	4363	4397	289	8051	1180
欧洲专利局	1928	2544	176	203	726

总体而言，中国自动驾驶领域全球专利申请数量众多，虽然有部分专利申请向海外布局，但绝大多数都集中在本国，海外布局仍存在一定问题。美国、日本、韩国和欧洲专利局的相关国家或地区更注重自动驾驶领域专利的全球布局，并且高度重视在本地区以外寻求专利保护。

（4）主要国家（地区）专利主要申请人分析

图 4.1.7 是自动驾驶领域专利主要申请人分布。百度系以 1330 项专利申请量排名第一，丰田汽车紧随其后，专利申请数量仅为 805 项。之后，腾讯和日本本田汽车的自动驾驶领域专利申请数量也占据一定地位，专利数量都在 700 项以上。华为、Denso 公司专利数量分别为 596 项、504 项。本田技研工业株式会社、通用汽车和霍尼韦尔也跻身专利申请前 10 位，其专利申请数量均在 300 项以上，但与排名靠前公司的专利申请数量差距明显。

总体来看，在排名前 10 位申请人中，中国和日本企业各有 4 家，占比均衡，美国企业有 2 家。这表明，中国和日本在自动驾驶领域的具有大量顶尖企业，核心技术研发较为领先，自动驾驶领域创新空间很大；美国在自动驾驶领域虽起步较早，但发展后劲明显不足，近年来并无较大突破。

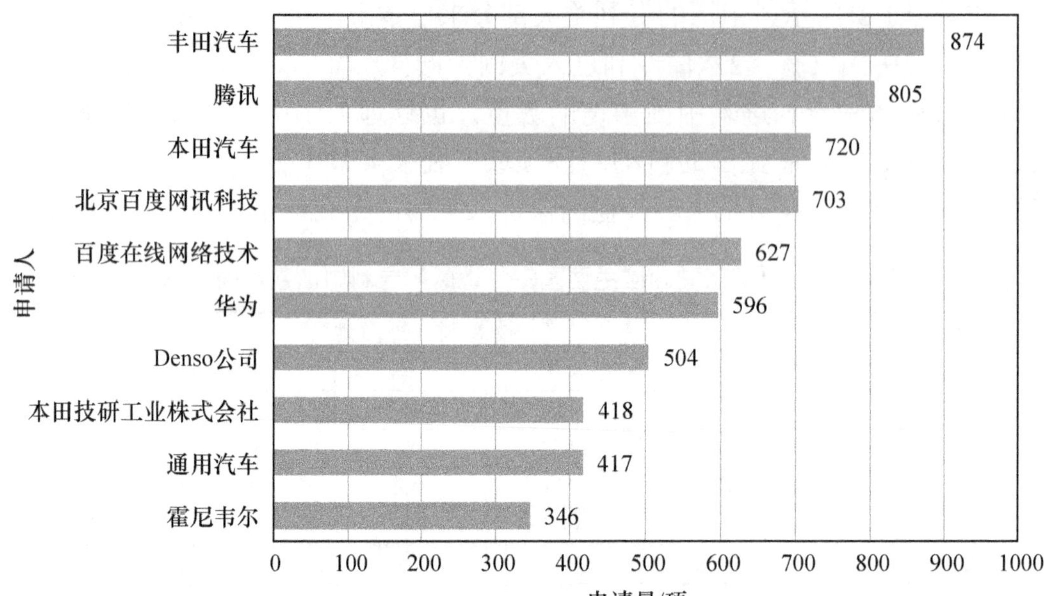

图 4.1.7　自动驾驶领域专利主要申请人排名

4.1.3.2　中国专利申请态势分析

（1）中国专利申请趋势分析

我国自动驾驶领域以 2013 年和 2016 年为节点，可大致将中国专利申请趋势分为三个阶段，分别为技术发展阶段、技术增长阶段和技术应用阶段，具体数据详见图 4.1.8。

技术发展阶段（2006—2011 年）：2010 年以前，我国自动驾驶发展缓慢，相关专利较少，申请数量虽每年有所增加，但专利申请总量不超过 100 项。2011 年，我国自动驾驶领域专利申请数量达到 126 项，技术有了新的突破口。

技术增长阶段（2012—2016 年）：随着人工智能技术的快速升温，我国自动驾驶领域技术在不断进行探索和创新，相关专利申请数量不断增加，2016 年，我国自动驾驶领域专利申请数量达到突破 1000 项，但增速仍比较缓慢。

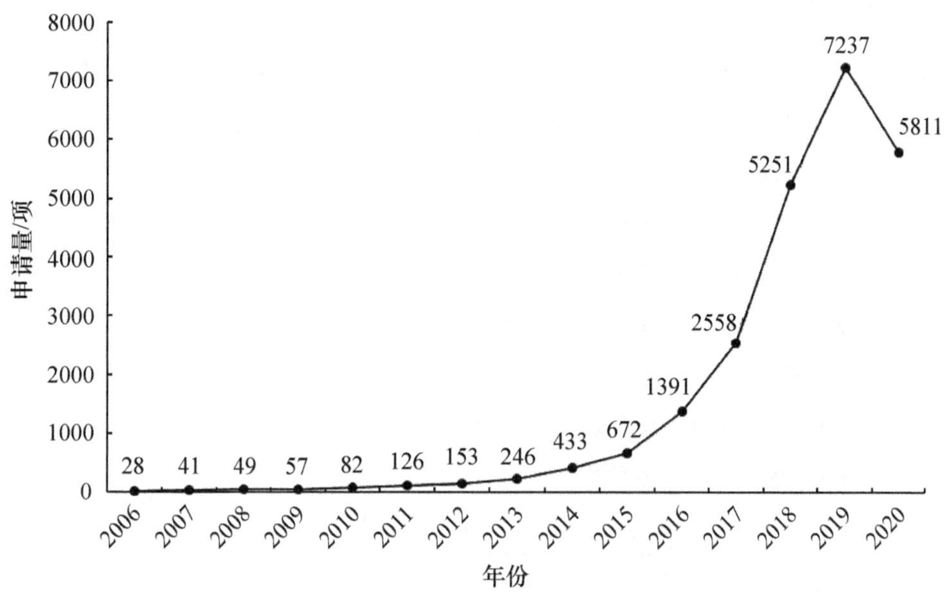

图 4.1.8　自动驾驶领域中国专利申请趋势图

技术应用阶段（2017 年至今）：在人工智能技术受到密切关注以及人工智能产业强烈发展需求的大背景下，自动驾驶领域技术专利申请数量呈现出指数型上涨态势，2017 年，我国自动驾驶领域专利申请数量达到 2558 项，并且之后两年专利申请数量持续增加。此外，由于 2020 年的相关专利信息存在延迟公开的情况，所以当年的全球专利申请数量呈现骤减现象，不作为趋势分析依据。

（2）中国专利主要申请人分析

图 4.1.9 为自动驾驶领域中国主要申请人分析。如图中所示，在我国自动驾驶领域的专利申请人中，百度系以 1330 件专利数量位居第一，其研发实力很强，具有绝对的技术优势。腾讯和华为也具有一定技术实力，专利申请量均在 600 件以上，但自动驾驶领域的技术明显不及排名第一的百度，数量差距较为明显。清华大学、北京智行者科技有限公司、深圳市大疆创新科技有限公司和浙江吉利控股集团有限公司在自动驾驶领域也占据一定地位，专利申请数量均在 200 件左右，与排名靠前企业专利申请数量差距较大。北京航

空航天大学和吉林大学跻身前10位，专利申请数量分别为190件和187件。

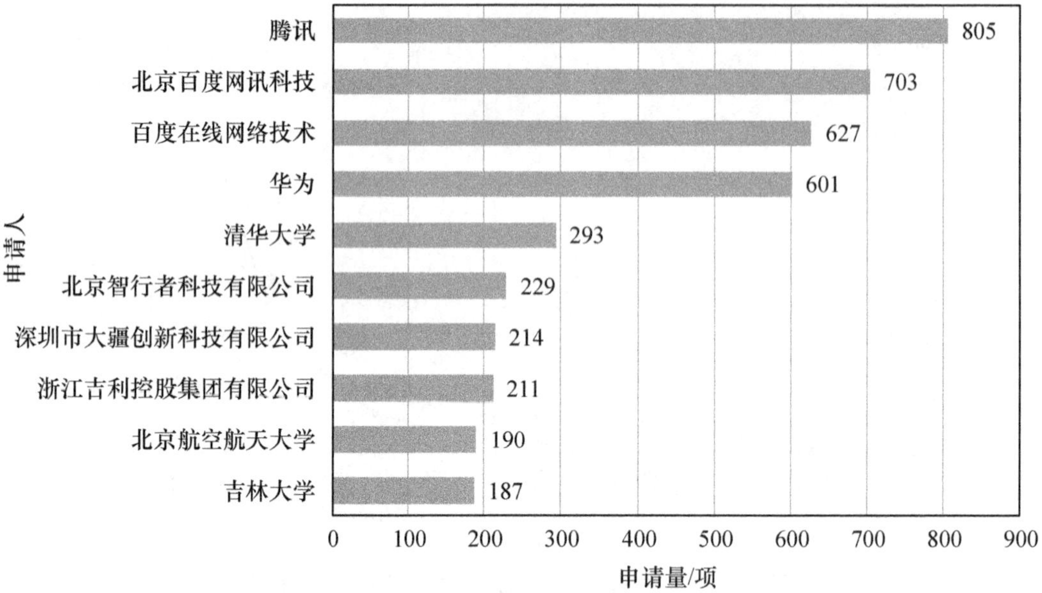

申请人	申请量/项
腾讯	805
北京百度网讯科技	703
百度在线网络技术	627
华为	601
清华大学	293
北京智行者科技有限公司	229
深圳市大疆创新科技有限公司	214
浙江吉利控股集团有限公司	211
北京航空航天大学	190
吉林大学	187

图4.1.9 自动驾驶领域中国专利主要申请人排名

总体来看，我国排名前10位的申请人中，企业和高校占比为7∶3，企业的专利申请数量是高校申请数量的5倍。因此，我国自动驾驶领域企业研发实力和创新成果强于高校。基于时代背景，我国自动驾驶领域技术的综合应用较为广泛，市场占比很大；但由于自动驾驶技术不成熟、驾驶人对交通状况的判断等诸多外界因素，自动驾驶领域仍然存在众多问题，产业界和学术界仍在不断进行技术研发，技术应用尚在持续探索中。

4.1.4 自动驾驶领域知名机构情况

4.1.4.1 国外知名机构

（1）Waymo

Waymo是一家研发自动驾驶汽车的公司，为Alphabet公司（谷歌母公司）旗下的公司，是谷歌于2009年开启的一项自动驾驶汽车计划。Waymo在自动驾驶领域已经有多年的深厚积累，拥有全面的自动驾驶技术，在美国重点城市，自动驾驶也已铺开。专注于传感器套件的定制化设计、软件程序开发和算法的 Waymo 希望与车企联合，借助其在产品设计、工程开发及制造领域的专业经验，共同开发适用于网约车、本地物流车、卡车和私家车的自动驾驶汽车。在中国日益重视智能汽车发展以及 5G 技术快速发展的背景下，Waymo 在中国也面临着新的机遇。2020 年 10 月，Waymo 宣布通过旗下的叫车服务软件 Waymo One 提供完全无人驾驶出租车服务，率先在美国的凤凰城提供服务。

（2）Cruise

Cruise 由 Kyle Vogt 和 Dan Kan 创立于 2013 年，是一家美国自动驾驶技术开发公司，总部地址位于加州旧金山，现有员工约 1800 人。2016 年，Cruise 被通用汽车收购。在众多自动驾驶设计初创公司中，Cruise 目前是实力最强的一家，从财力上来看，显然一骑绝尘。根据 Curnchbase 的数据，目前 Cruise 已经融资 53 亿美元，公司估值 190 亿美元。产品方面 Cruise 有比较成熟的产品，2016 年即推出 Bolt EV，由雪佛兰 Bolt EV 轿车搭载 Cruise 自动驾驶方案，并进行了路测。2020 年 1 月，Cruise 推出新产品“Origin”，该款产品是一款 Shuttle，类似于小客车，没有方向盘，没有踏板，且按照美国高速路车速设计。这款车还配备了气囊、“Start Ride”按钮、一个 SOS 按钮和车顶上的摄像头，未来可以部署计算机视觉模型来分析乘客的情绪。

（3）Mobileye

2017 年 3 月，Mobileye 由英特尔斥资 153 亿美元收购，目前正在打造两款独立的自动驾驶系统。其中一款完全基于摄像头打造，另一款则集成了雷达、激光雷达传感器、调制解调器、GPS 和其他组件。Mobileye 的自动驾驶系统与特斯拉的 Autopilot 不同，后者采用 8 个摄像头、12 个超声波传感器、1 个前置雷达以及一台车载计算机，实现高速自动驾驶。目前，特斯拉通过在正常驾驶操作中收集数十万车主的匿名数据，以“检影测试”其车辆的自动驾驶功能。在此期间，该公司计划将部署数十辆自动驾驶车，在以色列境内按照非固定路线行驶，然后在全国范围内推广。同时，Mobileye 还与北京公交（Beijing Public Transport Corporation）和北京北太（Beijing Beytai）合作，推出符合中国国情的服务，并与迪拜和韩国大邱市建立了合作。

4.1.4.2 国内知名机构

（1）百度 Apollo

百度 Apollo 是百度发布的名为“Apollo（阿波罗）”的向汽车行业及自动驾驶领域的合作伙伴提供的软件平台。拥有自动驾驶全球专利申请数超 1800 项，获得测试牌照总计超过 190 张，测试里程超过 700 万千米，而且做到了安全零事故。作为全球唯一在多城开展 Robotaxi 与 Robobus 运营的出行服务，已经接待乘客超过 21 万人次。不但测试规模将远远超过 Waymo 现有的 600 辆测试车，中国大城市的交通路况环境也远比美国复杂，让百度 Apollo 获得数据更具含金量。在智能驾驶方面，百度 Apollo 为整车企业带来了高级别智能驾驶解决方案 ANP，可以将 AVP+ANP（自动代客泊车和高级智能驾驶辅助）直接赋能给车企，帮助他们快速实现 L4 级自动驾驶能力应用。目前，广汽、威马、长城等品牌已经与百度 Apollo 在 AVP 开展了量产合作，未来三到五年，预计搭载 Apollo 智驾产品的前装量产车将达到 100 万台。2020 年，全球知名调研机构 Navigant Research 将百度 Apollo 列为全球自动驾驶领域四大“领导者”之一。2021 年 2 月，加州车辆管理局（DMV）公布的自动驾驶报告中，百度 Apollo 超越谷歌 Waymo 和通用 Cruise，位列提交报告的全球 60 家公司中的第一名。

（2）蔚来

蔚来是全球化的智能电动汽车品牌，于 2014 年 11 月成立。在 2021 年，激光雷达和高算力平台在陆续量产上车。以蔚来发布的 ET7 为例，其搭载英伟达 4 颗 Orin 芯片，算力达到 10^{16}TOPS，配有 300 线 400m 超远视距激光雷达和 11 颗 800 万像素高清摄像头，硬件配置丝毫不输后向改装的 Robotaxi 汽车。

（3）威马

作为全球首个落地 L4 自动驾驶的车企，在百度举办的 2020 Apollo 生态大会上，威马带来了旗下第三款纯电 SUV 的首次亮相。新车是威马与百度 Apollo 平台联手打造的，计划于 2021 年量产发售。硬件方面，新车硬件层面搭载了首款 7ns 制程工艺车规级高通 8155 芯片、5G 基带以及自研的域控制器，全车部署了 22 个传感器，包含 5 个 77GHz 毫米波雷达、5 个摄像头及 12 个超声波雷达。此外，新车还将率先搭载由威马与百度共同开发的“云端智能无人泊车系统”（Cloud AVP），可实现在无人干预情况下的自动驾驶、躲避障碍物、车位智能搜索和自主泊入、泊出等操作。这意味着威马汽车将成为全球最快落地量产的 L4 自动驾驶的车企。

4.2　智能机器人产业发展概况

4.2.1　近年智能机器人市场规模、投融资情况

（1）市场规模

现阶段，受我国科技发展以及智能化相关产品普及程度极大提高的影响，机器人市场迎来发展小高峰。根据中国电子学会的数据，2016 年我国机器人市场规模仅 368.2 亿元；2017 年迅速增长至 483.7 亿元，同比增速达到 37%，接近 40%。虽然 2018 年我国机器人市场规模增速放缓，但仍同比增长率维持在 10%以上，共计实现销售额 539 亿元。预计 2020 年我国机器人市场有望突破 700 亿元（本书成稿时尚无正式数据）。

值得注意的是，服务机器人市场规模增长迅速，市场份额逐年递增。随着我国服务机器人下游应用范围的不断拓宽，其市场规模扩张较为迅速。2016—2018 年，我国服务机器人市场规模增速均维持在 30%以上，即使在 2018 年后全国机器人市场发展增速减缓的大环境下，服务机器人下游需求亦未出现较大波动。2019 年我国服务机器人市场规模已达到 154 亿元，较 2016 年大幅增长 88.2 亿元，年复合增长率为 32.77%。

（2）投融资情况

近几年，机器人行业融资活动频繁，多家企业均完成了高额融资。其中，融资企业涵盖了清洁机器人、康复机器人、手术机器人、分拣机器人、协作机器人、特种机器人以及机器视觉等重点领域。智能机器人公司投融资情况见表 4.2.1。

表 4.2.1 智能机器人公司投融资情况

序号	机构	投融资时间	投资方	投融资情况	备注
1	思灵机器人	2021 年 1 月	交银国际、招银国际招银电信基金、新希望集团等	1.3 亿美元 B 轮融资	本轮融资的资金将主要用于研发及规模化量产
2	精锋医疗	2021 年 1 月	LYFE Capital（济峰资本）和康基医疗领投，老股东三正健康投资和国策投资联合领投，祥峰投资、博远资本、雅惠投资、老股东保利资本跟投	近 6 亿元人民币 B 轮融资	本轮融资将进一步助力精锋手术机器人业务进入新的阶段，快速推进产线建设、全球化注册及市场推广
3	云迹科技	2021 年 1 月	启明创投领投，中信证券投资跟投，原有股东方腾讯，沸点资本，联想创投，澜亭资本持续加注	5 亿元人民币 C 轮融资	云迹科技是中国服务机器人知名企业，被行业公认在酒店场景业务落地具有绝对领先优势
4	节卡机器人	2021 年 1 月	由中信产业基金旗下基金和国投招商共同领投，老股东方广资本跟投	超 3 亿元人民币 C 轮融资	此次融资是近年全球协作机器人行业最大的单笔融资，融资金额将帮助公司更加快速地优化产品和服务、抢占市场、全球化扩张
5	Aerobotics	2021 年 1 月	由 Naspers Foundry 领投，Cathay Africlnvest Innovation、FMO、Entrepreneurial Development Bank 和 Platform Investment Partners 跟投	1700 万美元 B 轮融资	南非人工智能初创企业

（续表）

序号	机构	投融资时间	投资方	投融资情况	备注
6	术锐	2021 年 1 月	本轮融资由国投招商领投，辰德资本、顺为资本、天峰资本和汇鼎基石跟投	近 3 亿元人民币 B 轮融资	本轮资金将主要用于扩大样机生产、开展临床试验，针对欧美市场进行专利深化布局、型式检验和临床工作，准备开展美国 FDA 注册和欧盟 CE 认证等
7	智蕙林医疗（原木木机器人）	2021 年 1 月	国联投资、中开院、骏丞实业	1.2 亿人民币 B 轮融资	创始团队多来自华为，拥有美国 AI 基础技术，是国际人工智能标准专家成员、国际机器人标准专家组成员
8	诺亚	2021 年 1 月	醋化汇金股权、骏丞实业、中国科技开发院、医疗行业资深渠道等	1.2 亿人民币 B 轮融资	本轮的投资方均为医疗大健康领域资源相关方，将为诺亚医院物流机器人快速发展提供强大助力
9	Flexiv 非夕科技	2020 年 12 月	美团、珠江集团、新希望集团、制造业关联私募 Longwood、云锋基金、招商局资本	超 1 亿美元 B 轮融资	本轮融资将主要用于批量化商业落地、新市场拓展及前沿技术研发等方面
10	快仓	2020 年 12 月	凯傲集团、能源巨无霸沙特阿美旗下 Prosperity7 Ventures 联合注资、交银国际、申万宏源、建信等投资以及原有股东创世伙伴 CCV	亿级美元 C+轮	为菜鸟网络打造的菜鸟无锡智能仓创造了亚洲首个“单仓千台级”纪录

（续表）

序号	机构	投融资时间	投资方	投融资情况	备注
11	微创（上海）医疗机器人	2020 年 9 月	高瓴资本、CPE、贝霖资本、远翼投资、易方达资本等	30 亿元人民币	本轮融资完成后，微创医疗机器人投资后估值约为人民币 225 亿元
12	普渡科技	2020 年 7 月	美团	B 轮数亿元人民币融资	本轮资金将主要用于研发产品、扩大销售、拓展新场景和扩张海外业务
13	Wandelbots	2020 年 6 月	微软、西门子、83North 和 Haniel 集团	3 千万美元 B 轮融资	德国 Wandelbots 机器人公司
14	CAJA Robotics	2020 年 4 月	新时代资本合伙人牵头，天使投资人和公司利益相关者参与	1200 万美元融资	用于仓库物流的智能机器人的以色列初创公司

可以看出，智能机器人相关领域的融资大多数是发生在服务机器人领域，其中大多数融资都是针对医疗领域的，说明市场对医疗领域的服务机器人市场相当看好。之外，关于物流机器人的投资也颇多，说明物流市场对机器人的需求很高，相关企业获得上亿的融资，说明市场潜力巨大。股东包括高瓴资本、交银国际等国内外著名投资方。可以看出，智能机器人相关产业虽然快速发展，但在技术研发、量产推广上还需要继续投资，该市场潜力巨大。

4.2.2 近五年 SCI 论文统计（2016—2020 年）

4.2.2.1 主要国家（地区）研究能力及与中国大陆合作情况分析

以人工智能领域技术层的关键技术“Intelligent Robot”为检索条件，通过 Web of Science 数据检索库检索 2016—2020 年发表的 SCI 期刊论文，结果显示，智能机器人领域共收录 SCI 论文 31613 篇，其中中国发表 9823 篇，占总发文量的 31%；美国发表 5930 篇排名第二。韩国近年发文增速较为明显，从发文总量的排名第 9，超过英国、德国、加拿大、意大利、法国，跃居世界排名第四。西班牙、伊朗、澳大利亚、印度、新加坡、瑞士也在该领域论文发表上表现不凡。全球智能机器人领域 SCI 期刊发文量排名前 15 位的国家（地区）具体情况如图 4.2.1 所示。

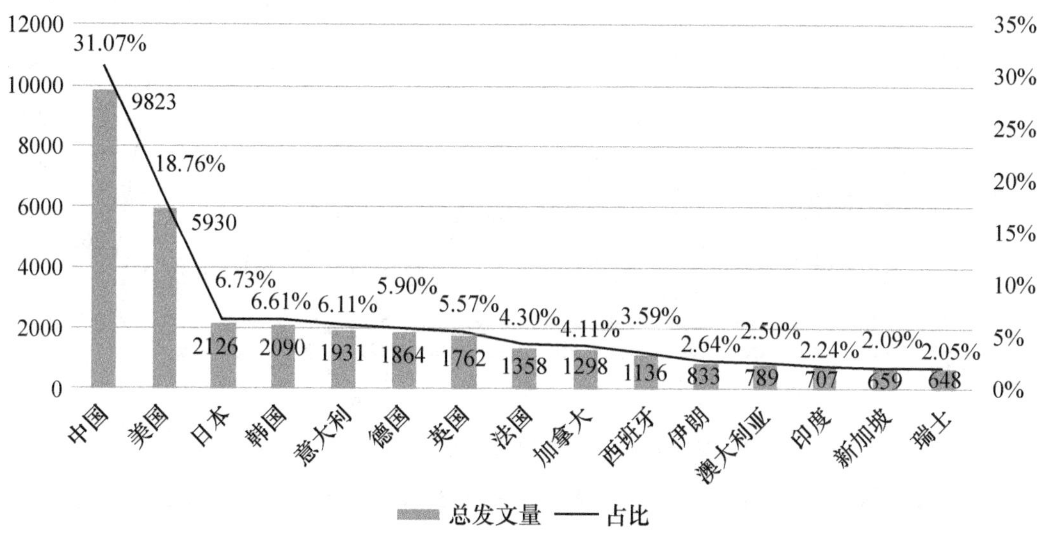

图 4.2.1　2016—2020 年智能机器人领域主要国家（地区）SCI 期刊发文量

统计分析智能机器人领域 2016—2020 年中国大陆发表 SCI 期刊论文情况显示，中国大陆与新加坡合作发文量最多，260 篇，合作率高达 39%，其次澳大利亚 24%，英国 23%，加拿大 22%，与美国、日本、德国、法国、瑞士、意大利等国家均有良好的合作，如图 4.2.2 所示。

4.2.2.2　主要研究机构研究能力及与中国大陆合作情况分析

统计智能机器人领域 2016—2020 年 SCI 期刊发文量前 20 名研究机构情况显示，中国占 10 家、美国占 4 家，法国、意大利、韩国、英国、德国、新加坡各占 1 家，详细情况如图 4.2.3 所示。

统计 2016—2020 年智能机器人领域与中国大陆合作发表 SCI 期刊论文的研究机构，如图 4.2.4（a）所示，与中国大陆合作的前 15 家机构中，5 家机构来自英国，4 家机构来自美国，2 家机构来自新加坡，日本、加拿大、德国、法国各有一家机构与中国大陆保持密切的合作。其中，与新加坡国立大学合作论文篇数最多，高达 146 篇；与日本香川大学合作最为密切，合作率达 96%。

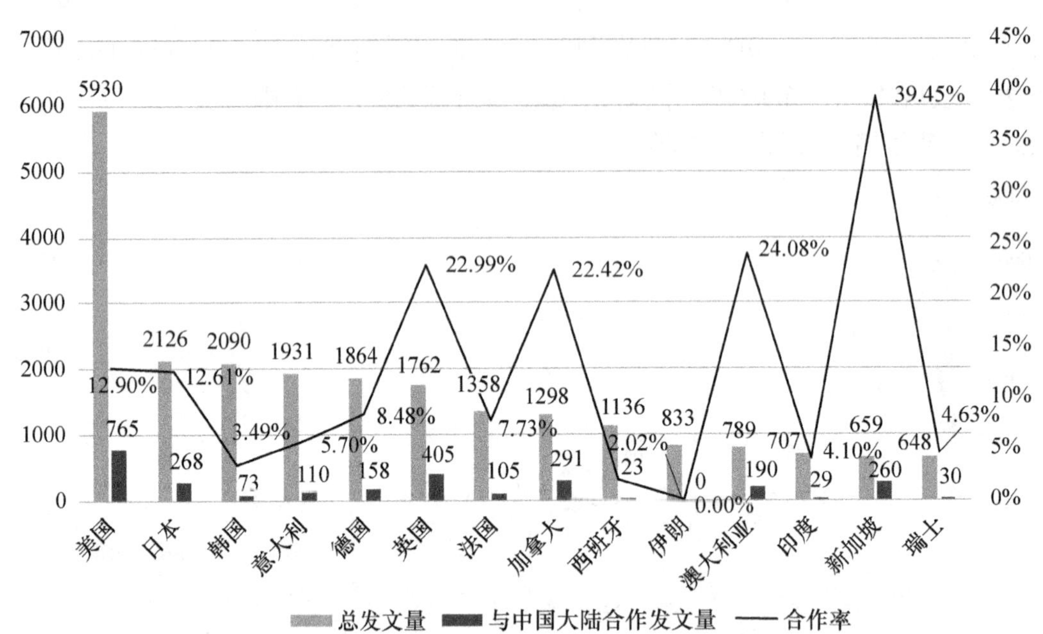

图 4.2.2　2016—2020 年智能机器人领域主要国家（地区）与中国大陆合作情况

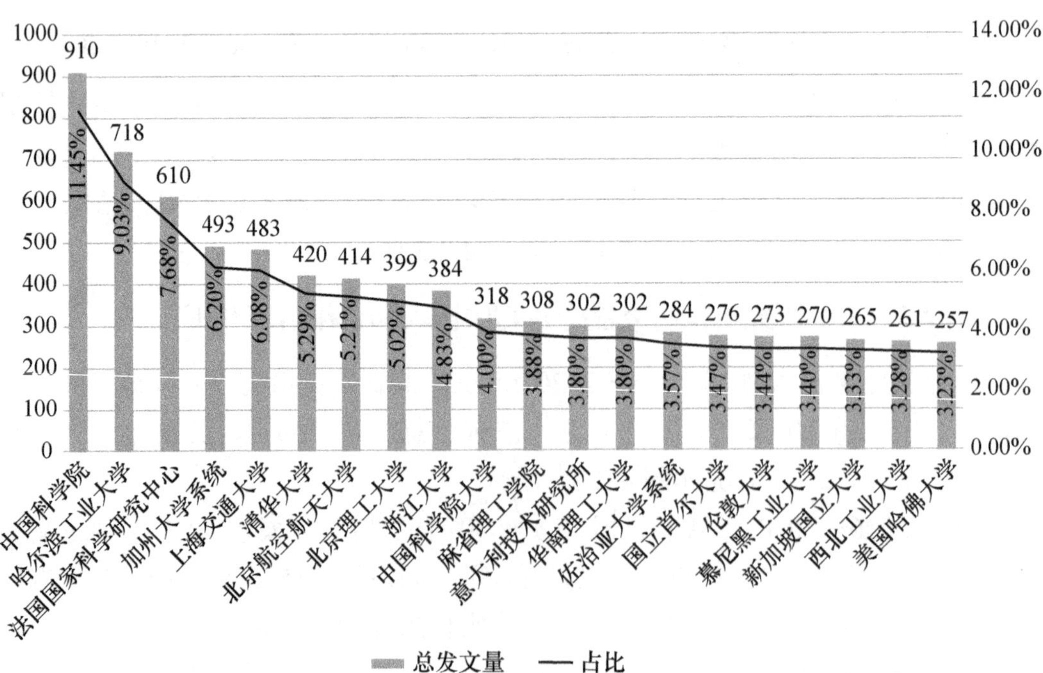

图 4.2.3　2016—2020 年智能机器人领域发文量前 20 名的机构

如图 4.2.4（b）所示，法国国家科学研究中心、加州大学系统、麻省理工学院、意大利技术研究所、佐治亚大学系统、韩国国立首尔大学等机构在智能机器人领域实力较强，但与中国大陆的合作率均低于新加坡国立大学和新加坡南洋理工大学，合作率均低于 20%，特别是韩国国立首尔大学，其 276 篇文章中，没有一篇与中国大陆进行合作。

通过以上数据可知，中国和美国在智能机器人驾驶领域高水平期刊论文发表优势明显，遥遥领先于其他各国；但从合作率的角度分析，中国大陆与新加坡的合作率明显高于世界其他国家（地区）。目前，中国已超越美国在论文发表数量、优势机构保有量方面位居世界第一；国际合作方面，与美国、日本、加拿大、英国、澳大利亚、新加坡、德国、韩国、法国、印度、意大利、荷兰、丹麦、土耳其、瑞士、瑞典、新西兰、西班牙、挪威、以色列、

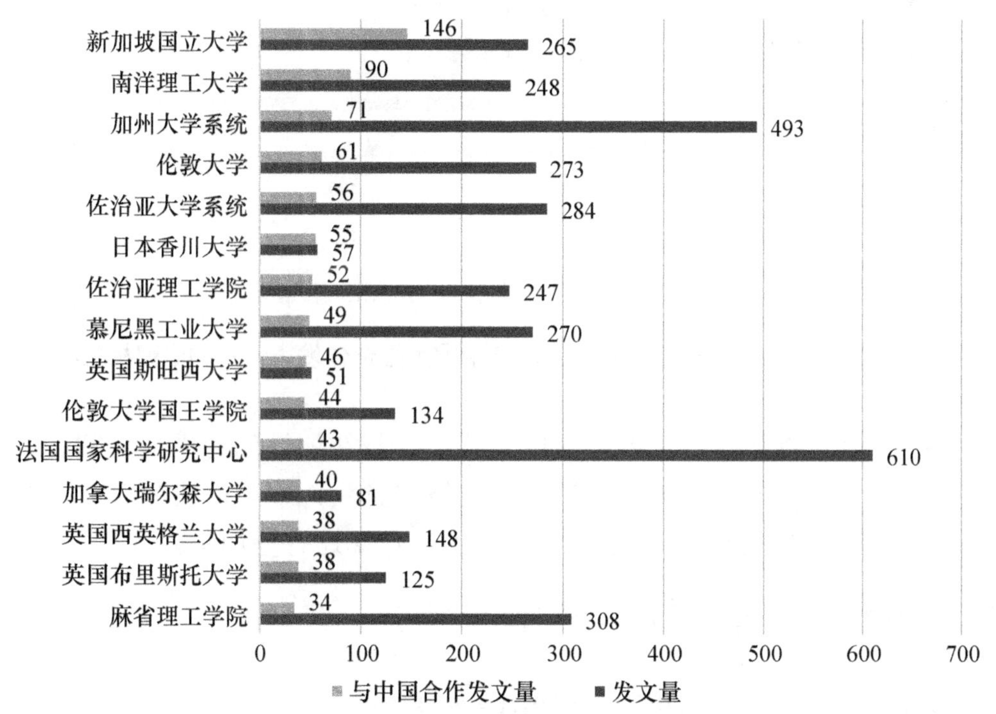

（a）与中国大陆合作发文量前 15 名的研究机构

图 4.2.4　2016—2020 年智能机器人领域与中国大陆合作发表论文的研究机构

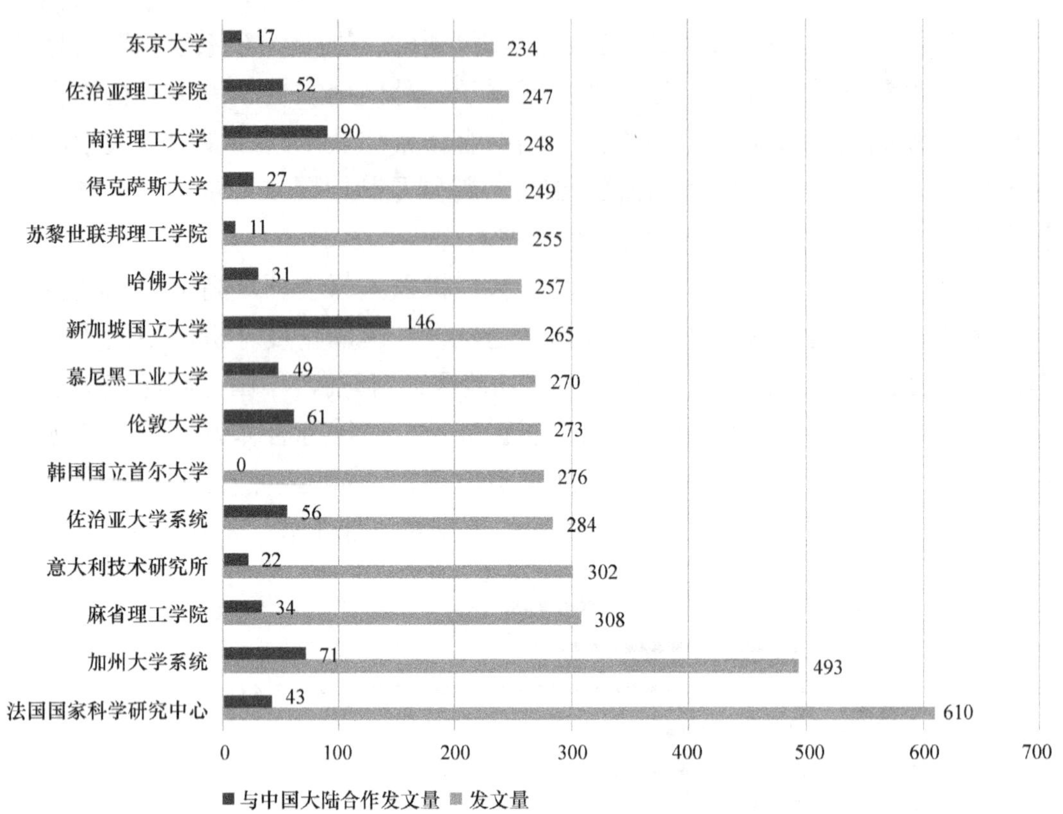

（b）发文量前 15 名研究机构与中国大陆合作情况

图 4.2.4 2016—2020 年智能机器人领域与中国大陆合作发表论文的研究机构（续）

沙特阿拉伯等国展开广泛交流与合作，其中，与新加坡的合作最为密切，与英国、日本、加拿大。德国、法国交流也较为频繁，而与西班牙、比利时、瑞士等欧洲国家和韩国、印度等亚洲国家的合作率还有待加强。

4.2.3 专利申请情况（2006—2020 年）

4.2.3.1 主要国家（地区）专利申请态势分析

（1）主要国家（地区）专利申请趋势分析

1961 年，世界上第一个真正意义上的实用普通机器人在美国问世，此后世界各国前赴后继地奔跑在“研究利用人工智能发展机器人”这条新路上，特别是美国和日本，已经发展成为“机器人强国”。从 20 世纪 80 年代至今，随着智能科学技术、智能控制、智能传感器及计算机技术的飞速发展，我国智能机器人的发展也步入了启动期。经过长期的探索，截至 2019 年，智能机器人领域全球专利申请数量达到 3866 项。此外，由于 2020 年的相关专利信息存在延迟公开的情况，所以当年的全球专利申请数量呈现骤减现象，不作为趋势分析依据。

根据数据统计，可以将智能机器人领域主要国家（地区）专利申请趋势（见图 4.2.5）大致分为 3 个阶段，分别为萌芽阶段、发展阶段、应用阶段。

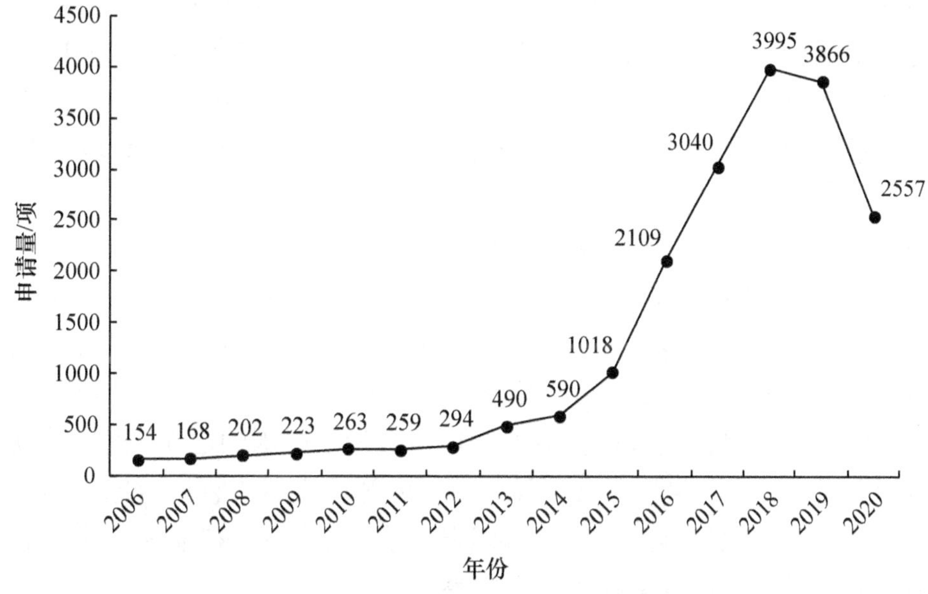

图 4.2.5　智能机器人领域专利申请趋势图

萌芽阶段（2006—2012 年）：智能机器人技术处于萌芽阶段。智能机器人领域主要国家（地区）专利申请数量从 154 项增长至 2012 年的 294 项，虽然智能机器人全球主要国家（地区）专利申请数量增长量在 2011 年有所减少，但在该阶段，主要国家（地区）专利申请量整体呈现上升趋势，且变化趋势较为缓慢，年均增长量不超过 50 项。

发展阶段（2013—2015 年）：智能机器人技术处于发展阶段。2012 年，智能机器人领域主要国家（地区）专利申请数量达到 490 项；此外，在此期间，智能机器人领域主要国家（地区）专利申请数量年均增长量均不超过百的量级，2015 年，智能机器人领域主要国家（地区）专利申请数量突破 1000 项，专利申请增长势头凸显。

应用阶段（2016 年至今）：从 2016 年至今，智能机器人技术处于应用阶段。2016 年，智能机器人领域主要国家（地区）专利申请数量为 2109 项，申请数量约为前一年的 2.1 倍。并且，在 2016—2018 年间，三年的智能机器人领域主要国家（地区）专利申请数量增量都约为 1000 项，增速迅猛。2019 年，虽然智能机器人领域主要国家（地区）专利申请数量仍在不断累积，但数量有小幅减少。2020 年的相关专利信息存在延迟公开的情况，所以当年的全球主要国家（地区）专利申请数量呈现骤减现象，不作为趋势分析依据。可见，智能机器人的相关技术仍处于十分初级的阶段，暂时没有取得突破性进展。

（2）主要国家（地区）专利申请情况分析

如图 4.2.6（a）所示，中国是智能机器人领域技术创新的中心国家，中国的智能机器人领域全球专利申请数量为 16159 项，韩国的智能机器人领域全球专利申请数量为 1662 项，两个国家专利申请量占专利申请总量的 93.53%，中国智能机器人领域全球专利申请数量是韩国的近 10 倍，是位居第三位美国的近 20 倍，优势非常明显。日本的智能机器人领域全球专利申请数量仅为 233 项，排名第四。此外，欧洲专利局相关国家和地区智能机器人领域专利申请数量均不超过 100 项，占比最小。

如图 4.2.6（b）所示，中国的智能机器人领域专利申请数量为 16166 项，占总量的 84.08%，紧跟其后的美国智能机器人领域专利申请数量为 1425 项，占比仅为 7.41%。而韩国、欧洲专利局和日本的智能机器人领域全球专利申请数量占比分别为 7.05%、0.90%和 0.56%。随着智能科学技术、智能控制、智能传感器及计算机技术的飞速发展，开放的市场环境、巨大的市场需求和海量的数据资源，使得中国成为吸引各国创新的主体国家。

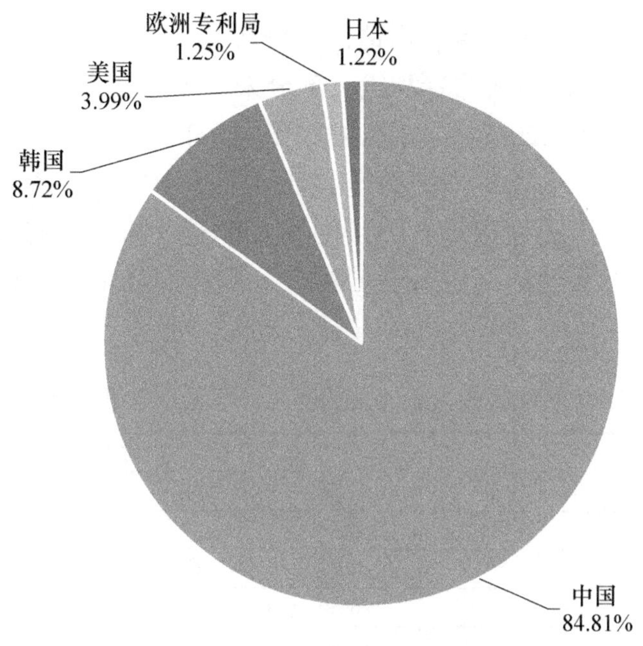

（a）专利申请来源国家（地区）

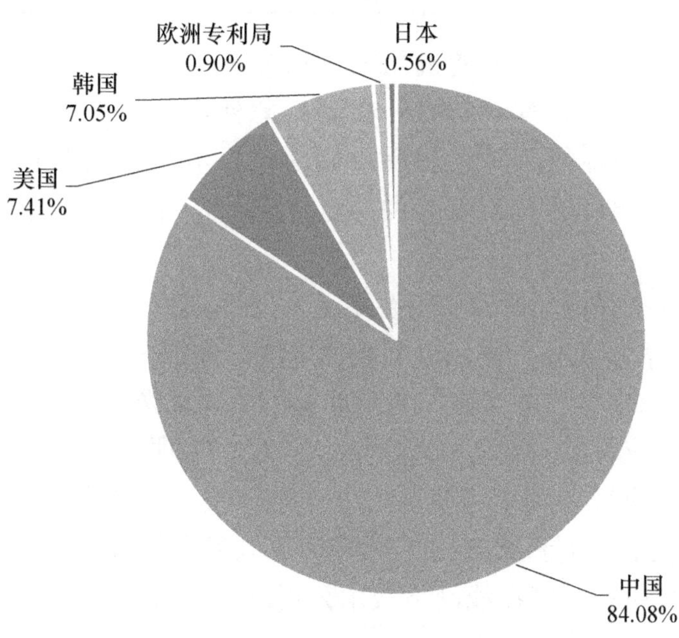

（b）专利申请目标国家（地区）

图 4.2.6　智能机器人领域主要国家（地区）专利申请情况

（3）主要国家（地区）专利申请流向分析

如表 4.2.2 所示，中国的专利绝大部分来自本土，而美国仅有 55 项专利进入中国，但中国有 420 件专利进入美国。同样，日本和欧洲专利局的智能机器人领域专利进入中国申请的数量，要远远少于中国进入这些国家或地区的专利数量，而韩国正好相反。美国的智能机器人领域专利申请数量绝大部分也来自本国，但其他国家进入美国的专利数量明显多于美国流向其他国家的专利数量。

表 4.2.2　智能机器人领域主要国家（地区）申请量流向分布

技术来源国家（地区）	技术目标国家（地区）				
	中国	美国	韩国	日本	欧洲专利局
中国	15920	420	57	87	119
美国	55	693	17	32	38
韩国	121	669	1322	10	122
日本	32	111	17	75	47
欧洲专利局	69	157	32	19	98

总体而言，虽然中国智能机器人领域专利申请数量众多，但绝大多数集中在本国，并未及时有效向海外布局。此外，美国在智能机器人领域专利的海外布局也不明显。与之相反，韩国、日本和欧洲专利局的相关国家或地区更注重智能机器人领域专利的全球布局，并且高度重视在美国寻求专利保护。

（4）主要国家（地区）专利主要申请人分析

图 4.2.7 是智能机器人领域专利主要申请人分布。北京嘀嘀无限科技发展有限公司以 372 项专利申请量排名全球第一，北京光年无限科技有限公司、三星电子公司紧随其后，专利申请数量分别为 327 项和 311 项。LG、腾讯的智能机器人领域全球专利申请量也占据一定地位，专利申请数量都超过 250 项。华南智能机器人创新研究院、珠海市一微半导体有限公司、华为、广东省智能制造研究所和百度在线网络技术公司专利申请数量均在 100 项以上，跻身于全球专利申请前 10 位。

总体来看，在前 10 位申请人排名中，中国企业有 8 家，韩国企业有 2

家。这表明，近年来，随着人工智能技术、智能控制和智能传感器的飞速发展，中国积极开展对智能机器人领域技术研究，成果在不断增加，未来发展劲头势不可挡。

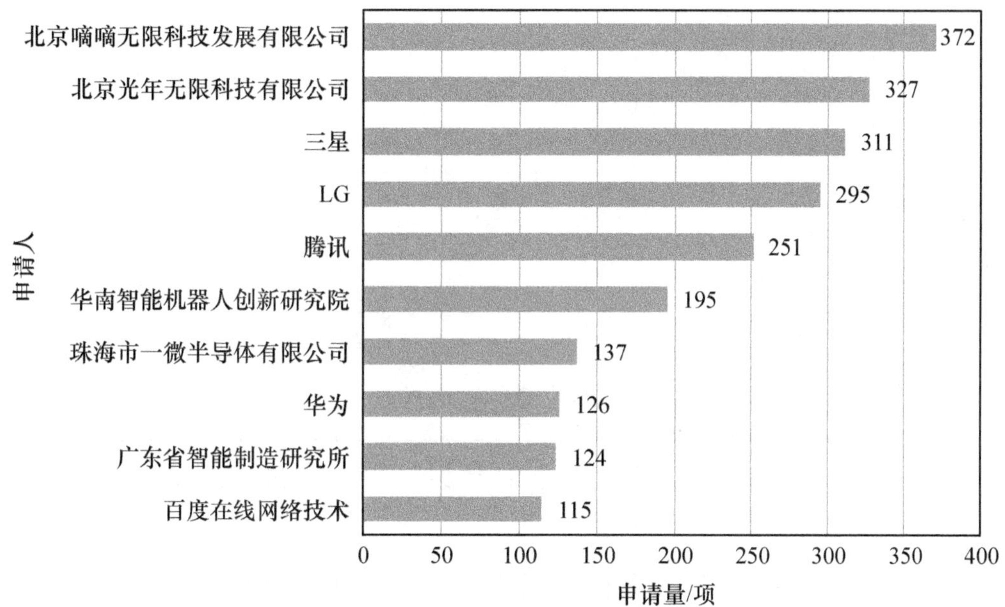

图 4.2.7　智能机器人领域技术专利主要申请人分布

4.2.3.2　中国专利申请态势分析

（1）中国专利申请趋势分析

我国智能机器人领域技术以 2013 年和 2018 年为节点，可大致将中国专利申请趋势分为三个阶段，分别为技术发展阶段、技术增长阶段和技术应用阶段。具体数据详见图 4.2.8。

技术发展阶段（2006—2013 年）：我国智能机器人领域技术发展缓慢，相关专利较少，申请数量虽每年有所增加，但专利申请增量不超过 100 项。2013 年，智能机器人领域专利申请数量达到 274 项，技术有了新的突破口。

技术增长阶段（2013—2018 年）：随着人工智能技术的快速升温，我国智能机器人领域技术也在不断进行探索和创新，相关专利申请数量也在不断增加，增速迅猛。2016 年，我国专利申请数量达到 1877 项，年增长量为 1050 项。之后，智能机器人专利申请增量呈现指数型增长趋势。

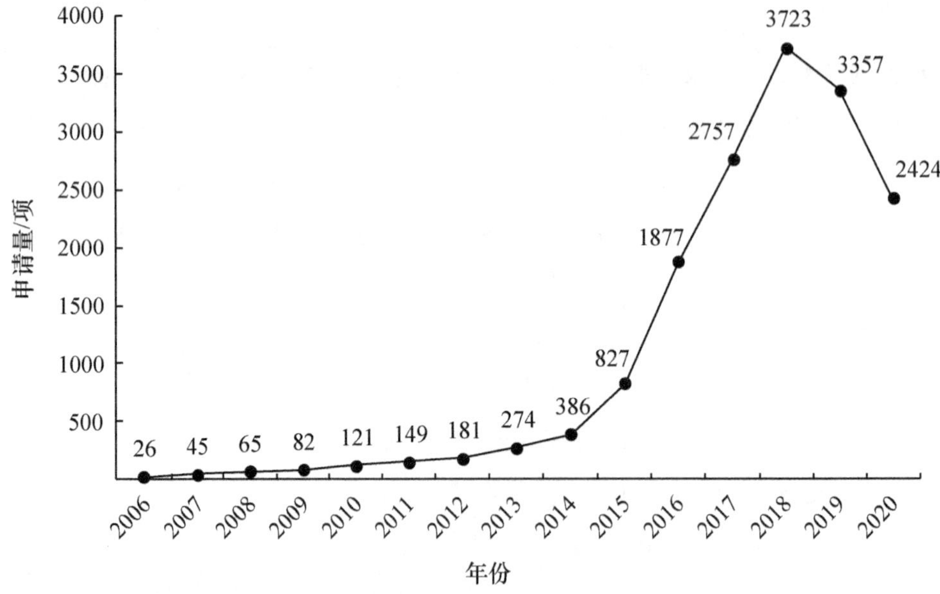

图 4.2.8　智能机器人领域中国专利申请趋势图

技术应用阶段（2019 年至今）：在人工智能技术受到密切关注以及人工智能产业强烈发展需求的大背景下，智能机器人仍然处于十分初级的阶段，我国智能机器人领域技术专利申请数量有小幅减少。此外，由于 2020 年的相关专利信息存在延迟公开的情况，所以当年的全球专利申请数量呈现骤减现象不作为趋势分析依据。

（2）中国专利主要申请人分析

图 4.2.9 为智能机器人领域中国主要申请人分析。如图所示，我国智能机器人领域的专利申请人中，北京嘀嘀无限科技发展有限公司以 372 件专利申请数量位居第一，其研发实力很强，具有绝对的技术优势。紧跟其后的是北京光年无限科技有限公司，专利申请数量为 327 件。腾讯科技（深圳）有限公司和华南智能机器人创新研究院也具有一定技术实力，专利申请量在 200 件左右。珠海市一微半导体有限公司、华为技术有限公司、广东省智能制造研究所、百度在线网络技术（北京）有限公司、三星电子和蓝思智能机器人

（长沙）有限公司在智能机器人领域也占据一定地位，均跻身中国前 10 位，专利申请数量基本在 100 项左右，前后相差不大。

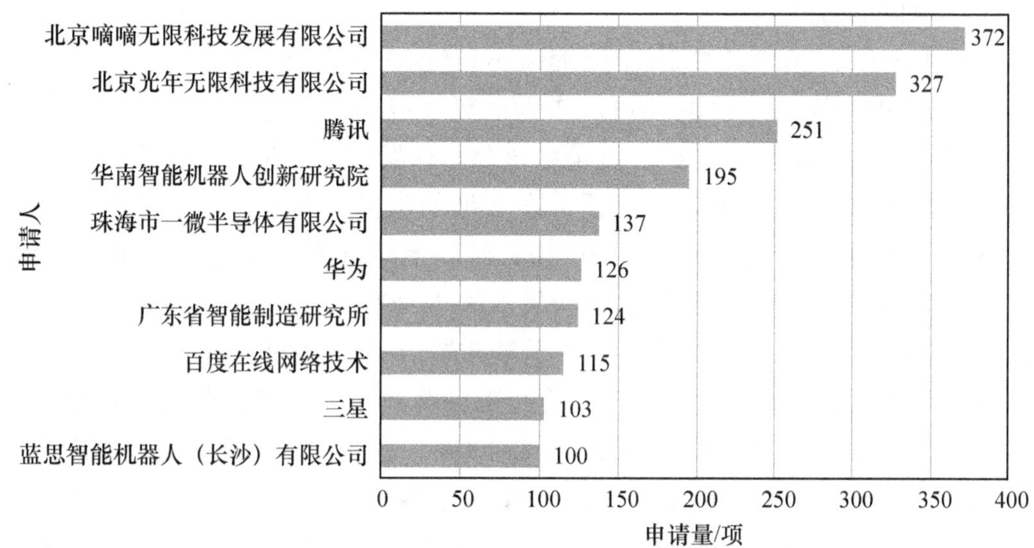

图 4.2.9　智能机器人领域中国主要申请人排名

总体来看，我国排名前 10 位的申请人全部为企业，其中，中国企业有 9 家，韩国有 1 家。可见，我国在智能机器人领域拥有大量先进企业，其核心技术研发成果明显，综合应用广泛，对智能机器人领域专利技术的保护也越来越引起企业和社会的重视。

4.2.4　智能机器人知名机构情况

4.2.4.1　国外知名机构

（1）波士顿动力（Boston Dynamics）

美国一家工程与机器人设计公司，此公司的著名产品包含在国防高等研究计划署（DARPA）出资下替美国军方开发的四足机器人——波士顿机械狗，以及 DI-Guy，一套用于写实人类模拟的现成软件（COTS）。此公司早期曾和美国系统公司一同接受来自美国海军航空作战中心训练处（NAWCTSD）的一份合约，该合约的内容是以 DI-Guy 人物的互动式 3D 电脑模拟，取代海军飞机弹射任务训练影片；其产品 Cheetah 是目前世界上速度最快的腿式机器人，奔跑速度超过 29 英里/时（约为 47km/h）。

（2）Aldebaran

Aldebaran 于 2005 年由 Bruno Maisonnier 在法国巴黎成立，是一家致力于商用机器人的研发和生产的公司，作为世界上应用最广泛的新一代可编程仿人机器人之一，NAO Next Gen 就是由该公司研发的，为使用者开启了新的应用领域和发展前景。其研制的机器人在人们的生活中发挥积极的作用，可以完成接待、陪同、家庭护理、消遣娱乐、辅助治疗自闭症等工作。2011 年 12 月，NAO Next Gen 问世。作为最新版本的 NAO，这款机器人受益于互动领域重大技术进步。看到教育市场向中学延伸的情况，Aldebaran 创建了“开发者计划”（Develop-er Program），目的在于鼓励程序员使用机器人来创建面向大众的应用。2013 年推出的“Autism Solution for Kids”（儿童自闭症解决方案，简称为 ASKNAO）运用机器人技术，向特教人员和患有自闭症的儿童提供全新的教学工具。Pepper 是一款人形机器人，是一个会判读情感的个人化机器人。它通过视野系统来察觉人类的微笑、皱眉以及惊讶，通过语音识别系统来识别人类的语音语调以及表现人类强烈感情的特定字眼。

（3）KUKA

库卡（KUKA）机器人有限公司于 1898 年建立于德国巴伐利亚州的奥格斯堡，是世界领先的工业机器人制造商之一。库卡机器人公司在全球拥有 20 多个子公司，大部分是销售和服务中心。1973 年研发了名为 FAMULUS 的第一台工业机器人。库卡公司主要客户来自汽车制造领域，同时也专注于向工业生产过程提供先进的自动化解决方案，更涉足于医院的脑外科及放射造影。

4.2.4.2 国内知名机构

（1）大疆

创立于 2006 年，是深圳市大疆创新科技有限公司旗下的无人机品牌。2012 年，推出“到手即飞”的世界首款航拍一体机“大疆精灵 Phantom 1”。2014 年 11 月，推出 SDK 软件开发套件。2016 年 9 月，大疆在德国柏林 IFA

展会现场正式发布灵眸 Osmo 手机云台（Osmo Mobile）。2018 年 8 月，大疆创新发布"御"Mavic 2 系列无人机，包括"御"Mavic 2 专业版及"御"Mavic 2 变焦版两款，其中专业版搭载了大疆创新与哈苏共同研发的 L1D-20c 航拍相机，这是大疆创新首次和哈苏相机合作。2018 年 11 月，大疆创新正式发布灵眸 Osmo 口袋云台相机，意欲用新产品打进女性市场。2019 年 6 月，大疆创新在北京发布其首款教育机器人机甲大师 RoboMaster S1。该款机器人配置 31 个传感器、46 个可编程部件等，支持两种编程语言，是为青少年和科技爱好者搭建体验人工智能技术的平台。

（2）新松

新松公司隶属中国科学院，总部位于中国沈阳，以"中国机器人之父"——蒋新松之名命名，是一家以机器人独有技术为核心，致力于数字化智能高端装备制造的上市企业。公司的机器人产品线涵盖工业机器人、洁净（真空）机器人、移动机器人、特种机器人及智能服务机器人五大系列，其中工业机器人产品填补多项国内空白，创造了中国机器人产业发展史上 88 项第一的突破；洁净（真空）机器人多次打破国外技术垄断与封锁，大量替代进口；移动机器人产品综合竞争优势在国际上处于领先水平，被美国通用等众多国际知名企业列为重点采购目标；特种机器人在国防重点领域得到批量应用。在高端智能装备方面已形成智能物流、自动化成套装备、洁净装备、激光技术装备、轨道交通、节能环保装备、能源装备、特种装备产业群组化发展。公司是国际上机器人产品线最全的厂商之一，也是国内机器人产业的领导企业。

（3）科沃斯

科沃斯是国内家用清洁机器人的龙头企业，家庭服务机器人专业智造者，创造了地面清洁机器人地宝、自动擦窗机器人窗宝、空气净化机器人沁宝、机器人管家亲宝，专业从事家庭服务机器人的研发、设计、制造和销售。科沃斯始终致力于"让机器人服务全球家庭"的使命，让更多人能够乐享科技创新带来的智慧生活。

4.3 本章小结

通过分析近年来自动驾驶和智能机器人的高水平论文和专利，挖掘出相关关键词，对该领域全球高水平论文、专利、知名机构等情况进行统计和分析。由上述分析可知，中国在理论研究上已经超过以美国为首的西方国家，这也反映了中国强势的经济发展潜力。在专利方面，中国的人工智能自动驾驶、机器人领域产业已经稳居第一名，表明我国在相关领域的应用已有较好发展。但是，就相关调研结果看，中国相关领域的产品应更加注重创新能力，提高市场竞争力。总的来看，中国在人工智能应用层的自动驾驶、智能机器人产业领域已取得一定成就，但技术创新和发展仍然任重而道远。

第 5 章　国际科技合作态势综合评估

本书第 2 章到第 4 章对人工智能产业基础层、技术层、应用层三个板块的国际科技合作态势展开详细分析，为进一步对人工智能产业领域的主要创新国家（地区）、企业、研究机构的基础研究水平、前沿技术创新能力和产业化应用情况、与中国大陆合作的资源以及渠道等方面进行综合评估，首先就三个板块的不同领域进行多维度统计和分析，基本思路为“板块分类—领域划分—维度分析”，具体而言，（1）板块分类：将人工智能产业按照基础层、技术层和应用层三个板块分别进行国际合作态势评估；（2）领域划分：将各个板块按照领域划分开展分析，其中，基础层按照智能芯片和机器学习两个领域，技术层按照计算机视觉、语音识别和自然语言处理三个领域，应用层按照自动驾驶和智能机器人两个领域，分别开展国际合作态势评估研究；（3）维度分析：将各领域的相关科技合作情况进行维度统计和分析，相关维度主要包括 SCI 论文发表情况、顶级会议统计、发明专利申请等。其次，从中国视角出发，针对在人工智能行业开展国际科技合作的优势、劣势、机会和威胁四个方面展开讨论。

5.1　人工智能基础层板块国际科技合作态势评估

根据第 2 章的分析，人工智能基础层板块主要包括智能芯片和机器学习两大领域，分别从 SCI 论文发表、顶级会议统计、发明专利申请三个维度对人工智能基础层板块的主要创新国家（地区）、研究机构的综合实力进行统计和分析，梳理出未来应与之开展国际科技合作的主要备选国家（地区）和机构。

5.1.1 智能芯片领域

5.1.1.1 智能芯片领域国际合作实体的双维度分析

为了评估智能芯片领域的主要创新实体的综合实力，参考波士顿矩阵分析方法思路，现从 SCI 论文总发文量和发明专利申请量两个维度进行对比分析。

从图 5.1.1 可知，美国的 SCI 论文总发文量和发明专利申请量都很高，表现出在智能芯片领域的超强综合实力，其基础研究、技术创新和产业化应用等方面全面领先，且知识、技术和人才储备皆十分丰富；韩国的 SCI 论文总发文量较低，但发明专利申请量却较高，表现出在本领域较强的技术创新和产业化应用能力；中国香港、新加坡、日本、加拿大等的 SCI 论文总发文量处于全球前列，但发明专利申请量较少，表现出在本领域较强的基础研究能力。综上，在本领域的未来科技创新合作中，美国可作为本领域学术研究和产业化合作的重点合作对象，韩国可作为本领域产业化合作的重点合作对象；而中国香港、新加坡、日本和加拿大等可作为本领域学术方面重点合作对象。

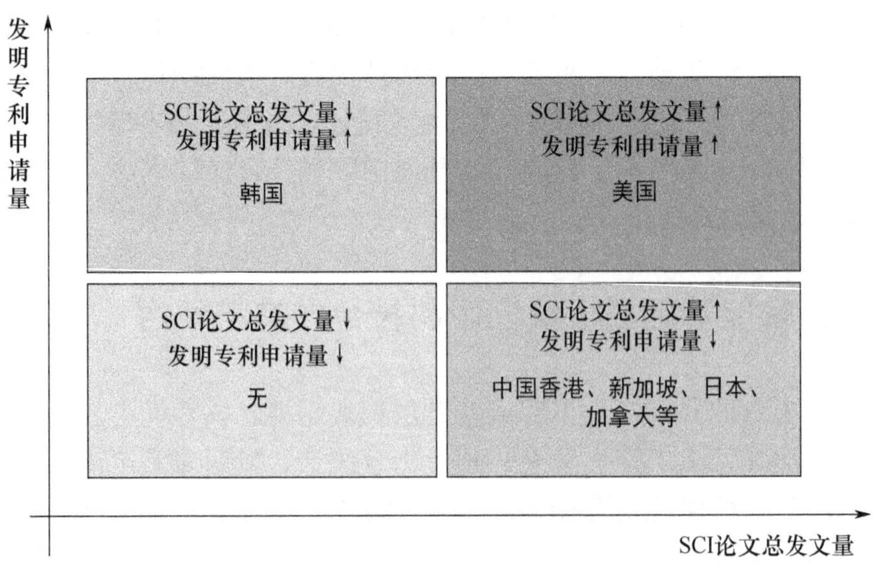

图 5.1.1 智能芯片领域主要实体科技实力维度分析图

5.1.1.2　智能芯片领域国际合作机构的双维度统计

根据上文对人工智能基础层板块智能芯片领域发展情况的详细分析，从 SCI 论文发表和发明专利申请两个维度进行总结，通过区域划分统计出智能芯片领域主要企业或研究机构的产业化能力，以及与中国大陆开展科技合作的情况。

从表 5.1.1 可知，在 SCI 论文发表维度，从纵向来看，美国、中国香港、新加坡、日本和加拿大等实体近五年 SCI 论文总发文量较多，且与中国大陆合作较为密切。在上述 5 个实体中，佐治亚理工学院、香港城市大学、南洋理工大学、东京大学和阿尔伯塔大学这 5 所国际顶尖高校的 SCI 发文量最多，应将其视为重点合作机构。从横向来看，在发文量较多的实体中，一些机构在本领域具有较强的科研创新能力，发文量排在前列，但与中国大陆合作发文量却较少（见表 5.1.1 中浅色底纹的机构），这些机构有巨大的合作潜力。

表 5.1.1　智能芯片领域国际合作统计表

国家（地区）	SCI 论文（2016—2020 年）			发明专利（2006—2020 年）	
	机构	总发文量	与中国大陆合作发文量	机构	申请量
美国	***佐治亚理工学院***	***25***	***2***	***英特尔***	***610***
	劳伦斯伯克利国家实验室	13	7	IBM 公司	505
	加州大学圣巴巴拉分校	13	7		
	匹兹堡大学	11	7		
	美国南卫理公会大学	10	7		
	纽约州立大学新帕尔兹分校	7	7		
中国香港	***香港城市大学***	***21***	***21***		
	香港科技大学	14	14		
	香港中文大学	12	12		
新加坡	***南洋理工大学***	***35***	***15***		
	新加坡国立大学	18	8		
日本	***东京大学***	***31***	***1***		
	大阪大学	28	1		
	日本千叶大学	24	3		

（续表）

国家（地区）	SCI 论文（2016—2020 年）			发明专利（2006—2020 年）	
	机构	总发文量	与中国大陆合作发文量	机构	申请量
加拿大	***阿尔伯塔大学***	***45***	***11***		
	多伦多大学	31	1		
英国	帝国理工学院	36	9		
澳门	澳门大学	9	9		
澳大利亚	悉尼大学	16	7		
西班牙	塞维利亚大学	24	3		
印度	印度安那大学	35	0		
	印度国立理工学院	33	0		
	印度理工学院	33	2		
瑞士	欧洲核子研究中心	26	2		
中国台湾	台湾成功大学	29	1		
韩国				***三星***	***506***

注：浅色底纹信息表示某国家（地区）的研究机构发文量较多，但与中国大陆合作发文量较少，属于潜在合作机构；粗斜体文本信息表示某国家（地区）的研究机构发文量/发明专利申请量最多，属于重点合作机构。

从发明专利申请维度，英特尔和三星的申请量分别为 610 件、506 件，排在前列，表明其在本领域的技术创新和产业化应用能力突出，属于重点合作机构。

5.1.2 机器学习领域

5.1.2.1 机器学习领域国际合作主要实体三维度分析

为评估机器学习领域的主要创新实体的综合实力，参考波士顿矩阵分析方法思路，从 SCI 论文总发文量、顶级会议发文量以及发明专利申请量三个维度进行综合分析。

从图 5.1.2 可知，美国的 SCI 论文总发文量、顶级会议发文量以及发明专利申请量都排在全球前列，表现出在机器学习领域的超强综合实力，其基础理论、前沿技术创新和产业化应用等方面全面领先，其知识、技术和人才储备十分丰富；韩国的 SCI 论文总发文量和发明专利申请量较多，但顶级会议发文量却严重不足，表现出在本领域较强的基础理论研究和产业化应用能力，但最新的前沿技术研究处于劣势；另外，中国香港、中国澳门、澳大利亚、越南和伊朗等地区的 SCI 论文总发文量处于全球前列，但顶级会议发文量和发明专利申请量却很少，表明其基础理论研究能力较强，但其前沿技术创新研究和产业化应用能力不足；法国、印度和以色列等在顶级会议发文量上处于世界前列，但 SCI 论文总发文量和发明专利申请量却较少，表明其在本领域前沿技术研究方面能力较强，但基础研究和产业应用能力不足。综上，在本领域科技创新合作中，美国属于重点合作对象，韩国应为次重要合作对象，中国香港、中国澳门、澳大利亚、越南和伊朗等地区应作为学术交流合作的对象；而对于法国、印度和以色列等，可在某些特定前沿技术领域进行合作交流。

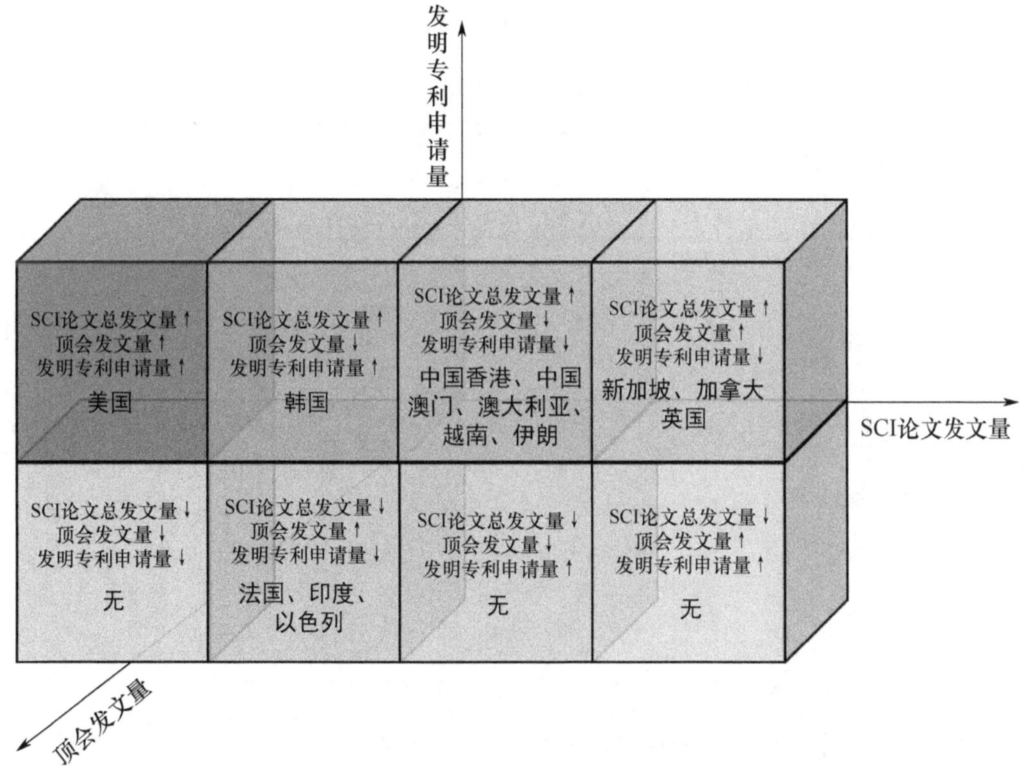

图 5.1.2　机器学习领域主要实体科技实力维度分析图

5.1.2.2 机器学习领域国际合作机构的三维度统计

根据上文对人工智能基础层板块机器学习领域发展情况的详细分析，从SCI 论文发表、顶级会议统计和发明专利申请三个维度进行总结，通过区域划分统计出机器学习领域主要企业或研究机构的产业化能力，以及与中国大陆开展国际科技创新合作的情况。从表 5.1.2 可知，在 SCI 论文发表维度，从纵向来看，美国、新加坡、英国、澳大利亚和伊朗、中国香港、中国澳门等的 SCI 论文总发文量较多，且与中国大陆合作也较为密切；此外，在上述 7 个实体中，斯坦福大学、香港理工大学、南洋理工大学、伦敦大学、澳门大学、悉尼大学和伊朗阿扎德大学这 7 所高校的 SCI 发文量最多，可将其视为重点合作机构。从横向来看，在发文量较多的实体中，一些机构在本领域具有较强的科研创新能力，发文量排在其所在实体的前列，但与中国大陆合作发文量却较少（见表 5.1.2 中底纹为浅色的机构），这些机构有巨大的合作潜力。

表 5.1.2 机器学习领域国际合作统计表

国家（地区）	SCI 论文（2016—2020 年）			顶级会议（2015—2019 年）ICML		顶级会议（2015—2019 年）NeurIPS		发明专利（2006—2020 年）	
	机构	总发文量	与中国大陆合作发文量	机构	发文量	机构	发文量	机构	申请量
美国	***斯坦福大学***	***1174***	***188***	***谷歌***	***161***	***卡内基梅隆大学***	***126***	***IBM***	***2115***
	哈佛医学院	927	188	卡内基梅隆大学	29	麻省理工学院	100	***微软***	***1433***
	麻省理工学院	804	83	斯坦福大学	21	谷歌	93	英特尔	406
	密歇根大学	714	130	弗吉尼亚大学	18	杜克大学	62	脸书	397
	哥伦比亚大学	667	119	康奈尔大学	18	微软	60	思科	394
	加州大学洛杉矶分校	650	102	脸书	18	普林斯顿大学	58		
	伊利诺伊大学	644	171	哥伦比亚大学	16	哥伦比亚大学	53		
	哈佛大学	466	195	Adobe	16	斯坦福大学	49		
	佐治亚大学系统	498	260	哈佛大学	15	康奈尔大学	40		

（续表）

国家（地区）	SCI 论文（2016—2020 年）			顶级会议（2015—2019 年）				发明专利（2006—2020 年）	
				ICML		NeurIPS			
	机构	总发文量	与中国大陆合作发文量	机构	发文量	机构	发文量	机构	申请量
美国						加州大学伯克利分校	31		
						纽约大学	26		
						南加州大学	24		
						华盛顿大学	19		
						哈佛大学	19		
中国香港	***香港理工大学***	***643***	***643***						
	香港城市大学	591	591						
	香港中文大学	497	497						
	香港大学	331	330						
	香港科技大学	217	217						
新加坡	***南洋理工大学***	***825***	***405***						
	新加坡国立大学	727	421	新加坡国立大学	15				
加拿大	多伦多大学	695	78	***多伦多大学***	***46***	多伦多大学	38		
英国	***伦敦大学***	***784***	***244***			***DeepMind***	***66***		
	牛津大学	712	102			牛津大学	34		
				剑桥大学	17	剑桥大学	21		
中国澳门	***澳门大学***	***320***	***320***						
澳大利亚	***悉尼大学***	***602***	***232***						
	悉尼科技大学	420	226						
伊朗	***阿扎德大学***	***1458***	***96***						
	德黑兰大学	714	43						
韩国	国立首尔大学	773	4					***三星***	***416***

（续表）

国家（地区）	SCI 论文（2016—2020 年）			顶级会议（2015—2019 年）				发明专利（2006—2020 年）	
				ICML		NeurIPS			
	机构	总发文量	与中国大陆合作发文量	机构	发文量	机构	发文量	机构	申请量
法国				法国计算机科学与自动化研究所	16				
印度				印度科技学院	16				
以色列						以色列理工学院	26		

注：浅色底纹信息表示某国家（地区）的研究机构发文量较多，但与中国大陆合作发文量较少，属于潜在合作机构；加粗斜体文本信息表示某国家（地区）的研究机构发文量/发明专利申请量最多，属于重点合作机构。

在顶级会议统计维度，机器学习领域主要包括两大顶级学术会议——国际机器学习会议（ICML）和神经信息处理系统研讨会（NeurIPS）。在 ICML 国际会议中，谷歌和加拿大多伦多大学的发文量分别为 161 篇和 46 篇，在国际竞争中处于优势地位，应将其视为重点合作机构；在 NeurIPS 国际会议中，卡内基梅隆大学与 DeepMind 的发文量分别排在其所在实体的首位，也属于重点合作机构。

在发明专利申请维度，IBM、微软和三星的申请量为 2115 件、1433 件和 416 件，排名靠前，属于重点合作机构。

5.2 人工智能技术层板块国际科技合作态势评估

根据第 3 章的分析，人工智能技术层板块主要包括计算机视觉、语音识别和自然语言处理三大领域，分别从 SCI 论文发表、顶级会议统计、发明专利申请三个维度对人工智能技术层板块的主要创新实体、研究机构的综合实力进行统计和分析，梳理出未来应与之开展科技合作的主要备选实体和机构。

5.2.1　计算机视觉领域

5.2.1.1　计算机视觉领域国际合作实体的三维度分析

为了评估计算机视觉领域的主要创新国家（地区）的综合实力，参考波士顿矩阵分析方法思路，从 SCI 论文总发文量、顶级会议发文量和发明专利申请量三个维度进行综合分析。

从图 5.2.1 可知，美国的 SCI 论文总发文量、顶级会议发文量以及发明专利申请量都排在全球前列，表现出了在计算机视觉领域的超强综合实力，其基础理论、前沿技术创新和产业化应用等方面全面领先，其知识、技术和人才储备十分丰富；中国澳门和爱尔兰的 SCI 论文总发文量处于全球前列，但

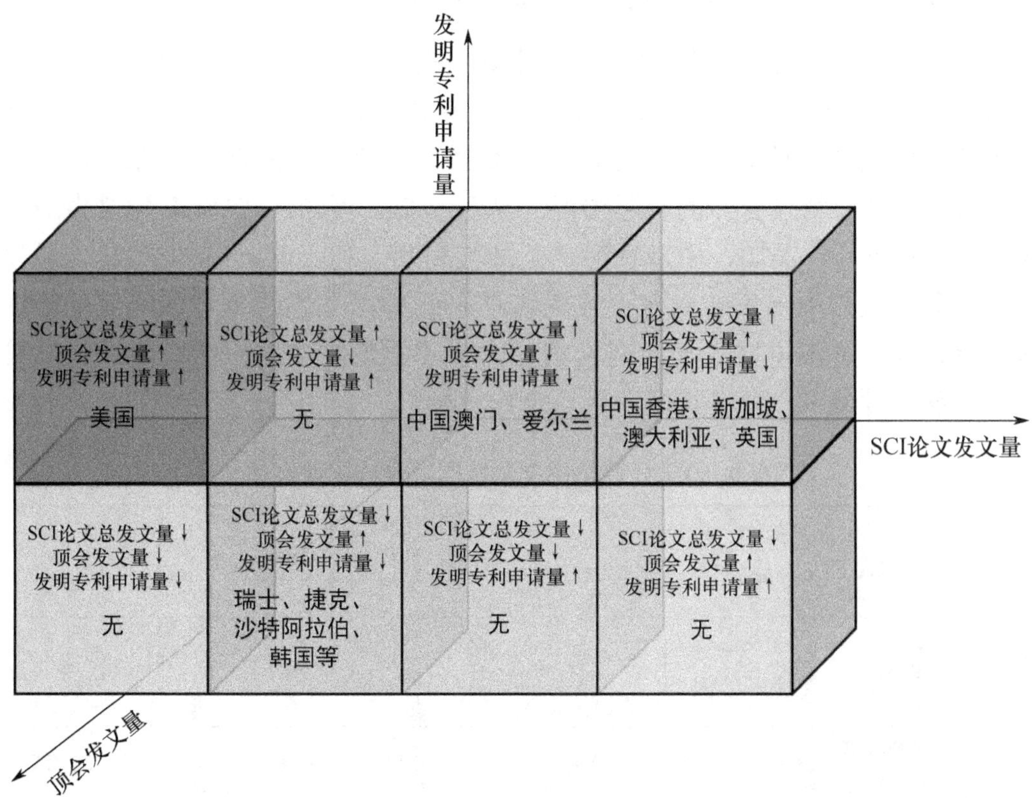

图 5.2.1　计算机视觉领域主要实体科技实力维度分析图

顶级会议发文量和发明专利申请量却很少，表现出在本领域较强的基础研究能力，但最新前沿技术创新和产业化应用能力处于劣势；中国香港、新加坡、澳大利亚和英国等 SCI 论文总发文量和顶级会议发文量较多，但发明专利申请数量严重不足，表现出在本领域较强的基础研究和前沿技术创新能力，但产业化应用能力处于劣势。此外，瑞士、中国台湾等在顶级会议发文量方面处于世界前列，但 SCI 论文发文量和发明专利申请量却较少，表明其在本领域特定方向前沿技术研究方面能力较强。综上所述，在本领域的未来科技合作中，美国属于重点合作对象，中国澳门、中国香港、爱尔兰、新加坡等全球主要创新实体可作为学术界的研究伙伴，而瑞士、中国台湾等地区可在特定前沿技术方向进行合作交流。

5.2.1.2 计算机视觉领域合作机构的三维度统计

根据上述对人工智能技术层板块计算机视觉领域发展情况的详细分析，从 SCI 论文发表、顶级会议发文量和发明专利申请量三个维度进行总结，通过区域划分统计出计算机视觉领域主要企业或研究机构的产业化能力，以及与中国大陆开展科技合作的实际情况。从表 5.2.1 可知，在 SCI 论文发表维度，从纵向来看，美国、中国香港、新加坡和澳大利亚近五年 SCI 论文总发文量较多，且与中国大陆合作也较为密切；此外，上述四个实体所属的卡内基梅隆大学、香港中文大学、南洋理工大学和悉尼大学这四所国际顶尖高校的 SCI 发文量最多，可将其视为重点合作机构。

表 5.2.1 计算机视觉领域国际合作统计表

国家（地区）	SCI 论文（2016—2020 年）			顶级会议（2015—2019 年）				发明专利（2006—2020 年）	
				ICCV		CVPR			
	机构	总发文量	合作发文量	机构	发文量	机构	发文量	机构	申请量
美国	***卡内基梅隆大学***	***206***	***33***	***斯坦福大学***	***27***	***谷歌***	***73***	***英特尔***	***1198***
	麻省理工学院	182	15	脸书	26	***卡内基梅隆大学***	***66***	***IBM***	***686***

（续表）

国家（地区）	SCI 论文（2016—2020 年）			顶级会议（2015—2019 年）				发明专利（2006—2020 年）	
				ICCV		CVPR			
	机构	总发文量	合作发文量	机构	发文量	机构	发文量	机构	申请量
美国	斯坦福大学	157	18	伊利诺伊大学厄巴纳-香槟分校	15	Adobe	34		
	加州大学伯克利分校	123	15			脸书	33		
	华盛顿大学	106	5			斯坦福大学	32		
	密歇根大学	106	15			约翰·霍普金斯大学	23		
	伊利诺伊大学	106	19			加州大学河滨分校	20		
	天普大学	37	25						
中国香港	***香港中文大学***	***113***	***113***	***香港中文大学***	***87***				
	香港理工大学	101	101						
	香港城市大学	62	62						
	香港科技大学	36	36			***香港科技大学***	***27***		
新加坡	***南洋理工大学***	***155***	***61***			***南洋理工大学***	***26***		
	新加坡国立大学	112	55						
加拿大	多伦多大学	100	15			多伦多大学	30		
英国	帝国理工学院	99	13	***伦敦大学玛丽王后学院***	***19***				
	朴茨茅斯大学	34	28						
德国	慕尼黑工业大学	127	22						
中国澳门	澳门大学	43	43						

（续表）

国家（地区）	SCI 论文（2016—2020 年）			顶级会议（2015—2019 年）				发明专利（2006—2020 年）	
				ICCV		CVPR			
	机构	总发文量	合作发文量	机构	发文量	机构	发文量	机构	申请量
澳大利亚	***悉尼大学***	***108***	***51***						
	澳大利亚国立大学	78	32						
	悉尼科技大学	75	38						
	阿德莱德大学	75	33			阿德莱德大学	35		
	科廷大学	41	23						
爱尔兰	爱尔兰国立大学	57	29						
瑞士	苏黎世联邦理工学院	124	13	苏黎世联邦理工学院	32	苏黎世联邦理工学院	33		
捷克				布拉格捷克技术大学	14				
沙特阿拉伯				阿卜杜拉国王科技大学	12				
韩国				国立首尔大学	10				
意大利						特伦托大学	23		
日本						东京大学	21		

注：加粗斜体文本信息表示某国家（地区）的研究机构发文量/发明专利申请量最多，属于重点合作机构。

在顶级会议统计维度，计算机视觉领域主要包括两大顶级学术会议——国际计算机视觉大会（ICCV）和国际计算机视觉与模式识别会议（CVPR）。在 ICCV 国际会议中，包括斯坦福大学、香港中文大学、伦敦大学玛丽王后学院等高校的发文量排在其所在实体的前列，表明其相关前沿技术创新在国际竞争中处于优势地位，应将其视为重点合作机构；在 CVPR 国际会议中，谷歌发文量为 73 篇，位列全球首位，表明其绝对的科研水平和技术实力，卡内基梅隆大学、香港科技大学、南洋理工大学等国际顶尖高校的发文量分别排在其所在实体的前列，也属于重点合作机构。

在发明专利申请维度，英特尔和 IBM 的申请量分别为 1198 件、686 件，处于全球领先地位，表明其在计算机视觉领域的技术产业化应用广泛和发展势头迅猛，属于重点合作机构。

5.2.2　语音识别领域

5.2.2.1　语音识别领域国际合作实体的三维度分析

为了评估语音识别领域的主要创新实体的综合实力，参考波士顿矩阵分析方法思路，现从 SCI 论文总发文量、顶级会议发文量和发明专利申请量三个维度进行综合分析。

从图 5.2.2 可知，美国的 SCI 论文总发文量、顶级会议发文量以及发明专

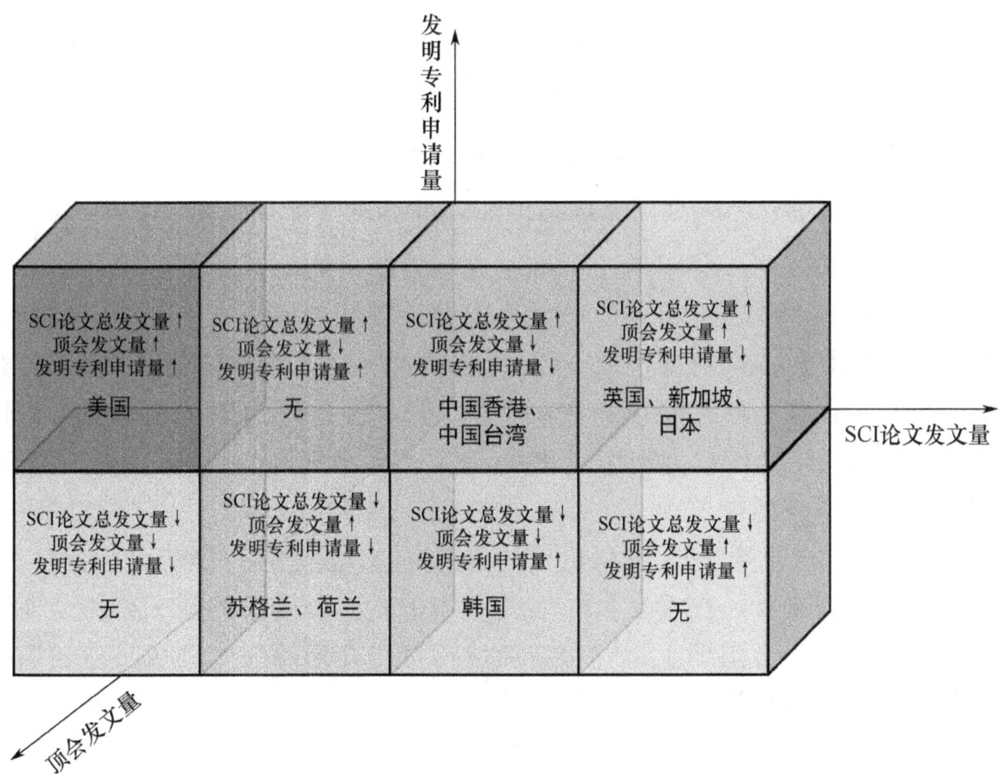

图 5.2.2　语音识别领域主要实体科技实力维度分析图

利申请量都排在全球前列，表现出了在计算机视觉领域的超强综合实力，其基础理论、前沿技术创新和产业化应用等方面全面领先，其知识、技术和人才储备十分丰富；英国、新加坡和日本三国的 SCI 论文总发文量和顶级会议发文量较多，但发明专利申请量严重不足，表明这些国家基础研究水平较高且前沿技术创新能力较强，而技术产业化应用和推广还相对薄弱。另外，中国香港和中国台湾的 SCI 论文总发文量处于全球前列，但顶级会议发文量和发明专利申请量却很少，表明其虽注重基础研究，但在前沿技术创新和产业化应用方面存在短板。韩国发明专利申请量跻身于全球前列，但 SCI 论文发文量和顶级会议发文量却很少，表明其更加注重技术产业化应用。苏格兰和荷兰在顶级会议发文量上处于世界前列，但 SCI 论文总发文量和发明专利申请量却较少，表明其在某些前沿技术领域具有领先优势。综上，在本领域国际科技合作中，美国属于重点合作对象，英国、新加坡、日本、中国香港和中国台湾等可作为学术界的研究伙伴，韩国可作为产业界的合作对象，而苏格兰和荷兰可在某些前沿技术领域进行合作交流。

5.2.2.2 语音识别领域国际合作机构的三维度统计

根据上文对语音识别领域发展情况的详细分析，现从 SCI 论文发表、顶级会议发文量和发明专利申请三个维度进行总结，通过区域划分统计出语音识别领域主要企业或研究机构的产业化能力，以及与中国大陆开展科技合作的实际情况。由表 5.4 可知，在 SCI 论文发表维度，从纵向来看，美国、英国、新加坡、日本、中国香港和中国台湾等实体近五年 SCI 论文总发文量较多，且与中国大陆合作较为密切；此外，上述 6 个地区中，约翰·霍普金斯大学、剑桥大学、新加坡国立大学、香港中文大学、日本先进科学技术研究所和中国台湾的成功大学这 6 所机构的 SCI 发文量最多，应将其视为重点合作机构。从横向来看，在发文量较多的实体中，其所属的约翰·霍普金斯大学、微软研究院、帝国理工学院和新加坡科技研究局等在本领域具有较高的科研创新水平，发文量排在其所在实体的前列，但与中国大陆合作发文量相对较少（见表 5.2.2 中底纹为浅色的机构），有巨大的合作潜力。

在顶级会议统计维度，语音识别领域的顶级学术会议——计算机语言协会会议（ACL），卡内基梅隆大学的发文量为 103 篇，位列全球首位，表明其在基础研究方面绝对的科研水平和技术实力，微软、谷歌、剑桥大学、南洋理工大学、东京大学、爱丁堡大学和阿姆斯特丹大学等全球顶尖高校（研究机构）的发文量分别排在其所属国家的前列，也属于重点合作机构。

表 5.2.2　语音识别领域国际合作统计表

国家（地区）	SCI 论文（2016—2020 年）			顶级会议（2015—2019 年）ACL		发明专利（2006—2020 年）	
	机构	总发文量	与中国大陆合作发文量	机构	发文量	机构	申请量
美国	***约翰·霍普金斯大学***	***167***	***15***	***卡内基梅隆大学***	***103***		
	俄亥俄州立大学	144	8				
	得克萨斯大学达拉斯分校	132	2	***微软***	***69***	微软	359
	卡内基梅隆大学	131	4	***谷歌***	***61***	谷歌	241
	华盛顿大学	111	3	杜克大学	37		
	谷歌	110	2	南加州大学	33		
	南加州大学	104	5	约翰·霍普金斯大学	25		
	马里兰大学	104	2	脸书	21		
	麻省理工学院	100	3	华盛顿大学	20		
	佐治亚理工学院	87	32	IBM	15	IBM	536
	加州大学洛杉矶分校	55	22			Nuance Communications	285
	明尼苏达大学	54	12				
	俄亥俄大学	24	12				
	微软研究院	47	10				
中国香港	**香港中文大学**	**74**	**74**	香港中文大学	87		
	香港大学	34	34				
	香港理工大学	29	29				
	香港城市大学	24	24				
	香港科技大学	23	23				
	香港教育大学	13	13				

（续表）

国家（地区）	SCI论文（2016—2020年）			顶级会议（2015—2019年）ACL		发明专利（2006—2020年）	
	机构	总发文量	与中国大陆合作发文量	机构	发文量	机构	申请量
新加坡	***新加坡国立大学***	***89***	***25***	***南洋理工大学***	***20***		
	南洋理工大学	71	17				
	新加坡科技研究局	37	10				
英国	***剑桥大学***	***138***	***20***	***剑桥大学***	***21***		
	帝国理工学院	112	18				
	伦敦大学学院	90	0				
	肯特大学	16	10				
日本	***日本先进科学技术研究所***	***37***	***22***	***东京大学***	***19***		
	日本NTT公司	100	0				
中国台湾	***成功大学***	***12***	***12***				
澳大利亚	麦考瑞大学	87	4				
德国	奥登堡大学	90	2				
苏格兰	爱丁堡大学	89	5	***爱丁堡大学***	***31***		
荷兰	拉德堡德大学	130	0	***阿姆斯特丹大学***	***18***		
韩国						***三星***	***724***
						LG	493
						韩国电子通信研究院	342

注：浅色底纹信息表示某国家（地区）的研究机构发文量较多，但与中国大陆合作发文量较少，属于潜在合作机构；加粗斜体文本信息表示某国家（地区）的研究机构发文量/发明专利申请量较多，属于重点合作机构。

在发明专利申请维度，三星电子公司的申请量为724件，排在全球首位，属于重点合作机构。另外，为了实现语音识别领域技术专利的海外扩展和全球布局，应加强同美国IBM公司和微软等国际技术领先公司的合作研发。

5.2.3　自然语言处理领域

5.2.3.1　自然语言处理领域国际合作实体的双维度分析

为了评估自然语言处理领域的主要创新实体的综合实力，参考波士顿矩阵分析方法思路，现从 SCI 论文总发文量和发明专利申请量两个维度进行对比分析。

从图 5.2.3 可知，美国的 SCI 论文总发文量较高，且发明专利申请量也排在全球前列，表现出了在自然语言处理领域的超强综合实力，其基础理论、技术创新和产业化应用等方面全面领先，其知识、技术和人才储备十分丰富；韩国的 SCI 论文总发文量较低，而发明专利申请量却较多，表明其在本领域技术创新和产业化应用能力较强；新加坡、中国香港和中国澳门等实体，SCI 论文总发文量处于全球前列，但发明专利申请量却很少，则表明其更加注重基础研究。综上，在自然语言处理领域的未来科技合作中，美国属于重点合作对象，韩国可作为自然语言处理领域产业界的合作对象，而新加坡、中国香港和中国澳门等可作为学术界的合作伙伴。

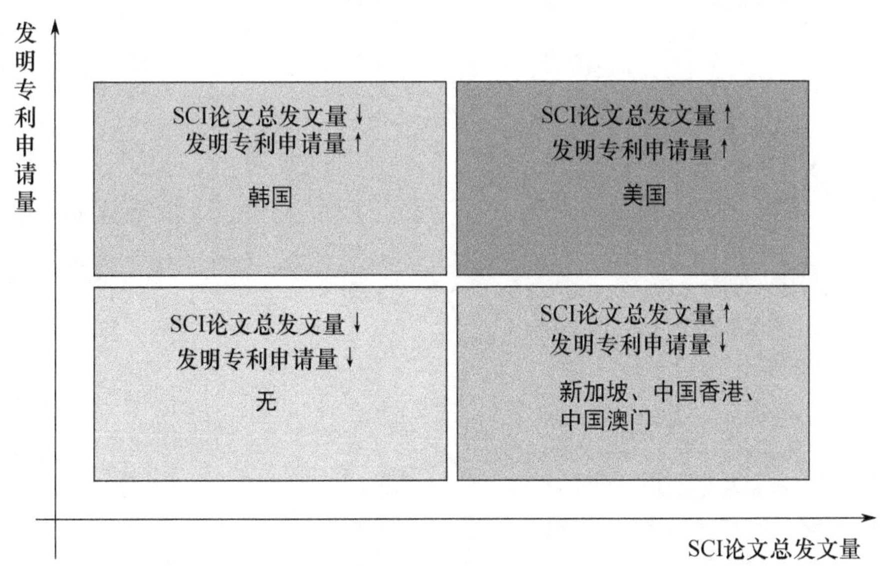

图 5.2.3　自然语言处理领域主要实体科技实力维度分析图

5.2.3.2 自然语言处理领域国际合作机构的双维度统计

根据对自然语言处理领域发展情况的分析，从 SCI 论文发表和发明专利申请两维度总结，通过区域划分统计出自然语言处理领域主要企业或研究机构的产业化能力，以及与中国大陆开展科技合作的情况。

从表 5.2.3 可得，在 SCI 论文发表维度，从纵向来看，美国、新加坡、中国香港和中国澳门等实体近五年 SCI 论文总发文量较多，且与中国大陆合作也较为密切；此外，上述四个实体其所属的哈佛医学院、香港理工大学、南洋理工大学和澳门大学这四所国际顶尖高校的 SCI 发文量最多，应将其视为重点合作机构。从横向来看，在发文量较多的实体中，如斯坦福大学、卡内基梅隆大学和哥伦比亚大学等高校发文量排在前列，但与中国大陆合作发文量相对较少（见表 5.2.3 中浅色底纹的机构），具有巨大的合作潜力。

表 5.2.3　自然语言处理领域国际合作统计表

国家（地区）	SCI 论文（2016—2020 年）			发明专利（2006—2020 年）	
	机构	总发文量	与中国大陆合作发文量	机构	申请量
美国	***哈佛医学院***	***144***	***10***	***IBM***	***5179***
	斯坦福大学	143	12	微软	965
	宾夕法尼亚大学	122	3	脸书	350
	麻省理工学院	105	7		
	卡内基梅隆大学	103	9		
	华盛顿大学	102	3		
	犹他大学	101	0		
	亚利桑那州立大学	98	5		
	伊利诺伊大学	93	7		
	哥伦比亚大学	93	11		
	梅奥医学中心	86	9		
	密歇根大学	84	0		
	布列根和妇女医院	81	10		
	加州大学伯克利分校	61	9		
	微软	48	21		
	密歇根州立大学	30	12		

（续表）

国家（地区）	SCI 论文（2016—2020 年）			发明专利（2006—2020 年）	
	机构	总发文量	与中国大陆合作发文量	机构	申请量
中国香港	***香港理工大学***	***28***	***28***		
	香港城市大学	24	24		
	香港中文大学	24	24		
	香港科技大学	16	16		
	香港大学	15	15		
新加坡	***南洋理工大学***	***86***	***27***		
	新加坡国立大学	46	17		
中国澳门	澳门大学	9	9		
韩国				***LG***	***760***
				三星	492

注：浅色底纹信息表示某实体的研究机构发文量较多，但与中国大陆合作发文量较少，属于潜在合作机构；加粗斜体文本表示某实体的研究机构发文量/发明专利申请量较多，属于重点合作机构。

在发明专利申请维度，IBM 公司的申请量为 5179 件，远超其他研究机构或企业，处于全球领先地位，未来应加强与其进行合作交流。微软和 LG 电子有限公司的申请量分别为 965 件、760 件，排在其所在国的前列，表明其在自然语言处理领域的技术产业化能力也较为突出，同样属于重点合作机构。

5.3　人工智能应用层板块国际科技合作态势评估

第 4 章主要分析了人工智能应用层板块的自动驾驶和智能机器人两大领域。这里分别从 SCI 论文发表和发明专利申请两个维度对自动驾驶和智能机器人领域的主要创新实体、研究机构的综合实力进行统计和分析，梳理出未来应与之开展国际科技合作的主要备选实体和机构。

5.3.1　自动驾驶领域

5.3.1.1　自动驾驶领域国际合作实体的双维度分析

为了评估自动驾驶领域的主要创新实体的综合实力，参考波士顿矩阵分析方法思路，从 SCI 论文总发文量和发明专利申请量两个维度进行对比分析。

从图 5.3.1 可得，美国的 SCI 论文总发文量较高，且发明专利申请量也排在全球前列，表现出了在自动驾驶领域的超强综合实力，其基础理论、技术创新和产业化应用等方面全面领先，其知识、技术和人才储备十分丰富；日本的 SCI 论文总发文量较低，而发明专利申请量却较多，表明其在领域的技术创新和产业化应用具有优势；英国、新加坡、澳大利亚和加拿大等 SCI 论文总发文量处于全球前列，但发明专利申请量却很少，表明其更加注重基础研究。综上，在自动驾驶技术领域的未来科技合作中，美国属于重点合作国家，日本可作为自动驾驶领域产业界的合作对象，而英国、新加坡、澳大利亚等全球主要创新国家可作为学术界的合作伙伴。

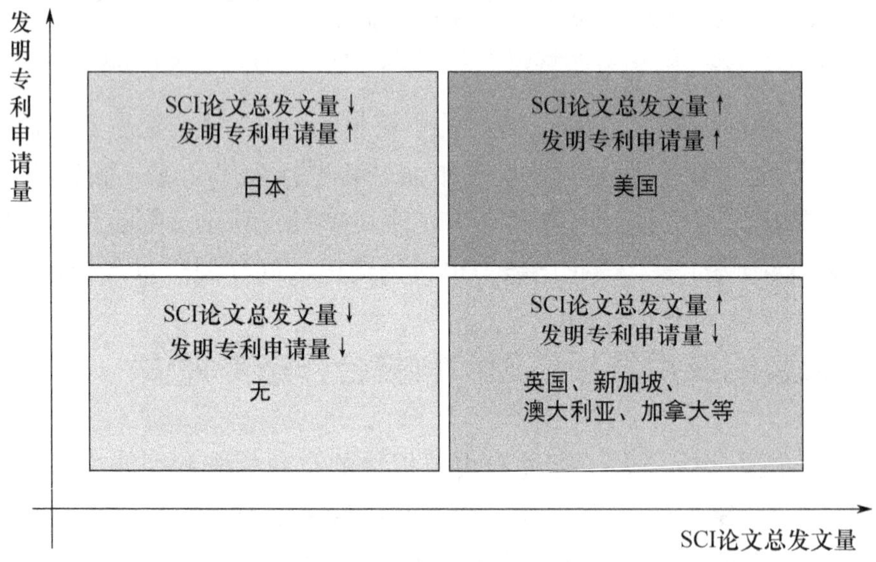

图 5.3.1 自动驾驶领域主要实体的科技实力维度分析图

5.3.1.2 自动驾驶领域国际合作机构的双维度统计

根据上文对自动驾驶领域发展情况的详细分析，现从 SCI 论文发表和发明专利申请两个维度进行总结，通过区域划分统计出在自动驾驶领域主要创新实体、企业或研究机构的产业化能力，以及与中国大陆开展国际科技合作的实际情况。

从表 5.3.1 可得，在 SCI 论文发表维度，从纵向来看，美国、英国、新加坡、澳大利亚和法国等近五年 SCI 论文总发文量较多，且与中国大陆合作较为密切；此外，上述五个国家的加州大学系统、伦敦大学、南洋理工大学、悉尼新南威尔士大学和法国国家科学研究中心 SCI 发文量排在其所在国家前列，应将其视为重点合作机构。从横向来看，密歇根大学系统、韩国科学技术高等研究院、印度理工学院和亥姆霍兹联合会在本领域具有较高的科研创新水平，发文量排在前列，但与中国大陆合作发文量相对较少（见表 5.3.1 中浅色底纹的机构），有巨大的合作潜力。

表 5.3.1 自动驾驶领域国际合作统计表

国家（地区）	SCI 论文（2016—2020 年）			发明专利（2006—2020 年）	
	机构	总发文量	合作发文量	机构	申请量
美国	***加州大学系统***	***255***	***58***	***通用汽车公司***	***417***
	佛罗里达州立大学系统	210	43	霍尼韦尔国际	346
	美国国防部	150	0		
	密歇根大学系统	140	30		
	得克萨斯大学系统	138	42		
	得克萨斯理工大学系统	137	28		
	佐治亚大学系统	113	32		
	佛罗里达大学	98	29		
	威斯康星大学系统	65	28		
英国	***伦敦大学***	***162***	***57***		
	伦敦大学玛丽王后学院	52	30		
	华威大学	51	29		
新加坡	***南洋理工大学***	***160***	***68***		
	新加坡国立大学	125	62		
澳大利亚	***悉尼新南威尔士大学***	***114***	***23***		
	悉尼科技大学	63	34		
加拿大	滑铁卢大学	86	48		
法国	***法国国家科学研究中心***	***277***	***20***		

（续表）

国家（地区）	SCI 论文（2016—2020 年）			发明专利（2006—2020 年）	
	机构	总发文量	合作发文量	机构	申请量
荷兰	荷兰代尔夫特理工大学	131	23		
韩国	韩国科学技术高等研究院	121	5		
印度	印度理工学院	115	6		
德国	亥姆霍兹联合会	145	5		
日本				***丰田汽车***	***874***
				本田汽车	720
				Denso 公司	504
				本田技研工业株式会社	418

注：浅色底纹信息表示某实体的研究机构发文量较多，但与中国大陆合作发文量较少，属于潜在合作机构；加粗斜体文本信息表示某实体的研究机构发文量/发明专利申请量最多，属于重点合作机构。

在发明专利申请维度，丰田和通用汽车的申请量分别为 874 件和 417 件，处于技术领先地位，属于重点合作对象；同时，应加强与日本另外三家公司和霍尼韦尔在本领域的技术交流合作。

5.3.2 智能机器人领域

5.3.2.1 智能机器人领域国际合作主要实体的双维度分析

为了评估智能机器人领域的主要创新实体的综合实力，参考波士顿矩阵分析方法思路，从 SCI 论文总发文量和发明专利申请量两个维度进行对比分析。

从图 5.3.2 可得，韩国的 SCI 论文总发文量较高，且发明专利申请量也排在全球前列，表现出了在智能机器人领域的超强综合实力，其基础理论、技术创新和产业化应用等方面全面领先，其知识、技术和人才储备十分丰富；法国、美国、德国、新加坡等 SCI 论文总发文量处于全球前列，但发明专利申请量却很少，表明其更加注重在学术领域的基础研究。综上所述，在智能机器人领域的未来国际科技合作中，韩国属于重点合作国家，法国、美国、德国和新加坡等全球主要创新国家可作为学术界的未来合作伙伴。

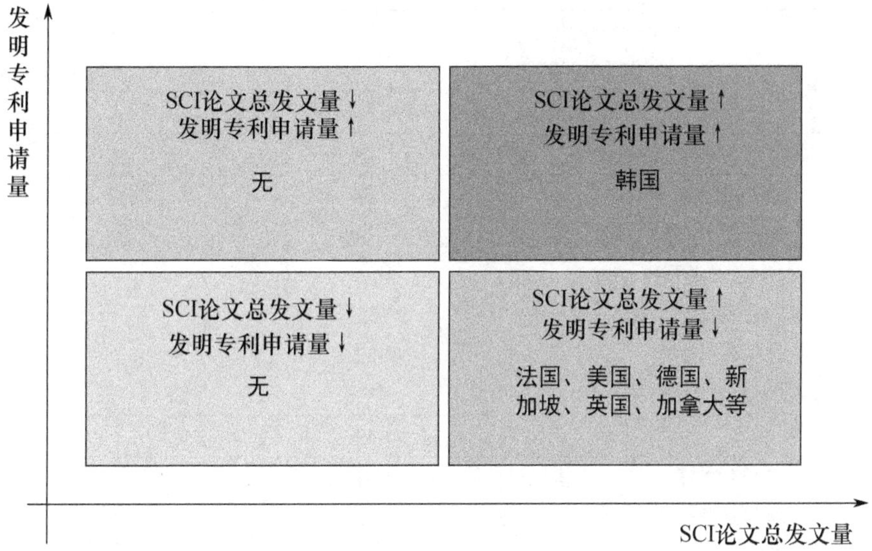

发明专利申请量

SCI论文总发文量↓ 发明专利申请量↑ 无	SCI论文总发文量↑ 发明专利申请量↑ 韩国
SCI论文总发文量↓ 发明专利申请量↓ 无	SCI论文总发文量↑ 发明专利申请量↓ 法国、美国、德国、新加坡、英国、加拿大等

SCI论文总发文量

图 5.3.2　智能机器人领域主要实体科技实力维度分析图

5.3.2.2　智能机器人领域国际合作机构的双维度统计

根据上文对智能机器人领域发展情况的详细分析，现从 SCI 论文发表和发明专利申请两个维度进行总结，通过区域划分统计出在智能机器人领域主要创新实体、企业或研究机构的产业化能力，以及与中国大陆开展国际科技合作的实际情况。

从表 5.3.2 可知，在 SCI 论文发表维度，从纵向来看，法国、美国、新加坡、英国和意大利等国家近五年 SCI 论文总发文量较多，且与中国大陆合作也较为密切；此外，上述五个国家的法国国家科学研究中心、加州大学系统、新加坡国立大学、伦敦大学和意大利技术研究所这五所国际顶尖高校（研究机构）的 SCI 发文量最多，应将其视为重点合作机构。从横向来看，东京大学、韩国国立首尔大学和苏黎世联邦理工学院在本领域具有较强的科研创新能力，发文量排在前列，但与中国大陆合作发文量相对较少（见表 5.3.2 中浅色底纹的机构），有巨大的合作潜力。

表 5.3.2　智能机器人领域国际合作统计表

国家（地区）	SCI 论文（2016—2020 年）			发明专利（2006—2020 年）	
	机构	总发文量	合作发文量	机构	申请量
法国	***法国国家科学研究中心***	***610***	***43***		
美国	***加州大学系统***	***493***	***71***		
	麻省理工学院	308	34		
	佐治亚大学系统	284	56		
	哈佛大学	257	31		
	得克萨斯大学	249	27		
	佐治亚理工学院	247	52		
德国	慕尼黑工业大学	270	49		
英国	***伦敦大学***	***273***	***61***		
	西英格兰大学	148	38		
	伦敦大学国王学院	134	44		
	布里斯托大学	125	38		
	斯旺西大学	51	46		
新加坡	***新加坡国立大学***	***265***	***146***		
	南洋理工大学	248	90		
加拿大	瑞尔森大学	81	40		
日本	东京大学	234	17		
	香川大学	57	55		
意大利	***意大利技术研究所***	***302***	***22***		
韩国	韩国国立首尔大学	276	0	***三星***	***311***
				LG	***295***
瑞士	苏黎世联邦理工学院	255	11		

注：浅色底纹信息表示某实体的研究机构发文量较多，但与中国大陆合作发文量较少，属于潜在合作机构；加粗斜体文本信息表示某实体的研究机构发文量/发明专利申请量最多，属于重点合作机构。

在发明专利申请维度，韩国两大国际顶尖公司三星电子和 LG 处于全球领先地位，其发明专利申请量分别为 311 件、295 件，表明其在智能机器人领域的技术产业化方面应用广泛，属于重点合作机构。

5.4　重点合作的国家（地区）与机构

根据本章前 3 节的分析及统计结果，本节梳理基础层、技术层和应用层 7 个领域未来可重点合作的国家（地区）和机构。

5.4.1　基础层板块重点合作国家（地区）与机构

根据 5.1 节的分析和统计，智能芯片领域可重点合作的国家（地区）和机构情况如表 5.4.1 所示。

表 5.4.1　智能芯片领域可重点合作国家（地区）和机构情况

合作对象	基础研究	产业化应用
国家（地区）	美国、新加坡、日本、加拿大、中国香港	美国、韩国
机构	佐治亚理工学院、东京大学、塞维利亚大学、印度理工学院、欧洲核子研究中心、中国台湾成功大学	英特尔 三星

根据 5.1 节的分析和统计，机器学习领域可重点合作的国家（地区）和机构情况如表 5.4.2 所示。

表 5.4.2　机器学习领域可重点合作国家（地区）和机构情况

合作对象	基础研究	前沿新理论新技术	产业化应用
国家（地区）	美国、韩国、澳大利亚、伊朗、中国香港、中国澳门	美国、法国、印度、以色列	美国、韩国
机构	斯坦福大学、香港理工大学、南洋理工大学、伦敦大学、澳门大学、悉尼大学、阿扎德大学、加州大学洛杉矶分校、多伦多大学、首尔大学	谷歌、多伦多大学、卡内基梅隆大学、DeepMind	IBM 三星

5.4.2　技术层板块重点合作国家（地区）与机构

根据 5.2 节的分析和统计，计算机视觉领域可重点合作的国家（地区）和机构情况如表 5.4.3 所示。

表 5.4.3　计算机视觉领域可重点合作国家（地区）和机构情况

合作对象	基础研究	前沿新理论新技术	产业化应用
国家（地区）	美国、新加坡、澳大利亚、爱尔兰、中国香港、中国澳门	美国、新加坡、瑞士、英国、中国香港、中国台湾	美国
机构	卡内基梅隆大学、香港中文大学、南洋理工大学、悉尼大学、爱尔兰国立大学	斯坦福大学、香港中文大学、伦敦大学玛丽王后学院、谷歌、卡内基梅隆大学、香港科技大学和南洋理工大学	英特尔 IBM

根据 5.2 节的分析和统计，语音识别领域可重点合作的国家（地区）和机构情况如表 5.4.4 所示。

表 5.4.4　语音识别领域可重点合作国家（地区）和机构情况

合作对象	基础研究	前沿新理论新技术	产业化应用
国家（地区）	美国、英国、新加坡、日本、中国香港、中国台湾	美国、苏格兰、荷兰	美国、韩国
机构	约翰·霍普金斯大学、剑桥大学、新加坡国立大学、香港中文大学、日本先进科学技术研究所、中国台湾成功大学、微软研究院	卡内基梅隆大学、微软、谷歌、剑桥大学、南洋理工大学、东京大学、爱丁堡大学、阿姆斯特丹大学	三星 IBM 微软

根据 5.2 节的分析和统计，自然语言处理领域可重点合作的国家（地区）和机构情况如表 5.4.5 所示。

表 5.4.5　自然语言处理领域可重点合作国家（地区）和机构情况

合作对象	基础研究	产业化应用
国家（地区）	美国、新加坡、中国香港、中国澳门	美国、韩国
机构	哈佛医学院、香港理工大学、南洋理工大学、澳门大学、卡内基梅隆大学、哥伦比亚大学	IBM、微软、LG

5.4.3　应用层板块重点合作国家与机构

根据 5.3 节的分析和统计，自动驾驶领域可重点合作的国家（地区）和机构情况如表 5.4.6 所示。

表 5.4.6　自动驾驶领域可重点合作国家（地区）和机构情况

合作对象	基础研究	产业化应用
国家（地区）	美国、英国、新加坡、澳大利亚	美国、日本
机构	加州大学系统、伦敦大学、南洋理工大学、悉尼新南威尔士大学、法国国家科学研究中心、美国国防部、韩国科学技术高等研究院、印度理工学院、慕尼黑工业大学	丰田汽车、本田汽车 Denso 公司、本田技研工业株式会社、通用汽车、霍尼韦尔

根据 5.3 节的分析和统计，智能机器人领域可重点合作的国家（地区）和机构情况如表 5.4.7 所示。

表 5.4.7　智能机器人领域可重点合作国家（地区）和机构情况

合作对象	基础研究	产业化应用
国家（地区）	韩国、法国、美国、德国、新加坡	韩国
机构	法国国家科学研究中心、加州大学系统、新加坡国立大学、伦敦大学、意大利技术研究所、东京大学、首尔大学、苏黎世联邦理工学院	三星 LG

5.5　开展人工智能技术国际科技创新合作态势 SWOT 分析

根据上述人工智能产业三大板块各领域的国际科技创新合作态势评估综合结果，本章从中国视角出发，针对在人工智能产业领域开展国际科技创新合作的优势、劣势、机会和威胁四个方面展开讨论，详见图 5.5.1。

5.5.1　人工智能产业国际科技合作优势分析

5.5.1.1　基础数据资源丰富

近年来，在海量数据支撑下，我国人工智能技术加速迭代进化。数据资源已成为我国发展人工智能技术的主要优势，体现为以下两方面：

（1）新一代智能科技革命催生了新产业革命，信息技术成为率先渗透到经济社会各领域的先导技术，世界正在进入以信息产业为主导的经济时代。中国作为人口大国，拥有海量的数据基础以及丰富的数据类型，可为人工智能技术研发提供有力支撑。

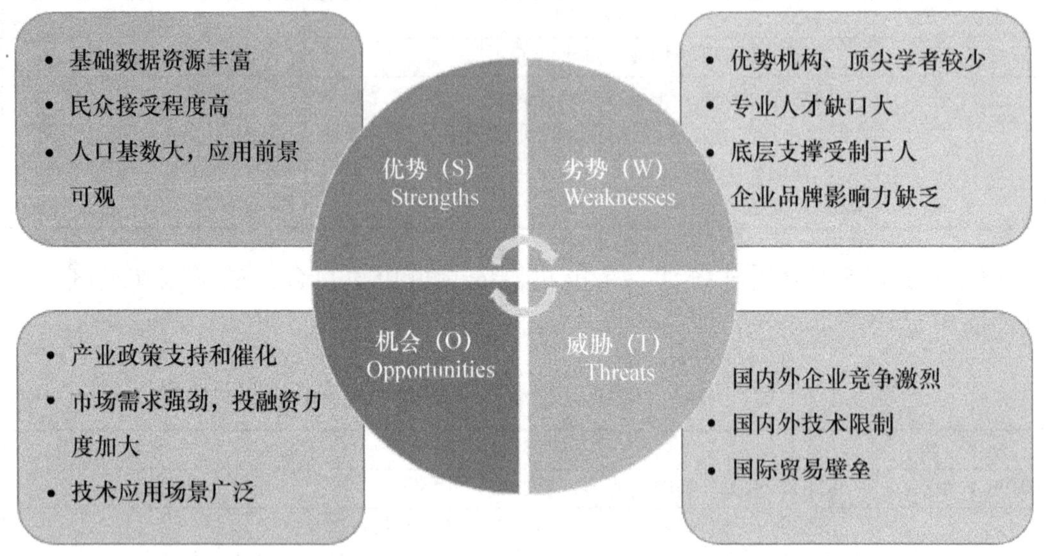

图 5.5.1　中国开展人工智能行业国际科技合作 SWOT 分析

（2）人工智能产业各板块相关数据和算法大多都已开源，可供产业界和学术界的技术交流和讨论，促进理论和应用的交叉融合，推动双方共同进步，营造一个良好的氛围。

5.5.1.2　民众接受程度高

随着政策支持以及底层技术的进步，我国人工智能产业稳步迈入推广应用阶段，人工智能技术研发和突破逐年加速，广泛的落地应用已渗透到民众生活的方方面面。同时，由于新一代人群的助力，消费者对于高科技产品的接受程度越来越高，人工智能产品的智能化特性受到国内广大消费者的热捧，如智能手机、智能家居、扫地机器人等产品在中国已经拥有庞大的市场。另外，我国民众对人脸识别、虹膜识别等存在泄露个人隐私风险的人工智能应用有较高容忍度。人工智能带来的切实直观的便利，在一定程度上增强了民众对人工智能未来发展的信心，使得大多数民众对人工智能产业众多产品持赞许态度。

5.5.1.3　人口基数大，应用前景可观

中国幅员辽阔、人口众多，拥有海量的数据基础以及丰富的数据类型，可为人工智能产业技术研发提供有力支撑；并且，庞大的人口基数拉动了市场需求，并进一步推动人工智能产业技术不断推陈出新。目前，众多技术不断实现落地应用，遍及各行各业。

5.5.2　人工智能产业国际科技合作劣势分析

5.5.2.1　优势机构、顶尖学者较少

虽然我国人工智能产业近年发展迅猛，但本领域的基础支撑、前沿新技术、探索性技术、颠覆性技术等方面，仍然主要由谷歌、微软、脸书、亚马逊、苹果等科技巨头和 OpenAI、DeepMind 等新锐研究机构推动，我国仅百度、阿里巴巴、华为、腾讯等少数企业具有相对的技术创新优势；而卡内基梅隆大学、多伦多大学、麻省理工大学、加州大学、斯坦福大学和华盛顿大学等也引领了本领域基础理论研究，我国仅清华大学具有相对理论研究优势。清华大学 AMiner 团队于 2020 年发布的“人工智能全球最具影响力学者榜单”显示，美国拥有 1244 名人工智能领域顶尖专家、居全球之首，其中约 27%来自中国；尽管中国拥有 196 名顶尖专家，仅次于美国，但相较于美国而言依然差距巨大。因此，我国应加强基础研究，优化科研环境，培养和吸引顶尖人才，在人工智能产业领域实现突破，保证人工智能发展的根基稳固。

5.5.2.2　专业人才缺口大

相关机构发布的《2021 年中国人工智能行业市场现状及前景预测》指出，中国人工智能产业将迎来新一轮增长点，新技术的引入让更多创新应用成为可能，预计到 2021 年底，中国人工智能产业规模达到 2035.6 亿元，增长率为 28.8%。随着人工智能行业市场规模的不断扩大，专业人才的需求也水涨船高。2020 年 11 月 21 日，国家工业信息安全发展研究中心发布的《人工智能与制造业融合发展白皮书 2020》显示，目前中国人工智能人才缺口达 30 万人。另外，我国大部分院校人工智能相关专业开设还相对不足，人才培养

教育体系还不健全，难以满足产业人才需求。

5.5.2.3 底层支撑受制于人

美国人工智能产业起步早，已在 AI 芯片、算法框架和公共数据集等方面取得明显优势。从 AI 芯片的角度，美国在芯片领域的起步最早、产业布局完整、人才储备丰富，因而已在 AI 芯片领域形成领先优势，如英伟达已成为云端 AI 芯片领域绝对领导者。从开源算法框架和平台角度，深度学习出来以后，美国的大公司迅速抓住了开源软件的先发优势，全球 AI 从业者一方面从这些 AI 开源社区得到开源算法软件和资源助力，一方面贡献大量应用，形成了丰富完善生态，一旦开始使用之后就很难迁移，国内错过了这轮机会。从公共数据集的角度，在自然语言处理、语音识别和计算机视觉等领域全球主流的公共数据集 WikiText、SQuAD、Billion Words、VoxForge、TIMIT、CHIME、SVHN 全部由美国的机构管理，著名计算机视觉公共数据集 ImageNet 由澳大利亚机构 Kaggle 管理。

5.5.2.4 企业品牌影响力缺乏

人工智能行业市场规模不断扩大，企业数量逐渐增多，但良莠不齐。目前，除了百度、腾讯、阿里巴巴、华为等少数世界知名企业外，我国大部分企业人工智能产品在全球范围内知名度很低。由于这些企业注重产品的研发，而忽略了品牌价值和影响力的经营，虽然其研发的人工智能产品在国际竞争中能出类拔萃，但却不能引起行业领域的关注。

5.5.3 人工智能产业国际科技合作机会分析

5.5.3.1 产业政策支持和催化

近年来，中国政府对人工智能产业扶持政策持续加码出台。2020 年 10 月，中国共产党第十九届五中全会通过了“十四五”规划建议，提出要强化国家战略科技力量，瞄准人工智能、量子信息、集成电路等前沿领域，实施一批具有前瞻性、战略性的国家重大科技项目；同时要发展战略性新兴产业，推动互联网、大数据、人工智能等同各产业深度融合。同年 11 月，浦东开发开放 30 周年庆祝大会在上海世博中心举行，国家主席习近平特别提出，要在人工智能领域打造世界级产业集群。这一系列的政策信号展现了中国政府发展人工智能全产业链的重视与决心，也预示着中国的人工智能产业将迎来新一轮的快速发展，表现出了巨大的发展潜力。

5.5.3.2　市场需求强劲，投融资力度加大

人工智能产业包括三大板块：基础层、技术层、应用层，各个板块都表现出了强大的市场需求，基础层包括智能芯片和机器学习两大领域，涉及 AI 芯片、算法、数据以及传感系统等，是整个人工智能技术实现的基础；技术层主要包括计算机视觉、语音识别和自然语言处理三大领域，涉及算法理论、感知技术以及认知技术，行业领先企业构建技术开放平台，为开发者提供 AI 开发环境，建设上层应用生态，形成核心竞争力；应用层已切入到安防、金融、医疗、教育、物流、自动驾驶、智能机器人等各种生活场景，为用户提供个性化、精准化、智能化服务，赋能各应用行业。例如，2020 年年初，中国政府出台了一系列政策，推动人工智能技术在防疫抗疫中的应用，展现了“AI+医疗”等技术模式的巨大商业价值和社会价值。由于“社交隔离”成为切断疫情传染途径的重要手段，无接触新经济模式也在疫情的催化下得到了快速发展。此外，包括智能安防、智能家居等一系列智能产品也在逐步发展和普及，将极大地便利人们的生活。上述事例验证了人工智能技术发展的重要性和必要性，市场需求强劲，也预示着人工智能产业正面临崭新的发展机遇，发展之势不可挡。

中国人工智能行业的投融资活动持续快速增长，为人工智能技术的快速推广和应用起到了巨大的推动作用。2020 年 7 月，上海人工智能产业投资基金与上海证券交易所共同建设成立了“科创板 AI 产业工作站”，旨在培育优秀人工智能企业，支持人工智能企业与上市公司并购整合。同年 12 月，人工智能企业在机器视觉、AI 芯片、语音语义识别、机器人、智能驾驶等领域出现了 IPO 融资高峰，一些独角兽企业纷纷开启上市辅导。相信未来几年，科创板将会成为更多人工智能企业上市募资的首选。据艾瑞咨询不完全统计，2021 年 1—2 月，人工智能产业投融资事件共计 66 件，其中，芯片、智慧城

市、AI+工业三个领域的投融资热度偏高。

5.5.3.3 技术应用场景广泛

中国作为全球第二大经济体，在人工智能产业的市场潜力巨大。中国工业门类齐全、基础设施完善，人工智能技术拥有丰富的应用场景和广阔的需求。目前，人工智能技术的应用领域包括安防、金融、零售、交通、教育、医疗、制造、健康等，并且在帮助传统产业转型升级的过程中扮演重要角色。由于应用场景广泛，市场有足够深度，中国在人工智能技术应用的数据积累上也有得天独厚的优势，这不但有助于人工智能技术的商业化和产业化，也有助于研发人员利用大量且优质的数据来提高算法与模型的准确度，并不断迭代更新，增强人工智能技术的商业价值。一旦人工智能企业实现商业盈利，对人工智能技术的研发投入将更加可持续，产业的发展也将更加势不可挡。

5.5.4 人工智能产业国际科技合作威胁分析

5.5.4.1 国内外企业竞争激烈

目前，在全球人工智能产业市场竞争格局中，以微软、苹果、谷歌、脸书、亚马逊等为首的美国企业在人工智能领域拥有大量的资金和超强的研发能力，其产品遍及全球，受到广大消费者的喜爱，对中国企业而言，竞争压力显著。另一方面，随着国内人工智能行业市场的不断发展，企业之间竞争日益激烈，人才、技术等各方面的竞争加剧，少数企业之间抄袭模仿，同质化产品大量进入市场，造成恶性竞争，降低了企业在国际舞台上的竞争力。

5.5.4.2 国内外技术限制

虽然人工智能产业技术发展较快，但国内外技术的限制成为我国人工智能产业技术研发和创新的重要障碍。对于国内技术竞争而言，科技巨头已占据基础设施和技术优势，力图构建行业生态链；而受到科技巨头的技术限制，创业企业仅靠技术输出将很难与科技巨头抗衡，更多地只能发力于科技巨头的数据洼地（金融、政府事务、医疗、交通、制造业等），切入行业痛点，提供解决方案，探索商业模式。对于国外技术竞争而言，众多海外顶尖企业限制人工智能产业的硬件和软件的出口，对中国实行技术封锁。

5.5.4.3　国际贸易壁垒

全球各国市场存在贸易保护主义，导致国际市场中贸易壁垒大。近年来，我国综合实力不断增强，人工智能产业发展迅速，但不断加剧的贸易摩擦使得我国人工智能产品贸易形势趋劣。另外，国外发达国家对知识产业的保护意识较强，国内的人工智能产品容易受到波及，企业在国际市场中易遭受损失。

5.6　本章小结

本章对人工智能产业基础层、技术层、应用层三大板块的国际科技合作态势进行综合评估，主要思路为板块分类—领域划分—维度分析，应用波士顿矩阵分析方法思路，评估得出人工智能产业各个板块不同领域的主要创新实体、企业、研究机构的基础研究水平、前沿技术创新能力以及产业化应用情况等，提出具体开展国际科技创新合作的重点国家（地区）与机构等。另一方面，从中国视角出发，对在人工智能产业领域开展国际科技创新合作进行 SWOT 分析。其中，人工智能产业国际科技合作优势包括基础数据资源丰富、民众接受程度高、人口基数大且应用前景可观；劣势包括优势机构且顶尖学者少、专业人才缺口大、底层支撑受制于人、企业品牌影响力缺乏。基于我国人工智能产业现存的优势与劣势，明确了我国人工智能产业未来开展国际科技合作中的机遇和挑战，其中，机遇包括产业政策支持和催化、市场需求强劲且投融资力度加大、技术应用场景广泛；挑战包括国内外企业竞争激烈、国内外技术限制以及国际贸易壁垒。

综上所述，在瞬息万变的互联网时代背景下，我国人工智能产业发展蒸蒸日上，未来机遇与威胁并存，应加强国际科技合作，激发产业潜力，不断接受挑战，并持续创新。

反侵权盗版声明